L'appropriation culturelle et le droit

Droit du patrimoine culturel et naturel

Collection dirigée par Marie Cornu et Jérôme Fromageau

Cette collection initiée par le groupe de recherches « Droit du patrimoine culturel et naturel » a pour but de développer et enrichir la réflexion sur les objets et modes de protection dans le domaine du patrimoine culturel et naturel. Les questions que soulèvent la conservation, la circulation, la valorisation du patrimoine sollicitent, en effet, ces deux disciplines. Le contexte d'un monument historique, son environnement, le paysage dans lequel il s'inscrit sont souvent essentiels à sa mise en valeur. Le droit de la culture et le droit de l'environnement développent cependant des concepts propres. Ils ne sont pas toujours en accord sur les méthodes et les moyens de protection, d'où l'intérêt de la confrontation et de la comparaison des ressources tirées de ces deux dispositifs.

C'est pourquoi la réflexion doit se renouveler sur les concepts fondamentaux du patrimoine sur la délimitation des éléments qui méritent protection, des outils qu'il faut nécessairement adapter. Dans la compréhension des différents mécanismes et l'ouverture vers de nouveaux modèles, le droit comparé est essentiel, ainsi que le droit international.

Dernières parutions

Géraldine GOFFAUX CALLEBAUT et Armelle VERJAT (dir.), *Bail emphytéotique & monuments historiques*, 2024

Jean-Raphaël PELLAS, *Fiscalité du patrimoine culturel mobilier. Contribution à une étude de la doctrine fiscale relative aux biens culturels*, 2024.

Christophe DOUBOVETZKY, *L'action culturelle territoriale en droit public français,* 2023.

Valentine MOLINEAU, *Le rôle du musée dans la lutte contre le trafic illicite de biens culturels*, 2023.

Marie CORNU et Jérôme FROMAGEAU (dir.), *Les collections privées. Approches historiques et juridiques*, 2022.

Perrine MARX, *La place de la création contemporaine dans la fabrique urbaine. État des lieux juridique de l'initiative artistique dans la ville,* 2021.

Emma Tran Van Nhieu

L'appropriation culturelle et le droit

Sauvegarder le patrimoine culturel immatériel des communautés

L'Harmattan

En couverture :
Pillage, Jean Mirre, © 2023.
Avec l'aimable autorisation de l'artiste.

5-7, rue de l'Ecole-Polytechnique, 75005 Paris
http://www.editions-harmattan.fr
ISBN : 978-2-336-48445-7
EAN : 9782336484457

Remerciements

Je souhaiterais tout d'abord remercier mon directeur de mémoire, Monsieur le professeur Jérôme Fromageau, pour son accompagnement lors de mes recherches ainsi que pour ses conseils inestimables. M. Fromageau a su me guider tout au long de mes réflexions avec bienveillance et précision. J'ai été véritablement honorée de recueillir son savoir sur le sujet de l'appropriation culturelle et du droit du patrimoine culturel de manière générale.

Je remercie tout particulièrement les différents professionnels qui ont accepté de m'accorder leur précieux temps pour réfléchir à mon mémoire, ainsi que pour la pertinence de leurs conseils et leurs encouragements. Merci à Mme Lily Martinet, dont la thèse a été le pilier juridique de mes réflexions ; Mme Janet Blake, véritable pionnière de la Convention UNESCO de 2003 sur la sauvegarde du patrimoine culturel immatériel ; Mme Clea Hance, grande spécialiste de la participation des détenteurs du patrimoine culturel immatériel et du droit franco-américain en la matière ; Mme Françoise Vergès, figure du décolonialisme s'agissant notamment du patrimoine culturel, qui m'a présenté la distinction entre appropriation et expropriation culturelles.

Je remercie également infiniment Mme Anastasia Leonoff, Mme Frédérique Leu et M. Simon Bineau pour leur temps passé à la relecture de mon mémoire, pour leurs conseils, pour leur soutien sans faille.

J'exprime ma sincère gratitude envers M. Jean Mirre, dont le talent d'artiste et la grande générosité ont rendu possible la reproduction tant souhaitée de *Pillage*, œuvre figurant sur la première de couverture.

Un grand merci aux co-directeurs du *Master 2 Droit du patrimoine culturel* de la Faculté Jean Monnet de l'Université Paris-Saclay, Mme Géraldine Goffaux et M. Stéphane Duroy, qui ont encadré et permis l'élaboration du présent mémoire.

Enfin, mes remerciements ne seraient pas complets sans mentionner mes proches, famille et amis, dont le soutien m'a empêchée de renoncer à de nombreuses reprises à traiter d'un tel sujet. Merci également à toutes celles et ceux qui ont, d'une façon ou d'une autre, contribué à la rédaction de ce mémoire de fin d'études.

À mes parents.

Sommaire

Glossaire

ACCULTURATION : « Le processus d'adaptation d'un individu ou d'un groupe venant d'ailleurs à une culture locale, entraînant l'abandon partiel ou total des éléments de leur propre culture. Dans leur *Lexique des sciences sociales* (1969), A et R. Mucchielli le définissent comme le "processus par lequel un individu apprend les modes de comportements, les modèles et les normes d'un groupe de façon à être accepté dans ce groupe et à y participer sans conflit" ». L'acculturation peut être « spontanée quand les cultures sont en contact libre » ou « forcée, organisée, imposée par un groupe comme lors de la colonisation ou de l'esclavage par exemple »[1]. (La Toupie - Toupictionnaire).

ASSIMILATION CULTURELLE : Considérée comme « le cas extrême » de l'acculturation, elle induit « la disparition totale de la culture d'un groupe, le groupe dominé, qui assimile la culture du groupe qui est dominant par la démographie, le rapport de force politique ou le degré d'évolution technologique. Le groupe dominé emprunte ses modèles culturels au groupe dominant, en général de manière progressive et avec souvent des phénomènes de résistance et de rejets partiels »[2]. (La Toupie - Toupictionnaire).

COMMUNAUTARISME : « Tendance à faire prévaloir les spécificités d'une communauté, des communautés (ethniques, religieuses, culturelles, sociales…) au sein d'un ensemble social plus vaste ». (Le Robert en ligne).

---

[1] Dictionnaire La Toupie. [En ligne]. URL : https://www.toupie.org/Dictionnaire/Acculturation.htm (consulté le 11 août 2023).
[2] *Idem.*

ESSENTIALISME (CULTUREL) : « 1. Philosophie pour laquelle les essences précèdent toute existence ; 2. Courant de pensée selon lequel les individus sont entièrement définissables par leurs caractères dits essentiels (sexe, origine ethnique…) ». (Le Robert en ligne).

MULTICULTURALISME / PLURICULTURALISME : « Coexistence de plusieurs cultures dans un même pays ». (Le Robert en ligne).

•

Liste des abréviations

UNESCO : Organisation des Nations unies pour l'éducation, la science et la culture

OMPI : Organisation mondiale de la propriété intellectuelle

OIT : Organisation internationale du travail

ONU : Organisation des Nations unies

ICOM : Conseil international des musées

« Les groupes empruntent ici et là des fragments de cultures anciennes, des bribes de connaissance, des valeurs, des cérémoniels, des rites, des accoutrements. Ils en pillent les aspects les plus évidents et les plus superficiels, qu'ils métissent au gré de leur créativité pour générer des identités passagères, labiles, fluctuantes, liquides (...) ».

« Mais à l'échelle de l'humanité, à ce rythme-là, on aura épuisé en une génération la richesse collective, planétaire, que représentait la diversité des cultures locales qui avaient mis des millénaires à se distinguer les unes des autres »[1].

Paul Rasse, anthropologue français.

---

[1] RASSE, Paul (dir.), « La diversité culturelle », *Les Essentiels d'Hermès, CNRS Éditions*, 2013. Présentation générale : « La diversité des cultures en question » (p. 7-27).
[En ligne] : <http://books.openedition.org/editionscnrs/19347>.
ISBN : 9782271122018.
DOI : https://doi.org/10.4000/books.editionscnrs.19347. (consulté le 11 août 2023). [RASSE, 2013].

Propos introductifs

Telle une énigme insaisissable, la notion d'*appropriation culturelle* se répand dans les débats et discussions, sans que l'on ne parvienne pourtant à réellement la saisir, la comprendre. Aujourd'hui souvent utilisée au service de colères et de frustrations s'inscrivant dans un contexte d'oppositions intellectuelles et de conflits idéologiques, beaucoup ne s'entendent pas sur sa définition et ne saisissent pas ses divers enjeux. À ce titre, l'appropriation culturelle prend aujourd'hui place dans un étau de controverses qui révèlent les fissures profondes de notre monde globalisé. Servant tantôt à dénoncer les atteintes à la liberté d'expression artistique que sa théorie engendre, tantôt à signaler les emprunts non autorisés d'éléments intrinsèques au patrimoine culturel de certaines communautés par les tiers, la notion d'appropriation culturelle est source de confusion voire d'indignation.

Dans la presse et sur les réseaux sociaux notamment, les dénonciations d'actes d'appropriation culturelle se multiplient[1]. À titre d'exemple, les périodes d'Halloween et de carnavals sont marquées chaque année par de nombreuses accusations d'actes d'appropriation culturelle du fait du port récurrent de vêtements traditionnels en guise de déguisement, ayant donné lieu au fameux slogan : « my culture is not a costume »[2]. Plus encore, au début du mois de juillet 2023, le ministère mexicain de la Culture a accusé l'entreprise de *fast fashion* chinoise *Shein* d'appropriation culturelle après avoir constaté la reproduction par la marque de « plusieurs vêtements comportant des éléments distinctifs et caractéristiques de la culture et de l'identité du peuple Nahua de San Gabriel Chilac, (de l'État de)

---

[1] « Il s'agit d'un phénomène bien réel : selon une étude menée en 1997, 81 % des artisans autochtones sondés ont reconnu avoir été témoins d'une forme d'appropriation culturelle, voyant des signes traditionnels autochtones utilisés de façon inappropriée ou sans consentement » cité par Philip Bird, « Intellectual Property Rights and the Inuit Amauti: a case study » cité dans UDY, Vanessa, « L'appropriation du patrimoine culturel autochtone : examen des avantages et inconvénients du régime de propriété intellectuelle au Canada », *27 CPI 849*, 2015, p. 856. [UDY, 2015].

[2] GERMAIN, Andréanne, « L'appropriation culturelle dans les arts ». Mémoire. *Trois-Rivières,* Université du Québec à Trois-Rivières, 2021, p. 8.

Puebla »[1]. En effet, la plupart des actes d'appropriation culturelle, tels que visibles dans les médias, sont le fait de personnes à l'échelle individuelle ou industrielle. Or, n'existe-t-il pas aussi des actes d'appropriation par des groupes plus larges et, plus encore, à l'échelle étatique ? Si oui, ces formes d'appropriation effectuées *par le haut*, en provenance des États, ne posent-elles pas davantage de questions d'envergure, notamment juridiques ?

Malgré sa notoriété dans le débat public, le flou caractérisant l'appropriation culturelle et ses contours persiste à ce jour. En effet, cette notion a d'intéressant qu'elle ne dispose d'aucune définition juridique et mêle le droit à différentes sciences humaines. Théorisée dès la seconde partie du XXe siècle par des sociologues, anthropologues, ethnologues, juristes, historiens, etc., la notion d'appropriation culturelle a fait couler beaucoup d'encre, notamment dans les *cultural studies* de la part de la militante américaine Gloria Jean Watkins, dite *bell hooks*[2], du professeur de philosophie américain James O. Young[3] ou encore, de l'anthropologue brésilien Rodney William[4], qui ont, par leurs travaux, contribué à clarifier cette notion. Aujourd'hui, il est même possible d'en dégager une définition plus ou moins unanime. L'*Oxford English Dictionary* définit ainsi l'appropriation culturelle comme un « terme utilisé pour décrire la reprise de formes, de thèmes ou de pratiques créatives ou artistiques par un groupe culturel au détriment d'un autre [généralement pour décrire] les appropriations occidentales de formes non occidentales ou non blanches, et [qui] comporte des connotations d'exploitation et de domination »[5]. Dans ses travaux, James O. Young établit une

---

[1] « Le Mexique accuse Shein de plagier des motifs indigènes », publié par AFP Arabnews, 8 juillet 2023. [En ligne].
URL : https://www.arabnews.fr/node/400486/culture (consulté le 11 août 2023).

[2] BELL HOOKS, « Eating the other: Desire and resistance », *Éditions Boston: South End Press*, 1992. [BELL HOOKS, 1992].

[3] YOUNG, James. O., « Cultural appropriation and the Arts », *Éditions Wiley-Blackwell*, 2002. [YOUNG, 2002].

[4] WILLIAM, Rodney, « L'appropriation culturelle », *Éditions Anacaona*, 2020. [WILLIAM, 2020].

[5] « Cultural appropriation » *in* The Concise Oxford Companion to English Literature (3éd.), traduit de l'anglais. [En ligne].
URL : https://www.oxfordreference.com/display/10.1093/oi/authority.20110803095652789#:~:text=A%20term%20used%20to%20describe,connotations%20of%20exploitation%20and%20dominance. (consulté le 12 août 2023).

typologie des cas d'appropriation culturelle en distinguant « l'appropriation d'objets culturels tangibles (*object appropriation*) (…) de l'appropriation de contenus culturels intangibles, où l'on trouve l'utilisation de contenus élaborés par un artiste appartenant à une autre culture (*content appropriation*), d'éléments stylistiques faisant référence à une autre culture (*style appropriation*) et le fait de s'inspirer d'une culture sans créer d'œuvres dans le même style (*motif appropriation*) »[1].

S'agissant du patrimoine culturel immatériel, ces derniers cas d'appropriation intéresseront davantage la présente recherche et feront référence à une *harmful misrepresentation*, une appropriation par les tiers peu fidèle, insincère et préjudiciable du patrimoine culturel d'une communauté. D'ailleurs, en termes d'appropriation illicite, le droit ne connaît principalement que la notion de *misappropriation,* autrement dit, de détournement[2].

La théorie de l'appropriation culturelle demeure aujourd'hui vigoureusement critiquée. En effet, elle est souvent considérée comme une arme contre la liberté d'expression artistique, une « police des échanges culturels » et le fruit d'une « américanisation des idées »[3] aboutissant à un certain essentialisme culturel et un repli communautaire ; Et pour cause, certaines dénonciations d'actes d'appropriation culturelle ont de réelles conséquences sur la diffusion d'œuvres d'art et la réalisation de projets culturels. Par exemple, en 2015, l'Université d'Ottawa avait d'abord décidé d'interdire des cours de yoga afin de « ne pas dénaturer l'esprit et l'origine de cette

---

[1] YOUNG, 2002, op. cit., p. 6-7 cité dans TYTELMAN, Alexis « Appropriation culturelle et essentialisme », Mémoire. Philosophie contemporaine. ENS-EHESS, 2018, p. 68. [TYTELMAN, 2018].

[2] En droit, le détournement peut être défini comme « l'utilisation non autorisée, inappropriée ou illégale de fonds ou d'autres biens à des fins autres que celles prévues » : Définition de « Misappropriation » par le *Legal Information Institute*, Cornell Law School. Traduit de l'anglais. [En ligne]. URL : https://www.law.cornell.edu/wex/misappropriation#:~:text=In%20law%2C%20misappropriation%20may%20be,as%20misconduct%20by%20a%20public (consulté le 12 août 2023).

[3] La notion et la théorie de l'appropriation culturelle proviennent en effet du monde anglo-saxon.

pratique »[1], avant de se rétracter et de les autoriser sur son campus. L'appropriation culturelle est donc un véritable phénomène, connu au niveau institutionnel.

Il est indéniable que les cultures se transforment et se développent en permanence sous des influences extérieures[2]. Cependant, puisque la présente étude concentre sa réflexion sur la protection du patrimoine culturel immatériel du point de vue des communautés, de leurs droits fondamentaux et de leur identité, la théorie de l'appropriation culturelle sera ici analysée en tant qu'outil de revendication des intérêts et droits des communautés s'inscrivant dans un contexte marqué par une montée en puissance des politiques identitaires (*identity politics*). En effet, « parce que la notion d'appropriation d'expériences ou de pratiques culturelles (...) tend à opposer les identités et à assigner les individus à leurs origines culturelles, la tentation est grande d'aspirer à dissoudre le débat. Il faut cependant se garder de dénier la réalité des rapports de pouvoir et des inégalités que cette notion sert le plus souvent à dénoncer »[3].

Finalement, l'appropriation culturelle correspondrait à un « "emprunt" non autorisé des expressions, des styles artistiques, des symboles, des mythes ou du savoir-faire d'une culture dite "dominée" par un

---

[1] KOZIOL, Michael, « University of Ottawa bans yoga classes over 'cultural genocide' concerns », *The Sydney Morning Herald*, 24 novembre 2015 (http://www.smh.com.au/lifestyle/diet-and-fitness/university-of-ottawa-bans-yoga-classes-over-cultural-genocide-concerns-20151123-gl693i.html) cité dans RASSE, « La diversité culturelle », 2013, op. cit., p. 7-27.

[2] L'anthropologue suédois Ulf Hannerz propose la notion de « créolisation » pour suggérer « que les cultures, comme les langues, peuvent être intrinsèquement le produit de mélanges, et qu'elles ne sont pas historiquement pures et homogènes ». L'anthropologue indien Arjun Appadurai utilise quant à lui la notion « d'indigénisation » « pour décrire la façon dont les sociétés dites de la "périphérie" retravaillent et s'approprient les flux culturels "en provenance des différentes métropoles" » cité par MATTELART, Tristan, « Théories de la mondialisation culturelle et internationalisation des médias » dans RASSE, « La diversité culturelle », 2013, op. cit., p. 29-44.

[3] LENNE-CORNUEZ, Johanna, « Abus de biens culturels », *Esprit*, 2021, p. 10-14. DOI : 10.3917/espri.2106.0010. URL : https://www-cairn-info.ezproxy.universite-paris-saclay.fr/revue-esprit-2021-6-page-10.htm

membre d'une culture dite "dominante" »[1]. Tout l'enjeu est alors de déterminer quels types d'emprunts culturels sont concernés car évidemment, tous ne sont pas préjudiciables aux communautés détentrices d'un patrimoine culturel immatériel et ainsi, ne constituent pas des formes d'appropriation culturelle, de « détournement culturel »[2] au sens de la présente recherche. À titre d'exemple, selon les termes de Rodney William, « il n'est interdit à personne de goûter ou de préparer des spécialités culinaires originaires d'autres cultures. D'ailleurs, l'expérience gastronomique est l'une des meilleures formes d'échange culturel et un excellent apprentissage de la diversité »[3]. Dans une autre dimension, le *blackface*, ou grimage en noir, constituant une pratique particulièrement décriée dans les médias du fait de son caractère offensant et raciste, ne sera pas considéré ici comme un acte d'appropriation culturelle en ce que la couleur de peau d'une personne ou ses attributs naturels physiques ne constituent pas des éléments d'une culture, d'un patrimoine culturel mais une simple situation de fait.

Ainsi, selon Rodney William, il est possible de distinguer l'appropriation culturelle par une caractéristique qui la différencie des autres échanges culturels : celle de *domination*. En effet, la domination induite par l'acte d'appropriation culturelle contribue à « effacer l'origine, éliminer les significations, épurer » l'élément approprié tout en permettant « une configuration des traits culturels comme stratégie de désorganisation du groupe »[4]. « L'appropriation culturelle (...) va bien au-delà des autorisations ou des interdictions de faire ou de ne pas faire, de porter ou de ne pas porter un accessoire. Elle concerne la structure du pouvoir et la violence systémique contre un peuple et sa culture. Elle s'inscrit donc dans

---

[1] GAUDREAULT-DESBIENS, Jean-François, « La critique autochtone de l'appropriation culturelle comme défi à la conception occidentale de la propriété intellectuelle : le cas de l'appropriation artistique », *11:2 Cahiers de propriété intellectuelle*, 1999, p. 401-402, cité dans UDY, 2015, op.cit., p. 855.
[2] GRANDE YEVES, Patricia, « Qu'est-ce que l'appropriation culturelle ? », *NosPensées*, 13 février 2023. [En ligne]. URL : https://nospensees.fr/quest-ce-que-lappropriation-culturelle/ (consulté le 12 août 2023).
[3] WILLIAM, 2020, op.cit., p. 131.
[4] *Ibid.*, p. 29.

un contexte de relations marquées par la domination »[1]. À la lecture de ces définitions, il est aisé de percevoir la dimension sociale de la notion d'appropriation culturelle, relevant d'une personnalisation de la culture, d'une vision anthropologique du patrimoine culturel, qui concerne exclusivement des relations d'inégalités entre dominants et dominés, entre le Nord et le Sud, une asymétrie des pouvoirs[2] entre la primauté de la culture dite « légitime » et les *subcultures* (« sous-cultures »[3]) qui lui sont assujetties, pour reprendre l'analyse de Pierre Bourdieu. La théorie de l'appropriation culturelle semble alors s'inscrire dans une volonté de réparation vis-à-vis des populations opprimées au cours de l'Histoire.

L'appropriation culturelle devrait toutefois intéresser le droit de différentes façons. D'abord, le mot « appropriation » renvoie inévitablement à la propriété (*ownership*), au fait de s'approprier la culture de quelqu'un, d'un groupe. En réalité, il semblerait que ce n'est pas tant le fait qu'une culture elle-même puisse faire l'objet d'un titre de propriété *stricto sensu*, mais plutôt que le groupe dépositaire de cette culture en ait la charge ; il la porte et la fait vivre dans le temps. Les membres du groupe peuvent se sentir intimement liés à leur patrimoine, qui conditionne leur mode de vie et leur identité culturelle. C'est en ce sens que l'appropriation culturelle peut parfois être ressentie comme un vol, un emprunt abusif et non consenti par le groupe. Pour ses membres, « la connaissance compte : (…) [l'appropriateur sait-il que] dans l'Afrique du XVe siècle, les cheveux permettaient de distinguer l'âge, la religion, le rang social et le statut marital d'une personne ; que les tresses prenaient des heures, voire des jours, et étaient des moments de grande complicité ; (…) que, pendant la traite des esclaves, les têtes étaient rasées, arrachant aux peuples africains non seulement leurs

---

[1] PAULA, « Introduction à l'appropriation culturelle, symbole des rapports de pouvoir », Anacaona, 20 mai 2020. [En ligne].
URL : https://www.anacaona.fr/blog/appropriation-culturelle-symbole-des-rapports-de-pouvoir/ (consulté le 12 août 2023).

[2] MARTINET, Lily. « Les expressions culturelles traditionnelles en droit international », Thèse : Droit. Bibliothèque de l'Institut de recherche juridique de la Sorbonne-Andre Tunc 105 (Paris : IRJS, 2019), p. 114. [MARTINET, 2019].

[3] TYTELMAN, 2018, op.cit., p. 57. Voir à ce sujet : COULANGEON, Philippe, « La stratification sociale des goûts musicaux. Le modèle de la légitimité culturelle en question », *Revue française de sociologie*, 44-1, 2003, p. 3-33.

cheveux, mais aussi leur identité ? (…) que les coiffes amérindiennes sont faites de plumes d'aigle, symbolisant le Grand Esprit, et qu'elles ne sont offertes à leurs porteurs que lorsqu'ils ont fait quelque chose de remarquable pour la communauté ? »[1] Une dimension éthique, non pas sans lien avec le droit, est donc incontestablement attachée à la théorie de l'appropriation culturelle telle que diffusée aujourd'hui dans le débat public. En effet, l'élément culturel emprunté ne peut alors être dissocié de son détenteur, du groupe culturel dont il est issu et pour lequel il possède une grande valeur, tant économique que symbolique.

La difficulté de la tâche consistant à différencier l'appropriation culturelle des autres échanges culturels réside surtout dans le fait que chaque cas d'appropriation relève d'une appréciation subjective, et ce qui pourrait être considéré comme offensant par un groupe, ou plus encore, un individu, pourrait ne pas l'être pour un autre. Ceci étant, il s'agira de limiter la notion d'appropriation culturelle à ce qui relève des emprunts culturels dits *abusifs*, car particulièrement attentatoires aux droits des détenteurs d'un patrimoine culturel immatériel. Plusieurs critères seront donc sollicités pour qualifier l'appropriation dans ce qu'elle a de plus menaçant pour la protection du patrimoine culturel immatériel des groupes, pour leur mode de vie, leurs droits, leur capacité à s'administrer de manière autonome, et notamment : la forme extractive de l'appropriation culturelle. En cela, il sera préférable de parler d'expropriation culturelle[2] ou d'appropriation abusive car immorale et surtout, effectuée par les tiers de façon non autorisée et non consentie par les membres et/ou représentants des groupes détenteurs d'un patrimoine culturel immatériel. Ces critères semblent constituer la limite entre les emprunts culturels *offensants* et *inoffensifs* à l'égard de la protection

---

[1] Tamsin Blanchard (conservatrice de Fashion Open Studio, initiative du groupe de campagne Fashion Revolution) citée dans BBC News Afrique, « Appropriation culturelle : Comment la définir et pourquoi s'en préoccuper ? », 4 juin 2022. [En ligne].
URL : https://www.bbc.com/afrique/monde-61544080 (consulté le 12 août 2023).
[2] Distinction effectuée par plusieurs auteurs, dont Mme Françoise Vergès, M. Gregg M. Gregg Bordowitz, etc.

du patrimoine immatériel des communautés[1]. Cependant, ces critères restent parfois difficilement applicables en pratique et soulèvent eux-mêmes certaines questions. Ainsi, si le critère du non-consentement du groupe détenteur de l'élément culturel emprunté peut servir à caractériser l'appropriation culturelle abusive, que doit faire la communauté pour montrer qu'elle consent ? En effet, cela laisse supposer un caractère actif de sa part, comme une charge pesant sur elle par laquelle elle doit donner son autorisation pour chaque emprunt culturel susceptible de constituer une expropriation ou une appropriation abusive. Plus encore, quel membre de la communauté est légitime pour autoriser ou refuser un tel emprunt ?

Dans l'ordre des choses, les juristes se sont saisis de la notion d'appropriation culturelle, qui possède des conséquences dans diverses branches du droit telles que le droit de la culture et du patrimoine culturel, le droit de la propriété intellectuelle, les droits fondamentaux, le droit commercial et de la concurrence, le droit pénal, le droit de l'environnement, etc. La présente recherche ne traitera cependant pas de la notion d'appropriation culturelle eu égard aux enjeux du droit de la propriété intellectuelle, non pas par manque de pertinence de la matière dans sa manière d'appréhender l'appropriation culturelle[2], mais pour des raisons de pragmatisme du fait de l'ampleur de la thématique choisie et ce, même si, inévitablement, certaines questions liées à la propriété intellectuelle seront abordées. D'abord, le régime juridique de propriété intellectuelle conféré par les droits d'auteur sur les créations artistiques peut

---

[1] cf. VÉZINA, Brigitte, « Cultural appropriation keeps happening because clear laws simply don't exist », *Centre for International Governance Innovation*, 24 décembre 2019. [En ligne]. URL : https://www.cigionline.org/articles/cultural-appropriation-keeps-happening-because-clear-laws-simply-dont-exist/ (consulté le 12 août 2023) : « Since there's no legal definition the term cultural appropriation has been so overused that it's hard for anyone to say for sure if something is culturally appropriated or not. To help make that determination, there are four things to consider and question: is the design used outside of its traditional context; is there a power imbalance; was there any involvement, acknowledgment or permission asked of the source culture; did it cause social, economic or cultural harm? »

[2] Certaines communautés développent leurs propres marques pour protéger leur patrimoine culturel contre le phénomène d'appropriation culturelle. Pour en savoir plus : voir MARTINET, 2019, op.cit., p. 229.

parfois ne pas être adapté au patrimoine culturel des communautés[1]. En effet, ce patrimoine est souvent ancien et constitué de savoir-faire traditionnels et pratiques ancestrales qui ne sont pas affiliés à un auteur spécifique. Qui plus est, la protection par les droits d'auteur semble constituer une vision occidentalisée de la protection du patrimoine et est souvent juridiquement incompatible avec les divers systèmes juridiques et culturels du reste du monde[2]. Ensuite, peu d'écrits sur la notion d'appropriation culturelle sous l'angle principal du droit du patrimoine culturel ont été rédigés. Ainsi, pour compléter le sujet du présent mémoire, deux autres notions fondamentales doivent encore être présentées : celles de « patrimoine culturel immatériel » et de « communauté ».

Le terme « patrimoine culturel immatériel » choisi dans le cadre de la présente étude est complexe et révélateur de l'évolution de la conception juridique du patrimoine culturel en Occident. Avant toute chose, le patrimoine culturel peut être défini comme « l'ensemble des biens, immobiliers ou mobiliers, relevant de la propriété publique ou privée, qui présentent un intérêt historique, artistique, archéologique, esthétique, scientifique ou technique »[3]. Cette conception, longtemps dominée par une approche tangible du patrimoine

---

[1] cf. Intellectual Property Issues in Cultural Heritage Project (IPinCH), « Think Before You Appropriate. *Things to know and questions to ask in order to avoid misappropriating Indigenous cultural heritage* ». Simon Fraser University: Vancouver, 2015.
URL : https://www.sfu.ca/ipinch/sites/default/files/resources/teaching_resources/think_before_you_appropriate_jan_2016.pdf :
« Cependant, le fait que la plupart des lois sur la propriété intellectuelle ne protègent pas de manière adéquate les expressions culturelles autochtones ne signifie pas qu'elles tombent automatiquement dans la catégorie du "domaine public", où tout le monde peut puiser. Les lois coutumières en vigueur dans les communautés autochtones dictent des droits, des responsabilités et des obligations culturelles spécifiques. Elles régissent ce qui peut ou ne peut pas être utilisé, par qui et dans quelles circonstances. En d'autres termes, ce n'est pas que le patrimoine culturel indigène ne soit pas du tout protégé ; le problème est plutôt que de nombreuses personnes ne connaissent pas ces règles ou choisissent de les ignorer ». Traduit de l'anglais.

[2] MARTINET, 2019, op.cit., p. 84.

[3] Article L1 du Code français du patrimoine. Nous avons pris une définition nationale car elle nous paraît refléter avec fidélité la vision occidentale traditionnelle du patrimoine culturel.

culturel, notamment à travers le patrimoine bâti et archéologique, a connu un tournant à la fin du XXe siècle par l'apparition de l'expression « patrimoine culturel immatériel » à l'échelle internationale pour désigner les éléments intangibles, sans supports physiques, du patrimoine culturel[1]. En effet, il s'agit d'une expression relativement récente car pleinement consacrée par l'UNESCO dans sa *Convention sur la sauvegarde du patrimoine culturel immatériel* adoptée le 17 octobre 2003 (ci-après « Convention UNESCO de 2003 ») qui, pour la présente recherche, constituera un pilier normatif de la coopération culturelle internationale sur lequel s'appuyer. Le patrimoine culturel immatériel y est défini comme :

> « les pratiques, représentations, expressions, connaissances et savoir-faire – ainsi que les instruments, objets, artefacts et espaces culturels qui leur sont associés – que les communautés, les groupes et, le cas échéant, les individus reconnaissent comme faisant partie de leur patrimoine culturel. Ce patrimoine culturel immatériel, transmis de génération en génération, est recréé en permanence par les communautés et groupes en fonction de leur milieu, de leur interaction avec la nature et de leur histoire, et leur procure un sentiment d'identité et de continuité, contribuant ainsi à promouvoir le respect de la diversité culturelle et la créativité humaine ».
>
> « Le patrimoine culturel immatériel (...) se manifeste notamment dans les domaines suivants : les traditions et expressions orales, y compris la langue comme vecteur du patrimoine culturel immatériel[2] ; les arts du spectacle ; les pratiques sociales, rituels et événements festifs ; les

---

[1] La dichotomie traditionnelle entre patrimoines culturels matériel et immatériel s'est révélée désuète dans de nombreuses situations et apparaît aujourd'hui souvent inadaptée. Voir *infra* p. 99.

[2] Les langues ne peuvent donc pas être protégées en tant que telles comme patrimoine culturel immatériel au titre de la Convention UNESCO de 2003 mais en tant qu'elles servent de vecteur, d'outil de transmission d'éléments du patrimoine culturel immatériel.

connaissances et pratiques concernant la nature et l'univers ; les savoir-faire liés à l'artisanat traditionnel »[1].

Dans l'esprit de la Convention UNESCO de 2003, le patrimoine culturel immatériel est caractérisé par une essence collective, car porté par une communauté qui en assure une transmission intergénérationnelle entre ses membres. Sa nature est évolutive, vivante et dynamique car la communauté est chargée de le recréer en permanence dans le temps. Le patrimoine immatériel possède également une fonction sociale en tant qu'il « procure aux communautés un sentiment d'identité et de continuité »[2]. À titre d'exemple, la pratique festive des tours humaines d'Espagne, appelées *Castells*, figurant sur la Liste représentative du patrimoine culturel immatériel de l'humanité de la Convention depuis 2010 s'inscrit dans un cadre de célébrations collectives. « Le savoir nécessaire à la formation des castells est traditionnellement transmis de génération en génération au sein d'un groupe et s'acquiert uniquement par la pratique »[3].

Il faut cependant être vigilant quant à l'utilisation du terme « patrimoine culturel immatériel » et la conception du patrimoine qui y est attachée, en gardant à l'esprit qu'il s'agit d'une expression qui ne fait pas l'unanimité dans toutes les régions du monde car s'inscrivant dans un cadre quasi exclusivement *UNESCO.* Tous les pays et communautés ne s'y réfèrent pas pour désigner l'intangibilité de leur patrimoine. À titre d'exemple, aux États-Unis, c'est le terme « folklife » qui est principalement utilisé[4]. Certains pays

---

[1] Article 2.2 Convention UNESCO 2003. Aux termes de cette définition, une religion, à titre d'exemple, ou une croyance ne sont pas considérées comme étant du patrimoine culturel immatériel et ce, même si certains éléments du patrimoine immatériel, tels que des danses, pratiques sociales, cérémonies, etc. peuvent s'inscrire dans un cadre religieux et spirituel.

[2] Visio Région Normandie, Commission nationale française pour l'UNESCO, 30 juin 2023. « Rencontre des clubs UNESCO ». [En ligne].
URL : https://www.youtube.com/watch?v=qh5ndoN61Vs (consulté le 12 août 2023).

[3] UNESCO, *Les Tours humaines.* [En ligne].
URL : https://ich.unesco.org/fr/RL/les-tours-humaines-00364#:~:text=Les%20Castells%20sont%20des%20tours,de%20l%27hôtel%20de%20ville (consulté le 12 août 2023).

[4] Voir le *Smithsonian Folklife Festival* ou encore *The American Folklife Preservation Act.*

préfèrent garder l'appellation traditionnelle de « patrimoine vivant ». Au cours de la présente recherche, il s'agira ainsi de traiter de la Convention UNESCO de 2003 et de ses principes tout en relativisant son application à travers le monde du fait des différences de conceptions patrimoniales selon les territoires.

Avant la notion de patrimoine culturel immatériel, c'est bien celle de *folklore* qui était utilisée pour désigner les éléments culturels traditionnels. En effet, dès les années 1950, la protection des expressions du folklore et du patrimoine culturel vivant des communautés a émergé en droit international en faveur de la protection des droits des minorités et peuples autochtones, en témoigne l'adoption en novembre 1989 de la *Recommandation sur la sauvegarde de la culture traditionnelle et populaire de l'UNESCO.* Rapidement, et parce que le folklore commençait à revêtir une connotation négative et archaïque pour certaines communautés[1], c'est la notion « d'expressions culturelles traditionnelles » qui s'est finalement imposée, comme un synonyme des « expressions du folklore »[2], en témoigne l'article 31 de la *Déclaration des Nations unies sur les droits des peuples autochtones de 2007* (ci-après « Déclaration ONU de 2007 »).

Ainsi, la présente recherche ne traitera pas uniquement du terme de patrimoine culturel immatériel face au phénomène d'appropriation culturelle mais également, et de manière plus précise, des « expressions culturelles traditionnelles » telles que traitées dans la thèse de Madame Lily Martinet, dont les travaux seront particulièrement repris dans cette analyse, à travers l'emploi de l'expression d'*appropriation des expressions culturelles traditionnelles des communautés*. Les expressions culturelles traditionnelles[3] ont émergé

---

[1] Voir MARTINET, 2019, op.cit., p.6. Voir aussi WANG LI, « La Convention pour la sauvegarde du patrimoine culturel immatériel et son application en droits français et chinois », Thèse : Droit. Paris 11, 2010. [WANG LI, 2010].

[2] MARTINET, 2019, op.cit., p. 11 : Aucune définition officielle n'en est donnée à ce jour, mais leur consécration dans les textes juridiques de protection du patrimoine culturel « leur confère une existence irréfutable en droit international ».

[3] Les expressions culturelles sont aujourd'hui consacrées par l'UNESCO aux termes de la *Convention sur la protection et la promotion de la diversité des expressions culturelles de 2005*. MARTINET, 2019, op.cit., p. 15 : Cette convention a d'ailleurs rattaché les expressions culturelles traditionnelles aux peuples autochtones et aux

en droit international dans un contexte de décolonisation, à l'instar de la théorie de l'appropriation culturelle, et ont un lien direct avec les droits humains, et notamment, les droits des populations autochtones, en ce que la notion est apparue lors de « deux projets portés par la Sous-Commission de la lutte contre les mesures discriminatoires et de la protection des minorités »[1] des Nations unies et a par la suite été mentionnée à l'article 31 de la Déclaration ONU de 2007. Elles font partie intégrante, aux côtés des savoirs traditionnels, d'un ensemble plus large : le patrimoine culturel immatériel[2]. Plus précisément, les expressions culturelles traditionnelles se caractérisent par un contenu culturel et expriment « une identité culturelle au travers d'une dimension artistique, [tandis que les savoirs traditionnels, « même s'ils peuvent présenter une composante culturelle, sont principalement de nature technique et ils ne peuvent être qualifiés d'expressions culturelles traditionnelles à raison de cette dominante »[3]]. Elles sont aussi d'essence collective[4] et sont un objet de transmission intergénérationnelle. Elles sont tout à la fois objets de propriété intellectuelle, supports de droits collectifs culturels des communautés ou encore éléments du patrimoine culturel »[5]. Par exemple, « une cérémonie chamanique péruvienne, pendant laquelle est absorbé un "breuvage hallucinogène", l'*ayahuasca*, comprend : des ressources génétiques : les plantes entrant dans sa composition et ayant des effets psychotropes ; des savoirs traditionnels : les méthodes de préparation et les proportions dans lesquelles le breuvage doit être administré ; et des expressions culturelles traditionnelles : les chants et les musiques qui accompagnent le rituel et les visions »[6].

---

minorités culturelles et ce, même si les expressions culturelles ne sont pas réservées à ces deux groupes.

[1] *Ibid.*, p. 4.

[2] Voir schéma *Ibid.*, p. 15.

[3] MARTINET, 2019, op.cit., p. 13.

[4] *Ibid.*, p. 15 : les expressions culturelles traditionnelles sont souvent anonymes et n'ont pas d'auteurs spécifiques désignés.

[5] Préface d'Hélène RUIZ-FABRI dans MARTINET, 2019, op.cit., p. 13.

[6] MARTINET, 2019, op.cit., p. 3.

Par leurs liens étroits avec les communautés et le patrimoine culturel immatériel, les expressions culturelles traditionnelles sont donc tout à fait pertinentes pour le sujet de ce mémoire. Elles sont régulièrement exposées au phénomène d'appropriation culturelle et ce, de diverses manières. D'abord, elles appartiennent souvent au domaine public, ce qui semble indispensable pour garantir les échanges interculturels mais permet également des abus d'appropriation. De plus, même si elles peuvent être associées à des éléments tangibles, « le caractère immatériel des expressions culturelles traditionnelles implique leur reproductibilité, et facilite leur appropriation »[1] par les tiers. Dans un contexte d'« industrialisation de la culture »[2], elles font l'objet de nombreuses exploitations commerciales d'une part, par les tiers, de façon souvent abusive et non consentie, et d'autre part, par les communautés elles-mêmes, celles-ci ayant également droit à la modernisation et à la contemporanéité afin de ne pas alimenter une vision rigide et figée de leur patrimoine culturel.

À ce titre, que faut-il entendre par le terme « communauté » ? De quoi parle-t-on ? De qui parle-t-on ? « Le flou qui [entoure la notion de communauté] est propre à son indétermination »[3] et au fait que le droit n'en donne aucune définition explicite. Il est avant tout important de s'intéresser à l'historique de cette notion afin de mettre « concrètement en lumière le rôle singulier qui a été attribué aux communautés dans la gestion du patrimoine ». Selon Lily Martinet, la notion de communauté a été introduite au tournant du XXIe siècle et marquait alors « une rupture avec un ordre établi fondé sur les États », car étant traditionnellement associée « en droit international à l'expression "communauté internationale" »[4]. Le terme de

---

[1] *Ibid.*, p. 11.

[2] LOEMBET, Éric, « Les enjeux managériaux des entreprises et des organisations culturelles en contexte de diversité culturelle : le cas du Cameroun ». Thèse : Gestion et management. Université Paris-Saclay ; Université de Douala, 2020. [LOEMBET, 2020].

[3] DE CLIPPELE, Marie-Sophie, « Protéger le patrimoine culturel : À qui incombe la charge ? », *Collection générale. Presses de l'Université Saint-Louis Collection : Collection générale | 157,* Bruxelles, 2020, §1363. DOI : 10.4000/books.pusl.26644 [DE CLIPPELE, « Protéger le patrimoine culturel : À qui incombe la charge ? », 2020].

[4] MARTINET, Lily, « L'irruption de la notion de communauté en droit international de la culture », *In Situ* [En ligne], 44 | 2021, mis en ligne le 29 avril 2021, consulté

communauté est d'abord apparu dans le domaine des droits fondamentaux, comme en atteste la Déclaration ONU de 2007 qui protège les droits des peuples autochtones et instaure « une jouissance commune de leurs biens, notamment de leur patrimoine culturel »[1]. À ce titre, progressivement, la notion de communauté est passée du domaine des droits fondamentaux au domaine du droit du patrimoine culturel, notamment immatériel, en témoigne sa place centrale au sein de la Convention UNESCO de 2003. La protection des droits des membres des communautés (droit des personnes) est donc passée à celle de leur patrimoine culturel (droit des choses)[2].

La notion de communauté est d'autant plus délicate qu'il existe une infinité de groupes différents, auxquels peut appartenir un même individu. *A priori*, le terme peut faire penser aux communautés ethniques, religieuses, de genre, linguistiques, professionnelles, ou encore, aux communautés au niveau institutionnel, à l'image des Communautés européennes. Cependant, la présente recherche traitera principalement des communautés à l'échelon infra-étatique ayant un lien direct avec le patrimoine culturel immatériel ; il pourra s'agir de minorités ethniques, de peuples autochtones[3], ou encore, de ce que la *Convention de Faro sur la valeur du patrimoine culturel pour la société* de 2005 appelle les « communautés patrimoniales », qu'elle définit comme étant composées « de personnes qui attachent de la valeur à des aspects spécifiques du patrimoine culturel qu'elles souhaitent, dans le cadre de l'action publique, maintenir et transmettre

---

le 12 août 2023. URL : http://journals.openedition.org/insitu/30738 ; DOI : https://doi.org/10.4000/insitu.30738

[1] DE CLIPPELE, « Protéger le patrimoine culturel : À qui incombe la charge ? », 2020, op.cit., §1363.

[2] MAGET, Antoinette, « Collectionnisme public et conscience patrimoniale : les collections d'antiquités égyptiennes en Europe », Paris, *L'Harmattan*, 2009 cité dans DE CLIPPELE, « Protéger le patrimoine culturel : À qui incombe la charge ? », 2020, op.cit., §1363.

[3] DE CLIPPELE, « Protéger le patrimoine culturel : À qui incombe la charge ? », 2020, op.cit., Chapitre 3. Vers une responsabilité partagée du patrimoine culturel p. 557 - 629 : « Par communautés, populations et nations autochtones, il faut entendre celles qui, liées par une continuité historique avec les sociétés antérieures à l'invasion et avec les sociétés précoloniales qui se sont développées sur leurs territoires, se jugent distinctes des autres éléments des sociétés qui dominent à présent sur leurs territoires ou parties de ces territoires ».

aux générations futures »[1]. De la même manière, la *Déclaration de Fribourg sur les droits culturels* de 2007 traite des « communautés culturelles », soit « un groupe de personnes qui partagent des références constitutives d'une identité culturelle commune, qu'[il] entend préserver et développer »[2] et qui « se distingue du reste de la population par son désir d'affirmer et de préserver cette identité culturelle »[3]. Plus précisément encore, la présente recherche envisagera le plus souvent des cas de communautés dites minoritaires, ayant une position sociale, politique, économique et culturelle subordonnée à une culture dominante au sein d'un État, à l'image des Kurdes, des Navajos, des Māoris, des Maasaï, des Haïdas, etc. En effet, il s'agira de partir du postulat que ce sont ces communautés qui sont le plus touchées par les conséquences du phénomène d'appropriation culturelle et que la sauvegarde de leur patrimoine culturel immatériel relève alors d'une urgence tout à fait particulière[4].

Les communautés ont aujourd'hui un rôle fondamental dans la préservation du patrimoine culturel immatériel et, comme il le sera démontré au fil de cette analyse, dans la diffusion de la théorie de l'appropriation culturelle, qui constitue pour elles une notion « pleine de promesses et de contradictions »[5]. Pourtant, puisque le brassage interculturel est inhérent à l'humanité, il est aujourd'hui difficile de tracer des frontières entre les cultures, souvent issues d'échanges et d'emprunts culturels divers. De plus, le terme de communauté révèle parfois une connotation péjorative liée à la crainte du

---

[1] Article 2.B de la Convention de Faro sur la valeur du patrimoine culturel pour la société de 2005.

[2] Article 2.C de la Déclaration de Fribourg sur les droits culturels de 2007.

[3] MARTINET, « L'irruption de la notion de communauté en droit international de la culture », 2021, op.cit.

[4] ALLAND, Denis, RIALS, Stéphane, « Dictionnaire de la culture juridique », Paris : *Puf*, 2003, p. 1028 cité dans MARTINET, 2019, op.cit., p. 263 : Cependant, le terme de communauté sera préféré à celui de minorité, qui renvoie d'abord à un critère numérique et « signifie effectivement "moindre nombre" ». « Une minorité est donc toujours numériquement inférieure au reste de la population d'un État tandis qu'un peuple autochtone peut être numériquement majoritaire, comme au Guatemala », et subir dans le même temps une certaine forme de domination politique et culturelle.

[5] DEPREZ, Camille, « La télévision indienne. Un modèle d'appropriation culturelle ». *De Boeck Supérieur, « Médias-Recherches »*, 2006. DOI : 10.3917/dbu.depre.2006.01., p. 103-104.

communautarisme. Autrement dit, les contradictions de la notion de communauté sont nombreuses. Chaque communauté n'est évidemment pas un groupe homogène et ne peut être juridiquement reconnue sans la diversité des membres qui la composent. En effet, au sein de chaque communauté culturelle, il y a des *sous-communautés*, des minorités distinctes. C'est pourquoi la présente recherche aura à cœur de traiter des communautés[1] mais également des groupes et, le cas échéant, des individus porteurs d'un patrimoine culturel immatériel spécifique, pour reprendre les termes de la Convention UNESCO de 2003[2]. Chaque individu pourrait ne pas avoir les mêmes opinions que la majorité au sein de la communauté dont il est issu s'agissant des dénonciations d'actes d'appropriation culturelle par exemple. Il serait également réducteur de le considérer uniquement en fonction de son appartenance à une communauté et à son identité culturelle. De plus, à partir de quand déterminer qu'un individu puisse être considéré comme faisant partie, ou non, d'une communauté culturelle ? Les degrés d'appartenance sont divers et les critères diffèrent selon les États. Par exemple, aux États-Unis, « les principaux critères pris en compte pour déterminer l'appartenance à une tribu (...) sont au nombre de quatre : (1) le degré de sang indien, (2) la filiation, (3) la filiation patrilinéaire et (4) la filiation matrilinéaire »[3]. À cet égard, de nombreuses critiques ont émergé s'agissant du *Indian Arts and Crafts Act*[4] de 1990 (révisant celui de 1935) qui instaure des critères et conditions très flous pour désigner les membres des différentes

---

[1] La Convention UNESCO de 2003 ne définit ni les communautés, ni les groupes et individus. La *Réunion d'experts sur la participation des communautés à la sauvegarde du patrimoine culturel immatériel vers la mise en œuvre de la Convention de 2003* a alors proposé une définition : « Les communautés sont des réseaux de personnes dont le sentiment d'identité ou de liens naît d'une relation historiquement partagée, ancrée dans la pratique et la transmission de, ou l'attachement à, leur patrimoine culturel immatériel » : Rapport Tokyo, 13-15 mars 2006, p. 5-6 cité dans MARTINET, 2019, op.cit., p. 90.

[2] Article 2 Convention UNESCO 2003.

[3] LAND, Kathryn R. L, LIGHT, Steven A., « Virtue or vice ? How IGRA shapes the politics of Native American gaming, sovereignty and identity », *Virginia Journal of Social Policy & the Law*, 1997, p. 413 cité dans MARTINET, 2019, op.cit., p. 105.

[4] Voir HANCE, Clea, « La participation des détenteurs à la sauvegarde de leur patrimoine culturel : émergence d'un standard juridique », Thèse : Droit. Université Paris-Saclay, soutenue le 22 novembre 2022. [HANCE, 2022].

communautés Amérindiennes aux États-Unis et qui ne protège finalement qu'une partie des indigènes (soit ceux qui sont officiellement affiliés et reconnus par une tribu amérindienne)[1].

Quoi qu'il en soit, les membres composant la communauté ont tous en commun un sentiment d'appartenance à leur groupe et possèdent à l'égard de leur patrimoine culturel un lien puissant et intime qui transcende les liens juridiques de propriété que connaissent nos sociétés occidentales[2]. Cette forme de propriété culturelle détenue par les membres des communautés sur leur patrimoine témoigne de l'intérêt spécial et juridiquement protégé de celui-ci, qu'il s'agira d'étudier eu égard au phénomène d'appropriation culturelle. « Toute la question est de savoir si cette proclamation de paternité trouve une expression juridique, emporte des droits, en somme si l'appartenance culturelle se double d'un lien d'appartenance juridique »[3].

Pour souligner ce lien entre la communauté et son patrimoine culturel, Lily Martinet emploie dans sa thèse le terme de « communautés sources », celles dont les expressions culturelles traditionnelles sont originellement issues. Ce terme sera donc particulièrement repris pour « nommer ci-après de façon générique l'entité collective

---

[1] Voir HAPIUK, William J., « Of Kitsch and Kachinas: a critical analysis of the "Indian Arts and Crafts Act of 1990" », *Stanford Law Review* 53, no 4, 2001: 1009-75. Voir aussi WOLTZ, Jennie D., « The Economics of Cultural Misrepresentation: How Should the Indian Arts and Crafts Act of 1990 Be Marketed? », *Fordham Intell. Prop. Media & Ent. L.J.* 17, no.2 cité dans HANCE, 2022, op.cit., p. 58.

[2] CA Nouméa, 22 août 2011, 10/00532 : « La propriété communautaire des peuples autochtones constitue une autre illustration de propriété collective. (…) la France connaît le cas de la tribu Kanak qui dispose d'un droit de propriété collectif sur ses terres, reconnu par [le pouvoir judiciaire] » cité par M. Cornu et M.-A. Renold, « La mise en forme d'un intérêt commun dans la propriété culturelle », Semantic Scholar, 2012, p. 96 cité dans DE CLIPPELE, « Protéger le patrimoine culturel : À qui incombe la charge ? », 2020, op.cit., §1351.

[3] CORNU, Marie, « À qui appartient le patrimoine culturel immatériel ? », 2020, p. 253 dans CSERGO, Julia, HOTTIN, Christian, SCHMIT, Pierre (dir.). *Le patrimoine culturel immatériel au seuil des sciences sociales : Actes du colloque de Cerisy-la-Salle, septembre 2012.* Nouvelle édition [en ligne]. Paris : Éditions de la Maison des sciences de l'homme, 2020.
URL : <http://books.openedition.org/editionsmsh/15990> (consulté le 14 août 2023).

qui est responsable de la création et de la transmission d'une expression culturelle traditionnelle »[1].

Étudiant les relations socio-juridiques entre la notion d'appropriation culturelle et la protection internationale du patrimoine culturel immatériel des communautés, une problématique principale émerge : comment le droit, dans sa configuration actuelle, peut-il appréhender le phénomène d'appropriation culturelle eu égard à la protection du patrimoine culturel immatériel des communautés ? Dans la mesure où la notion d'appropriation culturelle n'est pas prise en compte par le droit, peut-elle tout de même servir d'outil à la protection juridique du patrimoine culturel immatériel des communautés sources ? Existe-t-il une corrélation positive entre la lutte contre l'appropriation culturelle par le droit et la protection juridique du patrimoine culturel immatériel des communautés ? Si oui, en quoi la lutte contre l'appropriation culturelle peut-elle œuvrer à la protection juridique du patrimoine culturel des communautés voire, la renforcer ? N'y a-t-il réellement aucun régime juridique propre à la notion d'appropriation culturelle ? En effet, la configuration actuelle du droit international du patrimoine culturel, en tant qu'il permet la protection du patrimoine culturel immatériel des communautés, ne pourrait-elle pas constituer dans le même temps un régime juridique implicite propre au phénomène d'appropriation culturelle ?

Les enjeux de cette problématique sont multiples. Il en va de la sauvegarde même du patrimoine culturel immatériel des communautés et plus largement, de la protection de leurs identités culturelles et droits fondamentaux, et ce, par la prise en compte en droit d'une notion dont le potentiel juridique apparaît encore sous-estimé du fait de son caractère particulièrement controversé au sein de la société. Pourtant, « en 2017, 189 délégations de pays ont, au nom de leurs cultures minoritaires, prié instamment l'OMPI de définir le délit [d'appropriation culturelle]. Une commission a été nommée et y travaille (…) »[2]. En effet, si l'appropriation culturelle n'est pas

---

[1] MARTINET, 2019, op.cit., p. 17.

[2] JOURNET, Nicolas, « Le mot qui fâche. Appropriation culturelle », *Sciences Humaines*, 2022/6 n° 348, p. 66.

encore consacrée juridiquement, elle entraîne cependant de multiples conséquences juridiques. L'étudier permet de mieux la comprendre, de déterminer les forces et les faiblesses de sa théorie afin de la rendre la plus efficiente possible pour protéger, par le droit, le patrimoine culturel immatériel.

Finalement, en gardant comme objectif principal la protection du patrimoine culturel immatériel des communautés, il apparaît que les conséquences juridiques de l'appropriation abusive, immorale, non consentie des expressions culturelles traditionnelles, en un mot, de l'expropriation culturelle, sont multiples et constituent, même s'il s'agira de le nuancer, une forme d'atteinte à la sauvegarde du patrimoine immatériel des communautés (Partie I). À cet égard, la lutte contre l'appropriation culturelle peut, d'une certaine manière, être utilisée aujourd'hui comme un moyen s'insérant dans la configuration juridique internationale pour la préservation des droits, des identités et des expressions culturelles immatérielles des communautés ; soit un paradoxe pour une notion non reconnue par le droit (Partie II).

- Partie I -

L'appropriation culturelle comme atteinte à la sauvegarde internationale du patrimoine culturel immatériel des communautés

L'appropriation des expressions culturelles traditionnelles est, le plus souvent, une appropriation extractive. En effet, dans un grand nombre de cas, elle prive les communautés de leur patrimoine culturel immatériel, de sa substance, de sa valeur, de sa signification. Selon, Lily Martinet, « le lien qui (...) unit [les expressions culturelles traditionnelles] à une communauté peut être analysé soit comme un lien de propriété, soit comme un lien personnel. La question des expressions culturelles traditionnelles en droit international oscille ainsi entre deux pôles : l'un économique et l'autre culturel. Selon les attentes des communautés, l'un prend le dessus sur l'autre »[1].

L'appropriation non consentie et abusive de ces expressions culturelles traditionnelles menace par ses nombreuses conséquences tant le potentiel économique que la valeur symbolique nécessaires à la survie de la communauté et intrinsèques à son patrimoine culturel immatériel. En effet, les expressions culturelles traditionnelles ont une double nature : elles sont, d'une part, un élément fondamental du patrimoine culturel immatériel représentant l'identité de la communauté qu'il faut préserver (Section I) et d'autre part, un moteur de développement économique pour assurer l'autonomie culturelle des communautés (Section II).

[1] MARTINET, 2019, op.cit., p. 449.

Section I : L'appropriation culturelle, forme d'atteinte à l'identité culturelle des communautés

L'appropriation non consentie et abusive des expressions culturelles traditionnelles des communautés est un phénomène qui semble constituer une menace pour l'identité même de la communauté, sa relation à son patrimoine culturel, ses origines et son histoire. Selon Madame le Professeur Vivian Hsueh-Hua Chen, « l'identité culturelle est construite et maintenue par le processus de partage de connaissances collectives telles que les traditions, le patrimoine, la langue, l'esthétique, les normes et les coutumes. Comme les individus sont généralement affiliés à plus d'un groupe culturel, l'identité culturelle est complexe et multidimensionnelle »[1].

En cela, les anti-appropriationnistes estiment que leur combat ne vise pas à remettre en cause ce mélange des cultures et à renfermer les communautés sur elles-mêmes *via* l'obsession de la protection de leur seul patrimoine, mais simplement à protéger la diversité culturelle[2]. Selon ce postulat, l'appropriation culturelle aurait pour conséquence de menacer les cultures face aux emprunts non consentis dont elles font l'objet par des personnes ayant pour principal intérêt l'esthétisme des expressions culturelles, leur aspect décoratif et superficiel et non leur intérêt patrimonial, leur signification sociale, leur valeur symbolique et traditionnelle ; en un mot, l'appropriation menacerait l'intégrité du patrimoine (§1).

Pourtant, l'appropriation culturelle ne semble pas être le seul concept susceptible de porter atteinte à l'identité culturelle des communautés. Ainsi, celui de « patrimoine culturel de l'humanité », aujourd'hui pleinement consacré en droit, quoiqu'encore ambigu,

---

[1] « L'identité culturelle fait référence à l'identification ou au sentiment d'appartenance à un groupe particulier, basé sur diverses catégories culturelles, dont la nationalité, l'ethnicité, la race, le sexe et la religion » dans HSUEH-HUA CHEN, Vivian, « L'identité culturelle », *Centre pour le Dialogue Interculturel, Concepts clés dans le dialogue interculturel,* No.22, 2021, traduit de l'anglais par Mohammed Guamguami. [En ligne].
URL : https://centerforinterculturaldialogue.files.wordpress.com/2021/06/kc22-cultural-identity_french.pdf (consulté le 14 août 2023).

[2] Ce terme et sa portée juridique seront expliqués plus loin dans cette analyse. Voir *infra* p. 148.

apparaît directement contradictoire avec la théorie de l'appropriation culturelle et menace *a priori* l'identité culturelle des communautés *via* une remise en cause du lien de possession que celles-ci détiennent avec leur patrimoine culturel immatériel (§2).

§ 1 : L'atteinte à l'intégrité du patrimoine culturel immatériel des communautés

Une communauté, un groupe ou, le cas échéant, des individus se définissent en grande partie par leurs expressions culturelles, leur patrimoine culturel et ainsi, leur identité culturelle. Ainsi, un acte d'appropriation culturelle extractif apparaît directement attentatoire à l'intégrité[1] même du patrimoine des communautés : d'une part en omettant la signification culturelle et sociale de l'élément emprunté pour les communautés, en brouillant ses origines, sa compréhension et son interprétation tant par le public que par la communauté source elle-même (A) ; d'autre part en portant atteinte à la dignité de ses membres. En effet, il ne s'agit pas d'un acte anodin. Les expressions culturelles traditionnelles ont un véritable rôle « en matière de cohésion sociale [et renforcent] l'identité culturelle des communautés »[2] en ce qu'elles sont « la manifestation d'une identité culturelle collective »[3]. Ainsi, l'appropriation culturelle, du fait de ses origines coloniales, porte atteinte aux droits des communautés et contribue à accentuer les inégalités sociales et les rapports de domination dont elles font l'objet, sans toutefois que ceci ne soit forcément le but originel de l'emprunteur (B).

---

[1] En droit, le terme d'intégrité renvoie le plus souvent au droit à l'inviolabilité. À l'instar du principe d'intégrité territoriale en droit international qui permet aux États souverains d'utiliser tous les moyens possibles pour défendre leurs frontières, l'intégrité culturelle ou patrimoniale donnerait ainsi le droit à chaque communauté de protéger ses expressions culturelles traditionnelles et toutes les composantes fondamentales à sa culture et à son identité, notamment contre toute forme d'appropriation-expropriation non consentie.

[2] MARTINET, 2019, op.cit., p. 25.

[3] *Ibid.*, p. 237.

A. L'atteinte à la signification culturelle et sociale des expressions culturelles immatérielles des communautés

Il ne fait aucun doute que les échanges culturels sont inhérents à notre humanité et ont existé depuis les premières civilisations. Il n'existe pas de pureté culturelle et le changement fait partie de l'ADN du patrimoine culturel immatériel. Cependant, malgré les évolutions et les échanges, si les expressions culturelles traditionnelles ne restent pas intactes, leur signification sociale, culturelle et symbolique pour les communautés perdure et est aujourd'hui menacée par le phénomène mondial d'appropriation culturelle. Celui-ci contribue souvent à déformer, à dénaturer les expressions culturelles traditionnelles (1) et surtout, en les extrayant de leur environnement d'épanouissement, de leur contexte social, économique et culturel d'origine, entrave directement leur sauvegarde et avec ceci, le développement identitaire et culturel des communautés (2).

1. La déformation récurrente des expressions culturelles immatérielles

L'appropriation des expressions culturelles traditionnelles des communautés par les tiers entraîne bien souvent une déformation de ces expressions. En effet, selon Lily Martinet, une telle déformation « se produit lorsqu'une expression culturelle traditionnelle est appropriée par des personnes extérieures à sa communauté d'origine »[1]. L'emprunt des expressions culturelles traditionnelles des communautés par les tiers se fait régulièrement de façon transformée et non fidèle à leur utilisation par la communauté, ce qui conduit à dénaturer leur signification socio-culturelle originelle.

Cependant, en matière de patrimoine culturel immatériel, l'emploi du mot « déformation » est toujours délicat car là encore, les expressions culturelles traditionnelles sont vouées au changement à travers le temps et sont recréées en permanence par les communautés.

---

[1] *Ibid.*, p. 21.

La présente analyse veillera donc à distinguer entre la déformation naturelle, induite par les échanges culturels et l'évolution, et la déformation problématique, abusive, dénaturante, directement provoquée par l'appropriation culturelle. Peut-être la limite entre ces deux conceptions de la déformation est-elle franchie lorsque la signification culturelle et sociale de l'expression en question pour la communauté est trahie, rompue ? En effet, il s'agira de partir du principe que c'est cette signification qui permet de maintenir en vie l'identité culturelle de la communauté. Celle-ci doit alors être préservée. En la matière, l'exemple du rituel turc dit *Mevlevi Sema*, protégé au titre de la Convention de 2003 depuis 2008, est particulièrement parlant. Les *Mevlevi*, ordre religieux musulman, présents dans de nombreuses communautés turques à travers le monde, pratiquent en effet cette cérémonie traditionnelle lors de laquelle « après un jeûne recommandé de plusieurs heures, les derviches tourneurs commencent à tourner sur eux-mêmes, prenant appui sur le pied gauche et utilisant le pied droit pour pivoter. Le corps du danseur doit être souple, les yeux doivent rester ouverts, sans rien fixer afin que les images deviennent floues et flottantes »[1] dans le but d'atteindre un état second favorisant leur rencontre avec Dieu et symbolisant dans un sens cosmique la rotation des planètes autour du Soleil. Si cette cérémonie est à l'origine vouée au secret et au cadre privé, elle est aujourd'hui de plus en plus dépendante des chaînes de l'attractivité touristique en Türkiye et du spectacle, ce qui contribue à la déformation de sa signification sociale, religieuse et culturelle pour la communauté en question et ce, alors que dans d'autres pays où des cérémonies similaires sont pratiquées, notamment en Iran, le secret de ces rituels persiste encore.

Dans sa thèse, Lily Martinet démontre le phénomène de déformation de l'expression culturelle traditionnelle régulièrement appropriée à travers l'exemple du *ta moko*, expression culturelle māorie prenant la forme d'un tatouage aux motifs souvent spiralés[2]. « Le ta moko réunit toutes les qualités d'une expression culturelle. Il est en

---

[1] UNESCO, *Le Sema, cérémonie Mevlevi*. [En ligne]. URL : https://ich.unesco.org/fr/RL/le-sema-ceremonie-mevlevi-00100 (consulté le 14 août 2023).

[2] Les Māoris, peuple autochtone de Nouvelle-Zélande, seront étudiés ci-après. Voir *infra* p. 103.

effet le produit de la créativité de la communauté māorie. Il possède de plus un contenu culturel indéniable : chaque motif tatoué est porteur de sens et de valeurs culturelles. Les motifs sont tatoués sur le visage et le corps en fonction de la généalogie de l'individu, de sa tribu traditionnelle d'appartenance (iwi) et de son expérience personnelle »[1]. Ainsi, l'appropriation par les tiers du *ta moko* māori semble violer « les protocoles coutumiers qui encadrent et régissent son usage » au sein de la communauté. En effet, dans un tel cas, « la signification sociale et culturelle du ta moko est complètement ignorée au profit de son apparence et de son esthétique. Les motifs qui codifient la généalogie, la tribu d'appartenance et l'expérience de l'individu sont trivialisés et peuvent par conséquent être dénaturés »[2]. Cette déformation de l'expression culturelle traditionnelle est fondamentalement liée à une chose : la non-implication des communautés sources dans la reprise de l'élément culturel. C'est ce manque de participation voire de consentement de la communauté qui semble dénaturer son patrimoine culturel immatériel et avec ceci, son identité. En effet, « lorsqu'un tiers exploite une expression culturelle traditionnelle, il exclut, dans la majorité des cas, sa communauté d'origine. [Dans l'exemple précité], les entreprises n'ont pas consulté la communauté māorie préalablement à l'utilisation du ta moko ».

Toutefois, il convient de rappeler un élément fondamental relativisant ce qui vient d'être énoncé : l'appropriation culturelle n'est en aucun cas définie ni prise en compte par le droit. Ainsi, « ces actions, bien qu'elles soient contraires à l'équité, sont tout à fait légales, car cette expression culturelle traditionnelle [qu'est le *ta moko*] fait partie du domaine public »[3]. Ceci peut être vu comme une bonne chose en faveur de la liberté de création artistique ou, au

[1] Waitangi Tribunal, *Ko aotearoa tenei: A report into claims concerning New Zealand law and policy affecting Maori culture and identity.* [En ligne], Wellington: Législation Direct, 2011, vol.1, p. 40 cité dans MARTINET, 2019, op.cit., p. 21.
[2] Voir MARTINET, 2019, op.cit., p. 21 / 22. Affaire Mike Tyson : boxeur américain qui s'est fait un tatouage sur l'œil reprenant les motifs du *ta moko* māori et l'a ensuite enregistré sous *copyright*, s'octroyant lui-même des droits d'auteur sur l'élément culturel approprié sans consentement. Lorsque ce même tatouage a été repris par des tiers, il a invoqué ses droits d'auteur, estimant avoir été victime d'un vol.
[3] MARTINET, 2019, op.cit., p. 22.

contraire, un problème du point de vue de la protection du patrimoine culturel immatériel de la communauté source.

« Une communauté, bien qu'elle ait créé et préservé ses expressions culturelles traditionnelles, ne dispose que de moyens relativement limités pour exercer une forme de contrôle sur elles. L'étude des expressions culturelles traditionnelles en droit international consiste donc à s'interroger sur la forme juridique que devrait prendre ce lien. Ce questionnement sera mené principalement sous l'angle du droit, mais il fera également appel aux sciences de l'homme (…) afin de saisir la matérialité de la notion d'expression culturelle traditionnelle, [en enrichissant] l'étude juridique par des apports issus de l'anthropologie et de l'ethnologie »[1], ce qui explique que la présente étude prenne particulièrement en compte les sciences sociales dans l'appréhension de la notion d'appropriation culturelle.

Afin de rester dans la thématique des tatouages, la marque *Nike* a récemment commercialisé des leggings basés sur les motifs des tatouages traditionnels masculins des Samoa de Polynésie occidentale, intitulés *Pe'a* ou *Tatau*, sans autorisation de la communauté ni mention des origines des motifs traditionnels[2]. Ces tatouages diffèrent selon les individus et ont évolué au fur et à mesure des siècles, transformés et constamment retravaillés par les Samoans. De tradition, « le *pe'a* (tatouage masculin) était nécessaire pour l'obtention d'une épouse et marquait l'appartenance à la force du village (*malosi o le nu'u*) et au groupe des jeunes hommes (*taulele'a*) chargés de servir et de protéger la chefferie. Aujourd'hui, à Samoa, le tatouage demeure le signe d'une allégeance au groupe des chefs (*matai*) »[3]. Ce cas d'appropriation par *Nike* a été perçu

---

[1] *Ibid.*, p. 23.

[2] Ni encore de partage des bénéfices et des droits résultant de cette exploitation commerciale avec les Samoans.

[3] Le tatouage fait l'objet d'une procédure traditionnelle particulière menée par un tatoueur spécialisé, le *tufuga*. cf. GALLIOT, Sébastien, « Un rite de passage polynésien : le tatouage samoan », *Corps*, 2009/1 (n° 6), p. 77-94. DOI : 10.3917/corp.006.0077. URL : https://www.cairn.info/revue-corps-dilecta-2009-1-page-77.htm (consulté le 14 août 2023) : « L'opération peut durer plusieurs semaines et la spécificité des outils utilisés provoque une douleur intense. Elle ne se fait en aucun cas sans les éléments d'un rituel de passage. C'est une situation complètement opposée à celle que l'on connaît en Europe, où le tatouage permet de

comme une offense de la part de la communauté. Le tatouage a été déformé dans un sens dénaturant et nocif pour la protection de son patrimoine culturel immatériel et pour son identité culturelle. En effet, dans un premier temps, le *Pe'a*, recouvrant le haut des jambes jusqu'au bassin par des motifs géométriques et linéaires épais donnant l'impression d'un vêtement cachant la peau, a été déformé en ce que les leggings commercialisés par la marque, d'une part, reprenaient les motifs des tatouages samoans sur des supports textiles, et d'autre part, étaient principalement destinés aux femmes, contrairement à la tradition.

Toutefois, des effets positifs pour la communauté source peuvent découler de la déformation de l'expression culturelle traditionnelle. En effet, celle-ci peut être dynamisée, renouvelée dans un contexte différent. Plus encore, l'emprunt de l'expression culturelle traditionnelle pourrait permettre de lui accorder une visibilité internationale afin d'empêcher, à terme, sa disparition, même si cet optimisme est souvent remis en cause par les déformations le plus souvent dommageables induites par l'appropriation culturelle. L'appropriation des expressions culturelles traditionnelles entraîne surtout une décontextualisation de celles-ci, ce qui constitue une atteinte supplémentaire à l'identité culturelle des communautés.

2. La décontextualisation inévitable des expressions culturelles immatérielles

Une autre atteinte profonde à la signification de l'expression culturelle traditionnelle réside notamment dans le fait que celle-ci, par son appropriation par les tiers, est extraite de sa communauté d'origine et de son contexte historique, social ou spirituel. Cette décontextualisation est particulièrement mal vécue par les communautés sources qui y perçoivent une dénaturation de leur patrimoine culturel et de leur histoire. Ainsi, ce risque de décontextualisation est reflété au sein du Principe éthique n° 10 de la Convention

marquer de façon peu douloureuse une individualité et, dans certains cas, signifie l'attachement à un ensemble de valeurs marginales ».

UNESCO de 2003 qui dispose que « les communautés, groupes et, le cas échéant, individus doivent jouer un rôle significatif dans la détermination de ce qui constitue des menaces pour leur patrimoine culturel immatériel, notamment sa décontextualisation, sa marchandisation et sa présentation erronée ainsi que dans le choix des moyens de prévenir et d'atténuer ces menaces »[1]. Les Directives opérationnelles pour la mise en œuvre de la Convention de 2003 disposent également que « toutes les parties sont encouragées à prendre des précautions particulières pour s'assurer que les actions de sensibilisation n'auront pas pour conséquence de décontextualiser ou de dénaturer les manifestations ou expressions du patrimoine culturel immatériel visées »[2].

Autrement dit, les communautés déterminent elles-mêmes les menaces qui peuvent être portées sur leurs expressions culturelles traditionnelles et il semblerait que la décontextualisation, trop souvent engendrée par l'appropriation abusive et non consentie du patrimoine culturel immatériel des communautés, en soit une particulièrement sérieuse. La décontextualisation revient à extraire l'expression culturelle de son contexte d'origine, niant ainsi le rôle et l'histoire des communautés dans sa création et sa sauvegarde, notamment afin de l'intégrer à un système de marché au sein duquel « l'appropriation des expressions culturelles traditionnelles sacrées se réalise dans un contexte de consumérisme matérialiste et capitaliste » au nom d'un « exotisme ésotérique et d'une appétence pour les croyances des communautés traditionnelles »[3] qui

---

[1] UNESCO, Comité intergouvernemental de la Convention UNESCO de 2003, *Principes éthiques pour la sauvegarde du patrimoine culturel immatériel*, Dixième session du Comité à Windhoek, Namibie, 30 novembre - 4 décembre 2015, Décision 10.COM15.a.

[2] UNESCO, *Directives opérationnelles pour la mise en œuvre de la Convention pour la sauvegarde du patrimoine culturel immatériel Point 102*, telles qu'adoptées par l'Assemblée générale des États parties à la Convention UNESCO de 2003, Deuxième session Siège de l'UNESCO, Paris, 16-19 juin 2008 et modifiées par la Sixième session, Siège de l'UNESCO, Paris, 30 mai - 1er juin 2016. [En ligne]. URL : https://ich.unesco.org/doc/src/ICH-Operational_Directives-6.GA-PDF-FR.pdf (consulté le 14 août 2023).

[3] ALDRED, Lisa, « Money is just spiritual energy: incorporating the New Age », *J. Pop. Cult.*, 002, vol 35 n° 4. p. 61-74 cité dans MARTINET, 2019, op.cit., p. 157.

témoignent de « représentations erronées de l'autochtonie »[1]. Les expressions culturelles sont ancrées dans un contexte, un territoire, une terre ancestrale, un environnement et un système de valeurs sociales, spirituelles, etc. portés par la communauté. Plus encore, elles survivent, sont alimentées et renouvelées en permanence grâce à ce contexte d'origine.

La décontextualisation et la disparition de l'expression sont profondément liées en ce que « la modification du milieu dans lequel est transmis une expression culturelle traditionnelle peut mettre fin à cette transmission », comme le souligne Lily Martinet dans sa thèse. Dans l'exemple du *ta moko* précité, « à partir du XIXe siècle, des pressions extérieures à la communauté māorie l'ont conduite à progressivement cesser de le pratiquer. Pendant la colonisation, les missions chrétiennes décourageaient en effet le tatouage. (...) De plus, à cette époque, le commerce des têtes māories momifiées décourageait les hommes de se faire tatouer de peur d'être décapités[2]. L'adoption en 1907 de *The Tohunga Suppression Act* a ensuite interdit aux artistes-tatoueurs d'exercer et de transmettre leurs savoirs. (…) Le fait de porter ce type de tatouage pouvait les marginaliser ou les exposer à des discriminations[3]. Le ta moko était sur le point de disparaître, lorsqu'il a été revitalisé dans les années 1970. La viabilité d'une expression culturelle traditionnelle peut ainsi dépendre de différents facteurs extérieurs à la communauté, tels que l'adoption d'une législation ou le changement d'un mode de vie ». Ainsi, par la décontextualisation des expressions culturelles traditionnelles engendrée par leur appropriation abusive et non consentie, l'identité culturelle même des communautés sources est atteinte.

---

[1] PETROPAVLOVSKY, Marie-Noëlle, « L'appropriation culturelle et identitaire, une entrave aux processus de guérison autochtones », *Drogues, santé et société*, vol 20, no 1, juin 2022, p. 141. DOI : https://doi.org/10.7202/1090702ar [PETROPAVLOVSKY, 2022].

[2] LAI, Jessica Christine, *Indigenous cultural heritage and intellectual property rights: learning from the New Zealand experience?*, Heidelberg, 2014, p. 21 cité dans MARTINET, 2019, op.cit., p. 22. [LAI, 2014].

[3] TE AWEKOTUKU, Ngahuia, RUA, Mohi, WAIMARIE NIKORA, Linda, « Renewal and resistance: moko in contemporary New Zealand », *Journal of Community & Applied Social Psychology* 2007, vol. 17, n°6, p. 483 cité dans MARTINET, 2019, op.cit., p. 22.

Il ne s'agit toutefois pas d'interdire le voyage des expressions culturelles traditionnelles et leur reprise en dehors du contexte d'origine, mais de garantir des emprunts effectués de manière consentie, respectueuse et éthique pour préserver au mieux la signification des expressions. En effet, une telle interdiction serait irréaliste du fait de la mondialisation et meurtrière pour les échanges culturels, le dialogue et le partage entre les peuples. Aujourd'hui, les échanges culturels doivent à tout prix être préservés. Ils sont la condition d'existence d'un grand nombre d'identités culturelles. En revanche, il s'agit de faire en sorte que, indépendamment de ces voyages, l'expression culturelle traditionnelle reste également ancrée dans le patrimoine culturel immatériel des communautés sur leur territoire afin que celles-ci préservent leur identité culturelle et le contexte originel de leurs expressions traditionnelles. Il faut ainsi protéger le plus possible *in situ*, en parallèle des emprunts et échanges culturels consentis et licites. À ce titre, Lily Martinet oppose deux thèses : celle de l'internationalisme et celle du nationalisme culturels. À l'inverse des internationalistes, les défenseurs du nationalisme culturel estiment que les biens culturels et expressions culturelles traditionnelles « n'auraient de sens que s'ils demeurent dans leur contexte d'origine »[1]. Finalement, est-il possible d'atteindre un consensus entre ces deux discours *a priori* si opposés ?

Comme le résume bien Monsieur Ary Gordien dans son article intitulé « Appropriation culturelle : peut-on "voler" une culture ? », « dans le cadre de la production capitaliste de l'art et de la culture, des tenues, coiffes, [etc.] sont détachés de leur contexte socio-culturel. Ils sont alors considérés comme des objets marchands qui servent à étoffer un style vestimentaire ou musical ou encore une autre pratique artistique afin de le rendre innovant. [L'objectif ici du droit du patrimoine culturel] n'est donc pas de tracer des frontières culturelles imperméables, mais de combattre la reproduction de ces inégalités ou, au moins, d'en limiter le plus possible l'impact. Un premier aspect concerne la protection des populations autochtones

[1] GERSTENBLITH, Patty, *Art, cultural heritage, and the law: cases and materials,* Durham: Carolina Academic Press, 2004, p. 595 cité dans MARTINET, 2019, op.cit., p. 125.

historiquement exposées à l'utilisation commerciale peu scrupuleuse de leurs pratiques culturelles. [Dans le même sens, il s'agit] de décoder et de condamner systématiquement la popularisation de représentations stéréotypées voire racistes des cultures extra-occidentales et minoritaires ou l'invisibilisation de ceux qui participent à leur création »[1].

En plus d'une atteinte profonde à la compréhension, à l'interprétation, et finalement, à la signification des expressions culturelles traditionnelles et du patrimoine culturel immatériel des communautés, l'appropriation culturelle s'attaque à l'identité des communautés *via* leur dignité, leurs droits humains. Autrement dit, les effets de l'appropriation culturelle ne se limitent pas aux éléments du patrimoine culturel des communautés *stricto sensu*, mais également à leur humanité, à leur personne en tant que membres d'un groupe culturel, à leur histoire et leur place dans la société.

B. L'atteinte à la dignité des communautés

Selon Madame le Professeur Janet Blake, l'identité, la dignité et la diversité des communautés et de leur culture sont des éléments profondément interdépendants[2], notamment dans la manière dont le droit appréhende la protection du patrimoine culturel immatériel. La dignité de la personne humaine est aujourd'hui un droit fondamental consacré en droit international[3] qui correspond au droit qu'a chaque être humain au respect de sa personne dans toutes ses composantes et ses besoins nécessaires à sa survie. Ainsi, il comprend le droit au

[1] GORDIEN, Ary, 14 juin 2020. *Appropriation culturelle : peut-on « voler » une culture ?* The Conversation. [En ligne].
URL : https://theconversation.com/appropriation-culturelle-peut-on-voler-une-culture-136885 (consulté le 14 août 2023).
[2] MUSEUMS GALLERIES SCOTLAND, 25 novembre 2015. *ICH For Everyone: Keynote Address by Dr Janet Blake* [En ligne].
URL : https://www.youtube.com/watch?v=MAk5Rc7vJIo (consulté le 14 août 2023).
[3] Il est inscrit au sein de la Déclaration des Droits de l'Homme et du Citoyen de 1789 en France, de la DUDH de 1948, de la Charte des droits fondamentaux de l'Union européenne de 2000, de la Déclaration ONU de 2007 et bien d'autres textes internationaux de protection des droits humains.

respect de l'intégrité du corps humain, le droit à un logement salubre, à une éducation complète, à un accès aux systèmes de santé, à un mode de vie sain, etc., autant de droits que l'appropriation non consentie et abusive des expressions culturelles traditionnelles des communautés est susceptible d'entraver[1].

L'appropriation culturelle semble menacer l'identité culturelle de la communauté, la perception que les autres ont de son patrimoine, de ses membres. Les expressions culturelles traditionnelles sont exotisées, appréciées pour leur aspect superficiel, insolite (1). Surtout, l'appropriation culturelle altère la perception que la communauté a d'elle-même. En effet, ses conséquences s'étendent sur un champ plus large que la seule protection du patrimoine culturel immatériel. Elle conduit, par une réaction en chaîne, à maintenir les communautés dans une position sociale marginale au sein des États dans lesquels elles se trouvent, en creusant les rapports de domination et les inégalités (2).

1. L'exotisation des expressions culturelles immatérielles

« En géographie, la vision de l'exotisme s'inscrit dans une perception du monde postcoloniale. Venu du mot grec "exôticos", le mot "exotisme" fait référence à ce qui est "étranger" ou "extérieur". Mais les questions qu'engendre cette définition sont les suivantes : étranger pour qui ? Par rapport à qui ? Dans quel contexte ? Et quels sont les effets [notamment juridiques] d'une telle vision ? »[2]

Derrière l'emprunt culturel, se pose régulièrement la question des motivations d'un tel emprunt ; d'où vient l'attrait des tiers pour les expressions culturelles traditionnelles des communautés ? Selon

---

[1] Pour en savoir plus : FABRE-MAGNAN, Muriel, « La dignité en Droit : un axiome », *Revue interdisciplinaire d'études juridiques*, 2007/1 (Volume 58), p. 1-30.
DOI : 10.3917/riej.058.0001.
URL : https://www.cairn.info/revue-interdisciplinaire-d-etudes-juridiques-2007-1-page-1.htm (consulté le 14 août 2023).

[2] BLAL, Myriam, *« Exotisme » et « Racisme », même combat ?*, Petit grain de blog, 10 décembre 2017. [En ligne].
URL : https://www.petit-grain-de-blog.com/post/exotisme-et-racisme-meme-combat (consulté le 14 août 2023).

Jean-François Staszak, « l'exotisation passe par une mise en scène de l'Autre, réduit au rang d'objet de spectacle et de marchandise »[1] et creuse cette position inférieure et marginale de la communauté dans la société. Ainsi, sa dignité s'en trouve entravée, son patrimoine culturel et l'identité culturelle qui la caractérise sont exotisés dans l'État du territoire sur lequel elle se trouve, renforçant l'hégémonie de la culture dominante[2].

Également, par l'exotisation, « la différence devient un produit à consommer, une source de plaisir dans la réification de l'autre »[3]. Selon Lily Martinet, « la transformation de ces éléments culturels en marchandises ne peut pas s'expliquer seulement par un goût pour l'exotisme, elle est en effet aussi révélatrice d'une certaine impasse dans laquelle se trouve le monde occidental. La société de consommation exige un renouvellement perpétuel de l'offre »[4]. Plus encore, « la condition pour qu'une marchandise apparaisse comme exotique, [selon] Tzvetan Todorov, est que cette dernière soit

---

[1] STASZAK, Jean-François, *Qu'est-ce que l'exotisme ?,* Le Globe. Revue genevoise de géographie, tome 148, 2008. L'exotisme. pp. 7-30.
DOI : https://doi.org/10.3406/globe.2008.1537

[2] Voir BELL HOOKS, 1992, op.cit., p. 367 : « (…) the hope is that desires for the "primitive" or fantasies about the Other can be continually exploited, and that such exploitation will occur in a manner that reinscribes and maintains the status quo » et p. 369 : « Most importantly, it establishes a contemporary narrative where the suffering imposed by structures of domination on those designated Other is deflected by an emphasis on seduction and longing where the desire is not to make the Other over in one's image but to become the Other ». [En ligne].
URL : https://sites.evergreen.edu/comalt/wp-content/uploads/sites/253/2016/11/eating-the-other.pdf (consulté le 14 août 2023).

[3] TURGEON, Laurier, *Patrimoines métissés : contextes coloniaux et postcoloniaux*, Éditions de la Maison des sciences de l'homme, Paris, Les Presses de l'Université Laval, p. 193 cité dans TYTELMAN, 2018, op.cit., p. 100.

[4] MARTINET, 2019, op.cit., p. 2 : « (...) Mais l'appropriation va bien au-delà, elle organise la mainmise sur les éléments d'une culture pour en tirer profit. Dans cette dynamique de consumérisme, les cultures qui ont su conserver leur caractère distinctif, telles que celles des peuples autochtones, deviennent d'autant plus attractives qu'elles semblent nouvelles sur un marché mondial. Les entreprises transforment (…) les éléments d'une culture traditionnelle, transmise depuis des générations au sein d'un groupe humain réduit, en biens, en services ou en activités culturelles offerts à des consommateurs dans une optique mercantile. (...) Cet usage décontextualisé, bien souvent, dénature et déforme les éléments culturels exploités ».

déplacée, déconnectée de son contexte local, qu'il y ait une forme "d'éloge dans la méconnaissance" »[1].

L'appropriation *exotisante* peut donc avoir de sérieuses conséquences juridiques, néfastes pour la sauvegarde du patrimoine immatériel des communautés et leurs droits fondamentaux. Par l'exotisation, la communauté est enfermée dans une perception simplifiée que lui donne la société occidentale, dont la culture et les outils juridiques de protection du patrimoine culturel, parfois différents de ceux de la communauté source, sont aujourd'hui dominants[2].

Surtout, l'exotisation altère la perception qu'a la communauté d'elle-même et sa relation avec son patrimoine culturel immatériel. Comme le résume Madame Vanessa Udy, « [ces stéréotypes] renforcent la perception négative d'un groupe culturel dominé et servent à exclure ses membres du discours culturel et politique. En conséquence, le groupe culturel dominant continue d'exercer une quantité disproportionnée de pouvoir politique (...) »[3]. L'appropriation culturelle peut également « véhiculer des stéréotypes ayant un effet néfaste sur les autochtones. Ces derniers peuvent ainsi se voir renvoyer une image dégradante d'eux-mêmes par le reste de la société (...). Les autochtones risquent ainsi de développer un rapport malsain à leur identité collective, de se sentir aliénés par rapport à leur propre communauté et de se retrouver dans une situation où il est extrêmement difficile de maintenir l'intégrité de leur culture. (...) Il en découle une situation dans laquelle la culture autochtone n'est plus représentée et exprimée par les autochtones eux-mêmes »[4].

---

[1] TODOROV, Tzvetan, « Nous et les autres : la réflexion française sur la diversité humaine », Paris, *Seuil*, 2001, p. 298, cité dans ALTGLAS, Véronique, « Exotisme religieux et bricolage », *Archives de sciences sociales des religions*, 167-3, 2014, p. 315-332, cité dans TYTELMAN, 2018, op.cit., p. 100.

[2] En effet, l'exotisation engendre souvent un tourisme de masse qui facilite l'appropriation culturelle, ce qui renvoie donc les communautés à un statut de sujet de curiosité, mais dont les intérêts et droits ne sont parfois pas les priorités des États des territoires sur lesquels elles se trouvent.

[3] UDY, 2015, op.cit., p. 856.

[4] BOUCHER, François, *La politique de la propriété culturelle et le patrimoine des peuples autochtones.* Les Cahiers de la Société québécoise de recherche en musique, *11*(1-2), 2010, p. 129. https://doi.org/10.7202/1054030ar [BOUCHER, 2010]. Voir

En cela, le goût des Autres, même s'il se veut bienveillant, semble avoir pour conséquence de perpétuer cette exotisation des expressions culturelles immatérielles des communautés. La commercialisation massive des statues du Bouddha à travers le monde en est un exemple frappant[1]. Aujourd'hui souvent considérée comme un élément de décoration spirituelle, d'une ambiance dite *zen*, la figure du Bouddha, Siddhārtha Gautama, pourtant vénérée et respectée par les communautés bouddhistes et hindouistes comme un sage spirituel[2], est de plus en plus représentée par des statuettes et autres biens culturels commercialisés sous le joug d'un effet de mode, décorant les centres de yogas, de spas, les lieux de relaxation et parfois plus honteusement encore, les lunettes de toilettes, témoignant d'une exotisation irrespectueuse des traditions. Or, les représentations du Bouddha, pour les croyants, sont des éléments nécessaires à la réalisation de nombreuses expressions culturelles traditionnelles, cérémonies et pratiques spirituelles telles que les *arts Regong* des communautés Tu et Tibétaines de l'ouest de la Chine[3] ou le *Yeongsanjae*, cérémonie traditionnelle de la culture bouddhiste en Corée, inscrits au titre de la Convention UNESCO de 2003 sur la Liste représentative du patrimoine culturel immatériel de l'humanité[4]. Les communautés bouddhistes et hindouistes s'offusquent donc de plus en plus de ces appropriations exotisantes et tentent de sensibiliser les touristes à ces problématiques[5].

---

aussi GAUDREAULT-DESBIENS, Jean-François, « La liberté d'expression entre l'art et le droit », Québec, *Presses de l'Université Laval,* 1996.

[1] Si la religion n'est en principe pas considérée comme relevant du patrimoine culturel immatériel, certains biens culturels et expressions culturelles traditionnelles issus de la religion peuvent l'être, à l'image des statues représentant des divinités utilisées lors de danses spirituelles, rituels religieux, etc.

[2] Voire comme un *bhagavat*, mot sanskrit signifiant « le Béni » ou « l'Illustre ».

[3] Pour en savoir plus : UNESCO, *Les arts Regong* [En ligne]. URL : https://ich.unesco.org/fr/RL/les-arts-regong-00207 (consulté le 14 août 2023).

[4] UNESCO, *Le Yeongsanjae* [En ligne]. URL : https://ich.unesco.org/fr/RL/le-yeongsanjae-00186 (consulté le 14 août 2023) : « Le Yeongsanjae commémore la transmission du Sûtra du Lotus par Bouddha sur le pic du Vautour, en Inde, qui contient les messages philosophiques et spirituels du bouddhisme (...). [Il permet de célébrer la figure du Bouddha] avec des chants, des ornements solennels et diverses danses rituelles, comme la danse des cymbales, la danse du tambour et la danse de l'habit de cérémonie ».

[5] Elles les dissuadent de plus en plus d'acheter des statues de têtes du Bouddha pour les ramener à leur domicile et ainsi dégrader leur signification culturelle

Toutefois, tout dépend du point de vue choisi. Selon M. Auguste Rochambeau, dans un article intitulé « Repenser l'appropriation culturelle », l'appropriation permettrait aussi « de diminuer l'exotisme et de lutter contre une hégémonie uniformisatrice. En banalisant la culture d'une minorité, celle-ci se trouve aussi dans un milieu plus familier. Cela pourrait permettre d'encourager la culture minoritaire à s'exprimer et diminuerait ses chances de disparaître »[1]. Cependant, selon Monsieur James V. Spickard, « prélever les ressources, les pratiques et la propriété culturelle des autres peuples, ce n'est pas un *échange*, à moins que ces peuples soient également libres de prélever les nôtres et à la condition que ces prélèvements n'impliquent pas de traiter l'autre parti comme un inférieur »[2]. Ainsi, le droit à la dignité des membres de la communauté se trouve d'autant plus ébranlé que l'appropriation non consentie et abusive des éléments de leur patrimoine culturel immatériel peut avoir pour conséquence de perpétuer les diverses inégalités qui existent sur leur territoire et renforcer les rapports de domination entre les cultures.

2. La perpétuation des inégalités socio-culturelles et des rapports de domination

L'appropriation des expressions culturelles traditionnelles des communautés sources n'est pas seulement une affaire d'emprunt d'éléments culturels. En effet, elle engendre de véritables conséquences quant à la place de la communauté au sein de la société et

---

« notamment avec des pancartes revendiquant que "Bouddha n'est pas une décoration" et que "le respect est une question de bon sens" ». Citation MARCEAU, Karina, *Quand Bouddha devient un produit*, Le Journal de Québec, 3 avril 2018. [En ligne]. URL : https://www.journaldequebec.com/2018/04/03/quand-bouddha-devient-un-produit (consulté le 14 août 2023).

[1] ROCHAMBEAU, Auguste, *Repenser l'appropriation culturelle*, Délit français, 14 septembre 2017. [En ligne].
URL : https://www.delitfrancais.com/2017/09/14/repenser-lappropriation-culturelle/ (consulté le 14 août 2023).

[2] SPICKARD James V, « Sommes-nous en train de piller les marbres d'Elgin ? Les défis de la contestation de l'hégémonie intellectuelle occidentale », dans « Le bon, le juste et le beau. Pour en finir avec la critique », Revue du Mauss 2018/1 (n°51), *Éditions La Découverte*, 434 pages (p. 64) [SPICKARD, 2018].

semble perpétuer les inégalités et les rapports de domination systémique entre les cultures.

Selon la théorie anti-appropriationniste, « la question de l'appropriation culturelle ne se poserait pas (...) si les droits des communautés minoritaires à s'exprimer et à occuper les espaces politiques que sont les lieux de culture comme les musées, les écoles d'art ou les théâtres étaient effectivement promus et respectés »[1]. En effet, selon M. Éric Fassin, « après tout, l'emprunt est la règle de l'art, qui ne connaît pas de frontières ». Cependant, l'emprunt devient appropriation lorsque « la circulation s'inscrit dans un contexte de domination auquel on s'aveugle »[2]. Ainsi, est-il justifiable de continuer à emprunter « sans se poser la moindre question des conditions d'un tel emprunt ? »[3] La théorie de l'appropriation culturelle semble donc interroger les pratiques culturelles et poser « l'éternelle question de l'(in)égalité dans les échanges culturels »[4].

Le lien entre la notion d'appropriation culturelle et les inégalités socio-culturelles est alors prégnant, ce qui a de réelles conséquences sur les personnalités et les modes de vie des individus. En effet, « ses impacts négatifs sur la santé, le bien-être et l'autosubsistance

---

[1] KOUADIO, D'johé, *L'appropriation culturelle : légale ?*, Délit français, 30 octobre 2018. [En ligne].
URL : https://www.delitfrancais.com/2018/10/30/lappropriation-culturelle-legale/(consulté le 14 août 2023). [KOUADIO, Délit français, 2018].
[2] LE MONDE, *Éric Fassin : « L'appropriation culturelle, c'est lorsqu'un emprunt entre les cultures s'inscrit dans un contexte de domination »*, Le Monde, 24 août 2018. [En ligne].
URL : https://www.lemonde.fr/immigration-et-diversite/article/2018/08/24/eric-fassin-l-appropriation-culturelle-c-est-lorsqu-un-emprunt-entre-les-cultures-s-inscrit-dans-un-contexte-de-domination_5345972_1654200.html (consulté le 14 août 2023). [LE MONDE, Éric Fassin, 2018].
[3] Citation d'Éric Fassin dans RTS, *Podcast - C'est quoi exactement l'appropriation culturelle ?*, 3 septembre 2022. [En ligne].
URL : https://www.rts.ch/info/monde/13341510-podcast-cest-quoi-exactement-lappropriation-culturelle.html (consulté le 14 août 2023). [RTS, 2022].
[4] PK DOUGLAS, *Appropriation ou appréciation culturelles ? Telle est la question*, Paul.e, 17 mai 2022. [En ligne].
URL : https://www.paulemagazine.com/societe/appropriation-ou-appreciation-culturelles-telle-est-la-question/ (consulté le 14 août 2023).

économique des peuples autochtones ne peuvent être ignorés ». Les conséquences psychologiques liées à l'appropriation culturelle sont nombreuses. « Les plus jeunes membres de la communauté autochtone souffrent de faible estime de soi en raison d'une vision négative de leur propre culture, soutenue par une croyance aux stéréotypes négatifs à leur propre égard. Le stress du choc culturel est cité comme un facteur important qui pousse les jeunes autochtones à adopter des comportements autodestructeurs (...) »[1]. Certains parlent encore « d'une "honte de soi" typique des groupes culturellement dominés »[2].

D'un point de vue juridique, et notamment délictuel eu égard à la perpétuation des inégalités socio-culturelles, « l'appropriation culturelle, selon le professeur (...) William Moser, comprend cinq formes différentes : le fait d'utiliser des éléments (ou des thèmes associés) d'une culture à laquelle on n'est pas initié (délit représentationnel) ; en ignorant les codes de la culture appropriée (délit herméneutique) ; en la déformant et lui associant des clichés qui la dénigrent (délit moral) ; en lui retirant le droit de se représenter elle-même librement (délit politique) [;] en profitant purement et simplement de sa position dominante pour utiliser les biens intangibles d'un groupe à des fins marchandes (délit juridico-économique de propriété) »[3]. L'appropriation de l'expression culturelle traditionnelle aggrave alors la situation de la communauté

---

[1] UDY, 2015, op.cit., p. 857. En ce sens, selon Rodney William, l'appropriation culturelle « reflète une structure raciste qui empêche l'accès et la visibilité des groupes infériorisés, encourage la mise sous silence ou l'effacement de leurs manifestations culturelles en dévalorisant et en vidant le sens des éléments importants de leurs traditions et enfin, plus gravement encore, compromet l'existence et la vie des groupes sociaux minoritaires » cité dans Intervention de M. Norman Ajari dans Conférence Faculté de droit de CY Cergy Paris Université, 7 décembre 2022. *Penser l'appropriation culturelle, par Norman Ajari.* [Vidéo en ligne]. URL : https://www.youtube.com/watch?v=9t7pTeeqiI4 (consulté le 16 août 2023). [AJARI, 2022]

[2] FELTIN-PALAS, Michel, « Par amour de la diversité culturelle », *Cahiers internationaux de sociolinguistique 2022/2 (n° 21)*, p. 39 - 43.

[3] MÈMETEAU, Richard, « Touche pas à ma musique ! Controverses sur l'appropriation des cultures minoritaires », *Revue du Crieur*, 2016/2 (N° 4), p. 48-57. DOI : 10.3917/crieu.004.0048. URL : https://www.cairn.info/revue-du-crieur-2016-2-page-48.htm (consulté le 14 août 2023). [MÈMETEAU, 2016].

détentrice de l'expression par rapport aux autres groupes[1]. « Au début des années 1990, la critique *bell hooks*, figure importante du *Black feminism*, développe par exemple ce concept, qu'elle résume d'une métaphore : "manger l'Autre" »[2] et ce, selon une approche intersectionnelle[3]. En effet, bell hooks estime qu'il est important de ne pas ignorer ces dynamiques de pouvoir dans l'appréhension juridique, historique et sociologique du patrimoine culturel immatériel afin de ne pas répéter des schémas d'oppression connus par le passé par les minorités culturelles. Si les échanges culturels à travers le monde doivent perdurer, il semble important de se poser la question du véritable bénéficiaire des emprunts culturels abusifs, non consentis, répétés et souvent nocifs pour les communautés sources, et du rôle du droit dans la protection de leur patrimoine.

Il est cependant regrettable que l'appropriation culturelle serve aujourd'hui de moyen utilitariste aux communautés pour « se défendre face à des dynamiques raciales et économiques qui stratifient le monde de la culture (à entendre dans son acception politique et non uniquement créatrice) »[4]. La crainte du communautarisme[5] est également une donnée récurrente dans la théorie de l'appropriation culturelle. Pourtant, selon Éric Fassin, le terme « communautarisme » ne devrait pas être réservé aux minorités car le repli sur soi semble

---

[1] Pour en savoir plus : BRUNETTE, Édith, « L'évitement comme politique de gestion des débats au Conseil des arts du Canada : le cas de l'appropriation culturelle et du racisme systémique », *Éthique publique* [En ligne], vol. 22, n° 1 | 2020, mis en ligne le 17 décembre 2020, consulté le 15 avril 2023.
URL : http://journals.openedition.org.ezproxy.universite-paris-saclay.fr/ethiquepublique/5208 [BRUNETTE, 2020].

[2] LE MONDE, Éric Fassin, 2018, op.cit.

[3] BELL HOOKS, 1992, op.cit., p. 380.

[4] Citation de Safie Diallo dans KOUADIO, Délit français, 2018 op.cit.

[5] Voir SOURISSEAU, Réjane, OFFROY, Cécile, Rapport d'étude « Démocratisation, démocratie et droits culturels. Repères, fondements théoriques et historiques, enjeux contemporains », Réalisation Opale pour la Fondation Carasso, 2019, p. 42. [En ligne]. URL : https://www.fondationcarasso.org/wp-content/uploads/2019/09/Démocratisation-Démocratie-et-Droits-Culturels-2.pdf (consulté le 14 août 2023) : « Dans la critique des droits culturels, le communautarisme est entendu au sens d'enfermement des cultures sur les communautés qui en sont porteuses et vectrices, de repli identitaire privé de toute diversité des références culturelles, de réticence à toute appropriation ou traitement d'une culture donnée par des personnes étrangères à la communauté ». [SOURISSEAU, OFFROY, 2019].

également concerner la majorité[1]. De la même façon, il semble difficile de « demander à une culture de s'ouvrir sans lui laisser sa libre capacité à se définir », notamment par les luttes sociales qu'elle porte. Résister à l'appropriation culturelle « représenterait une chance d'affranchir la voix de certaines communautés d'une longue histoire de domination et de colonisation dans l'espoir de refonder des identités constituées d'une constellation d'expériences et de modes narratifs »[2].

Le droit a notamment un grand rôle à jouer dans ces problématiques pour ne pas maintenir la notion d'appropriation culturelle « à l'écart de la pensée critique » et empêcher les juristes d'y « tracer de nouveaux espaces de réflexion »[3]. Pour cela, il s'agit de « travailler étroitement avec le droit coutumier de ces communautés, comme il s'agira de l'évoquer ci-après, celui-ci constituant une base dense et complète de règles, allant de la définition de la nature même des expressions culturelles à leurs modalités d'utilisation »[4].

En plus de l'appropriation culturelle, l'identité culturelle des communautés semble menacée par d'autres concepts juridiques, tels que celui, bien célèbre, de « patrimoine culturel de l'humanité ». Or, ce concept est-il compatible avec la résistance déployée ces dernières années par les communautés sources contre l'appropriation culturelle ?

---

[1] Voir LE MONDE, Éric Fassin, 2018, op.cit.

[2] Citation de Denis Ramond dans MIHELAKIS, Eftihia, *Parler pour autrui : Que dit l'appropriation culturelle ?*, Spirale. [En ligne]. URL : http://www.spiralemagazine.com/dossier-magazine/parler-pour-autrui-que-dit-lappropriation-culturelle (consulté le 14 août 2023).

[3] *Ibid.* Voir aussi COOMBE, Rosemary J., « The Properties of Culture and the Politics of Possessing Identity: Native Claims in the Cultural Appropriation Controversy », *Canadian Journal of Law and Jurisprudence (CJLJ),* 1993, p. 249ss [COOMBE, 1993] cité dans BAUR, Manon, « La protection des expressions culturelles traditionnelles face au phénomène d'appropriation culturelle dans l'univers de la mode : enjeux, critiques et solutions », Mémoire : Droit. Université de Genève, 2020. URL: https://archive-ouverte.unige.ch/unige:149734, p. 32 : « [in order] to understand [indigenous] claims, we must venture beyond the European categories that constitute the colonial edifice of the law; only by considering Native claims "in context" will we be able to expand the borders of the legal imagination ». [BAUR, 2020].

[4] BAUR, 2020, op.cit., p. 35.

§ 2 : Réflexions sur la théorie de l'appropriation culturelle face au « patrimoine culturel de l'humanité »

La protection des expressions culturelles traditionnelles telle qu'appréhendée par le droit dans nos sociétés et la notion d'appropriation culturelle ne sont pas sans lien avec le concept juridique de *patrimoine culturel universel*, ou plutôt, pour reprendre les mots de la Convention UNESCO de 2003, de « patrimoine culturel de l'humanité ». Réfléchir à la pertinence et à l'existence d'un patrimoine culturel commun à l'humanité entière permet d'appréhender les conséquences juridiques d'un tel concept sur le lien de détention qui unit la communauté source et son patrimoine culturel immatériel.

La consécration en droit du concept de patrimoine culturel de l'humanité au milieu du XXe siècle était un parti pris relativement audacieux car partant du postulat qu'il existait un patrimoine culturel commun à tous les territoires, malgré leurs différences. *A priori*, l'existence d'un « patrimoine culturel de l'humanité » apparaît comme une idée contradictoire avec les différences culturelles et par là même, avec le concept d'appropriation culturelle, qui assigne un patrimoine culturel à une communauté source (A). Pourtant, il semble que la notion de patrimoine culturel de l'humanité en droit aille bien au-delà des questions de propriété sur les expressions culturelles traditionnelles et ne soit finalement pas incompatible avec le concept d'appropriation culturelle. Plus encore, et contre toute attente, le patrimoine culturel universel peut servir d'outil à la lutte contre les différentes formes d'appropriation culturelle en tant que ce concept sert un objectif plus grand : celui d'une attention internationale portée aux expressions culturelles traditionnelles pour leur protection. Ce qu'il y a de commun et d'universel dans le patrimoine culturel, ce n'est pas tant sa propriété, mais bien la responsabilité qui incombe à tous de le protéger[1] (B).

[1] Voir CORNU, Marie (resp.), « Projet "QPC et Droit de la culture"- Rapport final (septembre 2020 », *Conseil Constitutionnel, CNRS, Institut des sciences sociales du politique*, 2020. [En ligne].
URL : https://www.conseil-constitutionnel.fr/sites/default/files/2020-10/202010_qpc2020_synthese_enssaclaynanterre.pdf (consulté le 14 août 2023).

A. L'éventuelle incompatibilité entre la théorie de l'appropriation culturelle et le concept de « patrimoine culturel de l'humanité »

Avant de traiter du lien entre le « patrimoine culturel de l'humanité » et la notion d'appropriation culturelle, plusieurs questions doivent être résolues : existe-t-il réellement en droit un patrimoine culturel commun à tous les êtres humains, sans distinction d'ethnie, d'origine, de religion, etc. ? Si oui, d'où vient-il, que signifie-t-il concrètement et quelle est sa portée juridique (1) ? Plus encore, ce dernier insinue-t-il vraiment que les expressions culturelles traditionnelles des communautés, même propres à un groupe spécifique, appartiennent à tout un chacun ? Si la culture est universelle et qu'elle appartient à tous, le concept d'appropriation culturelle perd-il en pertinence, en ce qu'il serait alors difficile de causer du tort à une communauté par l'emprunt d'expressions culturelles traditionnelles qui appartiendraient à l'humanité ? En effet, il semblerait qu'il existe *a priori* une incompatibilité manifeste entre d'une part, le concept d'appropriation culturelle et la protection de la diversité culturelle, et d'autre part, la reconnaissance d'un « patrimoine culturel de l'humanité » en droit (2).

1. La consécration du concept de « patrimoine culturel de l'humanité » en droit

Le concept d'un patrimoine commun à toutes les civilisations est apparu au sortir de la Seconde Guerre mondiale, face à l'urgente nécessité de protéger et rebâtir le patrimoine culturel endommagé par les conflits armés. Cependant, en réalité, celui-ci tire ses origines de l'Antiquité et plus particulièrement de la *res communis* - chose commune du droit romain, selon laquelle un bien commun est par nature inappropriable, car appartenant à tous, à l'image de « la mer, l'océan, l'atmosphère, l'espace aérien ou encore les sanctuaires ou les biens publics »[1]. La *res communis* ne doit pas être confondue avec la *res nullius*, cette dernière étant « susceptible de possession et d'appropriation à titre individuel ou collectif. Elle n'a pas de propriétaire mais on peut néanmoins se l'approprier ». En effet, la res communis est indisponible « et nul ne peut priver autrui de [son] usage ». C'est elle qui fonde le patrimoine culturel de l'humanité[2]. « Elle englobe donc les éléments ci-après (s'ils ne sont pas protégés en tant qu'actifs de propriété intellectuelle) : la littérature, la musique, les arts du spectacle, les arts visuels, le design, les films, la vidéo, la télévision, la radio, les arts communautaires et les sites faisant partie du patrimoine »[3].

En réalité, comme l'explique Madame Clea Hance dans son article sur « les enjeux de la reconnaissance juridique d'un intérêt commun indivisible des communautés en matière de patrimoine culturel », « la notion de "commun" est une notion incontournable des dynamiques juridiques de protection du patrimoine culturel. C'est parce qu'il existe un intérêt commun en matière de patrimoine culturel que l'on a développé des régimes juridiques spécifiques à ces biens. [Toutefois], la notion de *commun* a évolué dans le temps. Dans les premières conventions internationales relatives à la protection du patrimoine culturel, l'intérêt commun s'incarne

---

[1] OMPI, « Note sur les significations du terme "domaine public" dans le système de la propriété intellectuelle, traitant en particulier de la protection des savoirs traditionnels et des expressions culturelles traditionnelles ou expressions du folklore », Comité intergouvernemental de la propriété intellectuelle relative aux ressources génétiques, aux savoirs traditionnels et au folklore, 17e session, Genève, 6-10 décembre 2010, p. 17. [En ligne].
URL : https://www.wipo.int/edocs/mdocs/tk/fr/wipo_grtkf_ic_17/wipo_grtkf_ic_17_inf_8.pdf (consulté le 14 août 2023). [OMPI, 2010].

[2] *Ibid.*, p. 17 : « Cependant, ce point est contesté car certains auteurs préfèrent parler de res universitatis, qui fait référence à la citoyenneté plutôt qu'à l'humanité. » De plus, le concept de « patrimoine culturel de l'humanité » ne doit toutefois pas être confondu avec le « patrimoine commun de l'humanité » originaire du droit de la mer et de la question des « grands fonds marins situés au-delà de la juridiction nationale des États » qui visait à réfléchir à la répartition des ressources naturelles dans le monde, notamment entre pays du Nord et du Sud. La notion avait été inscrite dans l'Accord régissant les activités des États sur la Lune et les autres corps célestes, dit Traité sur la lune, de New York du 5 décembre 1979, puis consacrée dans la Convention des Nations unies sur le droit de la mer de 1982.

[3] *Ibid.*

notamment dans l'idée d'un "patrimoine culturel de l'humanité" »[1], comme une sorte de domaine public gigantesque où les expressions culturelles seraient empruntables et utilisables par tous, avant de connaître, comme il s'agira de le démontrer par la suite, une évolution en faveur de la reconnaissance du patrimoine culturel de communautés spécifiques.

Aujourd'hui, le concept de « patrimoine culturel de l'humanité » est consacré par les textes internationaux, notamment dans les conventions culturelles de l'UNESCO. La Convention UNESCO de 1954 pour la protection des biens culturels en cas de conflit armé et la Convention de 2001 sur le patrimoine culturel subaquatique mentionnent dans leur préambule le « patrimoine culturel de l'humanité entière »[2] ; la Convention UNESCO de 1972 sur le patrimoine mondial protège des biens ayant une « valeur exceptionnelle pour l'humanité » et reconnaît l'existence d'un « patrimoine universel »[3] ; la Convention UNESCO de 2003 établit une *Liste représentative du patrimoine culturel de l'humanité* à disposition des États parties ; la Convention de 2005 sur la protection et la promotion de la diversité des expressions culturelles (ci-après « Convention UNESCO de 2005 ») évoque, quant à elle, le « patrimoine culturel commun de l'humanité »[4]. Plus encore, « l'idée "d'universalité" du patrimoine est (...) inscrite au cœur même de l'acte de naissance de l'UNESCO qui fait référence au "patrimoine universel dans le domaine de la culture" »[5].

---

[1] HANCE, Clea, « Les enjeux de la reconnaissance juridique d'un intérêt commun indivisible des communautés en matière de patrimoine culturel », *In Situ. Au regard des sciences sociales*, 2 | 18 mars 2021, [En ligne]
URL : http://journals.openedition.org/insituarss/959 (consulté le 14 août 2023). [HANCE, 2021].

[2] Préambule §2 Convention UNESCO de 1954 et Préambule §1 Convention UNESCO de 2001.

[3] Article 6 Convention UNESCO de 1972.

[4] Préambule et article 4 Convention UNESCO de 2005.

[5] GUÈVREMONT, Véronique, « L'UNESCO et la diversité culturelle », *Revue Québécoise de Droit International, 34 (Special December)*, 2021, p. 176 : « L'Organisation doit contribuer à l'avancement et à la diffusion du savoir, notamment "en veillant à la conservation et protection du patrimoine universel de livres, d'œuvres d'art et d'autres monuments d'intérêt historique ou scientifique, et en recommandant aux peuples intéressés des conventions internationales à cet

Ainsi, il apparaît que le « patrimoine culturel de l'humanité » est aujourd'hui reconnu par le droit international mais demeure une notion difficile à appréhender, car aucune définition précise n'en est établie. De nombreux débats existent à ce sujet ; les États ont du mal à tracer les contours de ce concept dont le champ d'application varie, en fonction de leur patrimoine culturel mais également de leurs intérêts. Certains pays auront, en effet, davantage d'intérêt à reconnaître le patrimoine culturel de l'humanité dans son acception la plus large - d'ailleurs, beaucoup instrumentalisent déjà cette notion en tant qu'argument bouclier aux demandes de restitutions de biens culturels auxquelles ils se retrouvent confrontés, « en arguant du fait que le caractère de patrimoine commun du bien doit faire accepter son décrochage d'avec sa présence sur le territoire de rattachement d'origine »[1]. D'autres en revanche, notamment les anciens territoires colonisés, auront tendance à vouloir *désuniversaliser* certaines expressions culturelles.

Le patrimoine culturel universel intégrerait *a priori* en son sein les diverses expressions culturelles traditionnelles des communautés. Pour la présente étude, chaque expression culturelle immatérielle serait alors considérée comme faisant partie d'un tout, d'un patrimoine commun à tous les peuples. Cependant, ce postulat ne reviendrait pas à nier les droits de propriété des communautés sur leurs propres expressions culturelles, il en va de soi, mais plutôt à étendre ces droits de propriété à l'égard des autres, allant de l'État abritant la communauté source sur son territoire aux autres États et populations du reste du monde. Pour Monsieur Alexis Tytelman, la désacralisation de la propriété unique sur les éléments du patrimoine culturel encouragée par le concept de « patrimoine culturel de l'humanité » apparaît essentielle, en ce que « la patrimonialisation semble préférable en tout point à l'octroi de droits de propriété

---

effet" » en citant l'article 1 §c). de l'Acte constitutif UNESCO 1945, 4 RTNU 275. [GUÈVREMONT, 2021].

[1] MONOT-FOULETIER, Marjolaine, « Un droit qui protège. Du recours à la notion de patrimoine culturel commun de l'humanité » dans PIATTI, Marie-Christine, QUIQUEREZ, Alexandre, « L'accès aux biens culturels. Quel(s) défi(s) pour le droit ? » *L'Harmattan, Collection Droit du patrimoine culturel et naturel*, 2016, p. 97 (Voir aussi p. 93). [MONOT-FOULETIER dans PIATTI, QUIQUEREZ, 2016].

portant sur des contenus culturels, d'autant plus lorsque ces contenus sont des *communs artistiques* (styles, motifs, savoirs généraux, types de récits...) qui, du fait de leur caractère abstrait, sont inattribuables à un individu ou une culture en particulier »[1].

Cependant, ces considérations s'inscrivent pleinement en contradiction avec le concept d'appropriation culturelle dont il est fait état dans la présente analyse. En effet, si les expressions culturelles appartiennent à tous, il n'est alors plus pertinent de dénoncer un acte d'appropriation non consentie à l'égard du patrimoine culturel d'une communauté. Autrement dit, il semblerait que des tensions apparentes s'immiscent entre la consécration par le droit du « patrimoine culturel de l'humanité » et la protection juridique de la diversité culturelle que semble protéger l'anti-appropriationnisme.

2. Les tensions apparentes entre la protection de la diversité culturelle et le « patrimoine culturel de l'humanité »

Les défenseurs de la reconnaissance juridique du concept de « patrimoine culturel de l'humanité » semblent avoir pour objectif la protection d'expressions culturelles traditionnelles communes et la promotion du patrimoine par les échanges interculturels et ainsi, par un « enrichissement culturel mutuel »[2] entre les peuples. En effet, selon Monsieur Alejandro Gomez Palomo (créateur de mode espagnol), « la question de l'appropriation culturelle serait donc nulle et n'aurait pas de légitimité à être posée. (...) Étant donné que la culture est universelle, elle nous appartient à tous si bien que s'inspirer d'autres cultures ne peut qu'être positif »[3].

---

[1] TYTELMAN, 2018, op.cit., p. 94.

[2] BORELLA, Léonor, « La question de l'appropriation culturelle dans le milieu de la haute couture, comment cette question est prise en charge et ce qu'elle implique pour les professionnels de la mode : le cas de la Maison Christian Dior ». Mémoire Master 2 : Sciences de l'information et de la communication. CELSA Sorbonne Université, 2020, p. 24. [En ligne]. URL : https://dumas.ccsd.cnrs.fr/dumas-03259471 (consulté le 14 août 2023). [BORELLA, 2020].

[3] *Ibid.*

Les défenseurs de la lutte contre l'appropriation culturelle, quant à eux, semblent se méfier d'une telle universalisation, homogénéisation de la culture à travers le monde. Comme l'explique Rodney William dans son ouvrage consacré à ladite notion, « même si la culture est le résultat de contacts et d'interactions sociales, elle cherche toujours à réaffirmer l'identité de son groupe. La culture implique l'appartenance. En conséquence, elle ne peut pas être considérée comme le domaine de tout le monde »[1]. Les expressions culturelles traditionnelles, selon cette vision, doivent continuer à être considérées par le droit comme une « ressource inaliénable (...) revenant de plein droit »[2] aux communautés dont elles sont issues.

Ces luttes respectives font d'ailleurs écho aux débats entre différents courants sociologiques, tels que le multiculturalisme, l'universalisme ou encore le communautarisme. En effet, même si la présente étude n'a pas vocation à traiter de ces concepts de sciences sociales, pourtant intrinsèquement liés à la notion d'appropriation culturelle, ceux-ci doivent être pris en compte dans le traitement juridique de l'appropriation des expressions culturelles traditionnelles, en tant que le droit a vocation à s'inspirer des évolutions de la société et des différentes sciences humaines pour s'adapter et être pertinent dans chaque contexte. Si la notion de « patrimoine culturel de l'humanité » renvoie *a priori* à un universalisme, la théorie de l'appropriation culturelle, quant à elle, est souvent perçue de manière négative comme issue du communautarisme, hermétique aux échanges culturels entre les peuples, défini par le sociologue français Alain Touraine comme le phénomène de « création de sociétés et de pouvoirs politiques à partir d'une identité et d'une tradition culturelles »[3]. D'autres, en

---

[1] WILLIAM, 2020, op.cit., p. 29. Dans le même sens, Norman Ajari propose de détourner le concept d'« accumulation par dépossession » de M. David Harvey en parlant du concept d'« universalisation par dépossession » par lequel certains considèrent qu'il y a « une nature humaine absolument indifférente » et qu'à ce titre, il serait donc « possible de déposséder ces populations de leur propre culture en considérant que n'importe qui peut en être légitimement le possesseur ». Voir AJARI, 2022, op.cit.

[2] PETROPAVLOVSKY, 2022, op.cit., p. 154.

[3] TOURAINE, Alain, « Faux et vrais problèmes » dans WIEVIORKA, Michel, « Une société fragmentée ? Le multiculturalisme en débat ». *La Découverte, « Poche / Essais »*, 1997, p. 289 à 320, ISBN : 9782707127310.

revanche, soutiennent que la théorie de l'appropriation culturelle correspond en réalité à un mouvement de défense de la diversité des identités culturelles plutôt qu'à une forme de repli sur soi. Si ces considérations continuent de faire débat, il est important de garder à l'esprit que ces courants sociologiques ne sont pas noirs et blancs ; il ne s'agit pas de considérer un « multiculturalisme facteur de fragmentation et un universalisme unificateur »[1] mais bien de prendre en compte les divers points de vue émergents dans le contexte d'une société pluriculturelle.

En gardant comme objectif premier la protection du patrimoine immatériel des communautés, la véritable menace engendrée par le concept de patrimoine culturel de l'humanité ne serait pas uniquement celle du démembrement de propriété, mais consisterait en l'oubli du contexte de domination dans lequel l'appropriation des expressions culturelles traditionnelles s'inscrit et ce, quand bien même « les emprunts, échanges et mélanges sont nécessaires à la santé de l'humanité et n'ont rien en soi de répréhensible »[2]. En ce sens, dans la problématique plus large de la reconnaissance des droits des peuples autochtones et de leurs identités culturelles, les travaux de Janet Blake pour l'UNESCO en faveur de la préservation du patrimoine culturel immatériel des communautés précisent que ce patrimoine « est une partie intégrante du patrimoine universel de l'humanité tout en restant spécifique à la communauté locale qui le crée, l'entretient et le transmet »[3].

DOI : 10.3917/dec.wievi.1997.01.
URL : https://www-cairn-info.ezproxy.universite-paris-saclay.fr/une-societe-fragmentee--9782707127310.htm [WIEVIORKA, 1997].

[1] MARTUCCELLI, Danilo, « Les contradictions politiques du multiculturalisme » dans WIEVIORKA, 1997, op.cit., p. 61 - 82.

[2] *Ibid.*

[3] BLAKE, Janet, « Élaboration d'un nouvel instrument normatif pour la sauvegarde du patrimoine culturel immatériel. Éléments de réflexion », UNESCO, CLT.2001/WS/8 REV., 2001, édition révisée de 2002, p.108. [En ligne]. URL : https://unesdoc.unesco.org/ark:/48223/pf0000123744_fre (consulté le 14 août 2023) [BLAKE, 2001]. Voir aussi KISS, Alexandre-Charles, « La notion de patrimoine commun de l'humanité », RCADI, 1982-II, volume 175, p. 229. [KISS, 1982].

Le tout est donc de parvenir à un équilibre des positions qui ne peut être atteint que par la communication et l'écoute mutuelles entre les défenseurs de l'universalité du patrimoine et ceux de la protection des caractéristiques culturelles propres aux communautés sources par l'anti-appropriationnisme. Finalement, une fois cet équilibre atteint, il se pourrait que les différends se dissipent et que le patrimoine culturel de l'humanité soit en réalité un outil supplémentaire contre les conséquences néfastes de l'appropriation culturelle, à la protection des expressions culturelles immatérielles et à la préservation de la paix universelle.

B. Le « patrimoine culturel de l'humanité » comme outil de préservation des expressions culturelles immatérielles des communautés face à l'appropriation culturelle

Il est possible que le « patrimoine culturel de l'humanité » s'étende en réalité au-delà d'un principe de domaine public absolu, dans lequel toutes les expressions culturelles traditionnelles appartiendraient *stricto sensu* à tous, sans possibilité de défendre leurs origines et les droits de leurs créateurs. En effet, il s'agit ici d'étudier plus en profondeur l'essence même de ce concept, son contenu, qui peut, finalement, être compatible avec la théorie de l'appropriation culturelle. Ainsi, il pourrait même servir la thèse anti-appropriationniste car bénéficiant de davantage de reconnaissance juridique, tant aux niveaux national qu'international, permettant alors de contourner le manque de règlementation juridique autour de la notion d'appropriation culturelle.

Il semble que l'engagement de la communauté internationale en faveur de la reconnaissance juridique de ce *patrimoine culturel de l'humanité* ces dernières années ait davantage pour motivation la protection du patrimoine culturel en tant que responsabilité commune, plutôt que l'affirmation d'une propriété collective sur celui-ci et légitimant une appropriation en toutes circonstances. En effet, le concept viserait alors à valoriser et sauvegarder les expressions culturelles traditionnelles en les élevant au rang d'expressions culturelles de l'humanité (1). Plus encore, le concept de patrimoine culturel de l'humanité aurait pour objectif final la promotion du dialogue interculturel, du respect entre les cultures et d'une meilleure prise en considération des identités culturelles de chacun (2).

1. Le « patrimoine culturel de l'humanité », témoin de l'engagement international en faveur de la protection des diverses expressions culturelles

Dans une certaine mesure, il apparaît que l'intérêt du concept de « patrimoine culturel de l'humanité » ne soit pas tant celui de distiller la propriété des expressions culturelles traditionnelles à travers le monde, mais bien d'en reconnaître la valeur universelle et ainsi, d'accroître la responsabilité de l'ensemble de la communauté internationale en faveur de leur protection. Ce qu'il y a d'universel dans le patrimoine culturel, notamment immatériel, ce n'est pas tant la propriété que l'héritage historique et culturel qu'il porte. Comme le précise Madame Marie Cornu dans son ouvrage « À qui appartient le patrimoine culturel immatériel ? », c'est parce que le patrimoine culturel immatériel est un patrimoine universel, qui « appartient à tous », qu'il « engage l'intérêt général de l'humanité »[1]. Les peuples du monde entier sont concernés par sa protection et sa valorisation et ce, quand bien même les communautés sources en sont les détentrices légitimes.

C'est d'ailleurs cette conception du patrimoine culturel universel, protectrice des expressions culturelles traditionnelles, qui est la plus consacrée dans les textes juridiques internationaux. L'article premier de la *Déclaration des principes de la coopération culturelle internationale de l'UNESCO* du 4 novembre 1966 énonce que « toutes les cultures font partie du patrimoine commun de l'humanité » tandis que le Préambule de la Déclaration ONU de 2007 affirme que « tous les peuples contribuent à la diversité et à la

[1] CORNU, Marie, « À qui appartient le patrimoine culturel immatériel ? », op.cit., p. 253.

richesse des civilisations et des cultures, qui constituent le patrimoine commun de l'humanité »[1]. Le préambule de la Convention UNESCO de 2005, quant à lui, dispose que « la diversité culturelle constitue un patrimoine commun de l'humanité »[2].

Ainsi, le concept de patrimoine culturel commun de l'humanité constitue le témoignage de l'engagement de la communauté internationale et de la responsabilisation des États membres de l'UNESCO pour la protection du patrimoine culturel immatériel des communautés partout dans le monde, suite à une prise de conscience de la nécessité d'œuvrer en faveur de l'enrichissement culturel et intellectuel et de la sauvegarde des expressions culturelles pour les générations futures. En effet, ce sont les États qui sont « placés en première ligne dans le processus de patrimonialisation. Ce sont eux, qui inventorient, qui inscrivent, qui protègent »[3] en particulier dans le contexte de la Convention UNESCO de 2003 et la protection étatique des expressions culturelles immatérielles. Comme le rappelle dûment Lily Martinet dans sa thèse, « le patrimoine commun de l'humanité est fondé sur la coopération internationale. Les États agissent en qualité de fiduciaire, de trustee, de l'humanité. Ils conservent et gèrent les ressources pour “le compte de la communauté internationale” afin de les transmettre aux générations futures »[4].

Indirectement, par la préservation collective du patrimoine culturel immatériel des communautés, le concept de « patrimoine culturel de l'humanité » réprime alors les actes abusifs d'appropriation culturelle – autrement dit, ceux qui auraient des conséquences désastreuses pour le patrimoine culturel et l'identité même des communautés – qui déformeraient, dégraderaient et détruiraient leurs expressions culturelles traditionnelles. Il constitue dans le même sens un concept étroitement lié aux droits des peuples autochtones et des minorités culturelles, et plus généralement, aux droits humains.

---

[1] *Ibid.*
[2] Préambule § 2 Convention UNESCO de 2005.
[3] CORNU, Marie, « À qui appartient le patrimoine culturel immatériel ? », op.cit., p. 253.
[4] KISS, 1982, op. cit. p. 229 cité dans MARTINET, 2019, op.cit., p. 126.

Pour Dr Janet Blake, au niveau de l'UNESCO, « il peut d'ailleurs être utile de mettre en lumière l'incitation pour les États membres à protéger [le patrimoine culturel immatériel] en soulignant leur intérêt universel à agir de la sorte. (...) L'adoption d'une approche universaliste peut (...) être nécessaire pour protéger ce patrimoine face aux forces culturelles et économiques mondiales qui le menacent ou lorsque l'État lui-même est incapable d'en apprécier la valeur et de le sauvegarder (...) »[1]. En réalité, « la caractérisation de ce patrimoine immatériel comme patrimoine universel de l'humanité est importante si l'on veut justifier la mise sur un pied d'une action internationale en faveur de sa sauvegarde à condition toutefois d'être abordée avec précaution »[2]. La seule limite aux utilisations des expressions culturelles universelles étant les « déformations nuisibles, une dénaturation ou la falsification de l'origine »[3], qui sont les conséquences de l'appropriation culturelle.

Cependant, la coopération culturelle internationale engagée sur le terrain du patrimoine culturel de l'humanité ne saurait suffire sans le déploiement de moyens généreux, efficaces et continus par les États, qui doivent s'entendre sur sa définition et ses délimitations afin d'en assurer la protection la plus effective. En effet, « le recours à la notion de patrimoine culturel commun de l'humanité doit amener à transcender la souveraineté étatique et les frontières nationales pour assurer, par la protection de l'accès aux biens culturels [et aux expressions culturelles immatérielles], la continuité de l'humanité »[4]. Un véritable travail d'introspection et d'adaptation des méthodes de protection du patrimoine culturel qui prévalaient jusqu'alors apparaît donc nécessaire afin de préserver au mieux les expressions culturelles immatérielles. Certains parlent en ce sens d'un « droit humanitaire culturel » qui serait bénéfique pour tous sur le long terme car il permettrait « à chaque État de prendre conscience de la part d'universel qu'il porte en lui et de ce qu'il offre de singulier au monde »[5].

---

[1] BLAKE, 2001, op.cit., p. 24.

[2] *Ibid.*, p. 97.

[3] *Ibid.*, p. 32.

[4] MONOT-FOULETIER dans PIATTI, QUIQUEREZ, 2016, op.cit., p. 96.

[5] *Ibid.*, p. 101.

2. Le concept de « patrimoine culturel de l'humanité » visant à encourager le respect mutuel et le dialogue interculturel

Le concept de « patrimoine culturel de l'humanité » apparaît contribuer à la protection des identités culturelles des communautés, de leurs droits humains, tout particulièrement en encourageant le respect mutuel et le dialogue interculturels[1]. En effet, en étendant la responsabilité de la sauvegarde des expressions culturelles immatérielles à la communauté internationale, le concept de « patrimoine culturel de l'humanité » implique que les populations du monde entier se sentent concernées et se rejoignent autour d'objectifs communs, dans le respect de leurs identités culturelles. Contrairement à l'appropriation culturelle abusive et non consentie, il ne s'agit pas d'emprunter en piochant à l'aveugle parmi ces expressions culturelles universelles, mais bien de s'intéresser à elles, de tenter de les comprendre, mais aussi d'en apprendre le contexte et les origines.

Cependant, « il devient clair, aujourd'hui, que la diversité culturelle n'est sans doute pas un objectif suffisant ». Ainsi, « au-delà de la diversité des contenus accessibles, (...) l'interculturalité, c'est-à-dire le dialogue constructif entre les cultures, reste à construire (...) »[2]. En effet, cette attitude encourage le respect de l'Autre dans son identité, mais également la communication, les échanges interculturels et *in fine*, leur appréhension comme tels par le droit. Comme il s'agira de le démontrer par la suite, il est fondamental que la préservation du patrimoine culturel soit prise en compte par le droit à tous les échelons en accord avec les droits culturels et les autres droits humains.

Sur le plan de la coopération internationale, plusieurs exemples d'échanges culturels effectués de manière respectueuse, consentie et en collaboration avec les communautés sources ont abouti à des consécrations, couronnées de succès, d'expressions culturelles traditionnelles en tant qu'éléments du « patrimoine culturel universel ».

---

[1] Tels que protégés notamment par la Convention UNESCO de 2005.

[2] GENSOLLEN, Michel, « Défense de la diversité culturelle : variété ou dialogue ? », *Réseaux 2012/5 (n° 175)*, p. 175 - 203. [GENSOLLEN, 2012].

Dans le domaine du patrimoine culturel immatériel, les expressions traditionnelles culinaires en sont de bons exemples. Ainsi, le plat dit *poulet tikka masala*, « élaboré par des personnes d'origine indienne venues vivre au Royaume-Uni dans les années 1950 a été proclamé plat national britannique au début des années 2000. La fluidité et la fusion culturelle peuvent [donc] également mener à une reconnaissance dite universelle »[1].

D'ailleurs, la Convention UNESCO de 2003 pose expressément le principe d'un respect mutuel *à l'égard des,* et *entre* les communautés, groupes et individus porteurs d'un patrimoine culturel immatériel[2]. Pour assurer ce respect interculturel, il semblerait que l'exploitation du patrimoine culturel universel doive se faire en collaboration directe avec les communautés sources. Également, et dans la mesure du possible, « les bénéfices découlant de l'exploitation d'un élément du patrimoine [culturel] commun de l'humanité doivent être partagés »[3] de manière juste et équitable, comme il s'agira de l'évoquer ci-après. Mais alors, ce partage des bénéfices conditionnant l'appropriation par tous de l'expression culturelle serait-il le point de friction entre la *res communis* évoquée précédemment et le « patrimoine culturel de l'humanité » ? En effet, pour rappel, celle-ci ne peut en théorie faire l'objet d'un partage équivalent des bénéfices car étant insusceptible d'appropriation en droit, à l'inverse de la *res nullius*[4]. Quoi qu'il en soit, comme le souligne Janet Blake dans ses travaux pour l'UNESCO, « ces

---

[1] MARTIN-SOUADI, Souad, IRON, Irène, *« C'est notre culture qu'ils aiment, pas nous »*, L'Aaatelier, 11 juillet 2018. [En ligne].
URL : http://laaatelier.org/solidarite/2018/07/11/appropriationculturelle (consulté le 14 août 2023). [MARTIN-SOUADI, IRON, 2018].

[2] Article 2 Convention UNESCO de 2003.

[3] MARTINET, 2019, op.cit., p. 127.

[4] Dans cette optique, le patrimoine culturel universel se rapprocherait davantage du patrimoine commun de l'humanité du droit de la mer plutôt que de la *res communis*, mais beaucoup de débats existent à ce sujet. « C'est par l'idée d'un partage équitable que le patrimoine commun de l'humanité se distingue de la *res communis*. Cette dernière vise un espace non susceptible d'appropriation dont l'utilisation est ouverte à tous les États sur un pied d'égalité et sans interférence extérieure : l'accès libre à l'espace considéré et à ses ressources en est la caractéristique essentielle » cité dans ROTH, Armand D, « *La notion de patrimoine commun de l'humanité en droit international* » dans « *La prohibition de l'appropriation et les régimes d'accès aux espaces extra-terrestres », G*enève : Graduate Institute Publications, 1992, §30. ISBN : 9782940549382. DOI : https://doi.org/10.4000/books.iheid.4432.

arguments n'excluent pas totalement le recours à la notion de patrimoine universel, mais incitent à faire preuve dans ce cas de beaucoup de prudence[1]. (...) En outre, il est préférable de parler de "l'intérêt universel" de la sauvegarde du patrimoine immatériel afin d'éviter toute confusion avec la notion d'un "patrimoine commun de l'humanité" [et non plus de "patrimoine culturel de l'humanité" au sens du droit du patrimoine culturel], ainsi qu'elle s'applique dans le droit international [de la mer] pour l'exploitation des ressources naturelles de zones communes. Il conviendrait également de bien préciser que cette notion ne fait pas passer ce type de patrimoine dans le domaine public et ne conteste pas aux détenteurs le droit de contrôle de ses éléments » [2].

Si la notion de « patrimoine culturel universel » apparaît pour toutes ces raisons comme une initiative positive, elle reste une notion à relativiser sur plusieurs points.

D'abord, bien que consacrée dans la théorie du droit international, elle reste particulièrement difficile à mettre en œuvre en pratique, en ce que les frontières géographiques, linguistiques et politiques continuent d'exister et de diviser les États dans divers domaines, dont celui du patrimoine culturel. En outre, cette notion est régulièrement instrumentalisée. À titre d'exemple, les grandes marques de l'industrie de la mode utilisent le concept du « patrimoine culturel universel », en surfant sur son caractère flou et son vide juridique en faveur d'intérêts mercantiles, afin de contrer les dénonciations d'appropriation culturelle dont elles font l'objet.

Ensuite, même si particulièrement répandue dans les années 1980-1990, elle constitue aujourd'hui une notion critiquée et désuète[3] ; beaucoup ne parviennent pas à la saisir. De plus, aujourd'hui, les États ne sont plus les seuls à assurer la protection du « patrimoine culturel de l'humanité » au niveau international et

---

[1] BLAKE, 2001, op.cit., p. 24.

[2] *Ibid.*, p. 94.

[3] LE BRIS, Catherine, « Patrimoine commun de l'humanité » dans CORNU, Marie, ORSI, Fabienne, ROCHFELD, Judith (eds.), « Dictionnaire des biens communs », *Puf*, 2017, p. 892.

doivent cohabiter avec les communautés patrimoniales[1]. Également, comment reconnaître l'universalité d'une expression culturelle traditionnelle, dont la protection incomberait à l'ensemble de la communauté internationale, alors qu'elle s'inscrit parfois en violation de certains droits fondamentaux ? En effet, beaucoup de pratiques traditionnelles sont considérées comme contraires aux droits humains, ou au respect de la sensibilité des animaux telle que reflétée dans l'esprit de la Convention dite CITES de Washington de 1973[2], à l'image de certaines pratiques de mutilation ou encore, de la *Corrida*, qui demeurent, pour toutes ces raisons, particulièrement controversées. Comme il s'agira de l'étudier ultérieurement, le patrimoine culturel de l'humanité renvoie à l'universalité des droits humains. Ils sont donc étroitement liés.

Malgré tout, le patrimoine culturel de l'humanité constitue un concept particulièrement innovant « en ce qu'il reconnaît un titre *sui generis* à l'humanité »[3]. L'espoir qu'un jour il s'appliquera de manière pleine et entière en droit international et qu'il gagnera en substance dans la pratique persiste.

---

[1] DE CLIPPELE, « Protéger le patrimoine culturel : À qui incombe la charge ? », 2020, op.cit., §1395.
[2] Convention sur le commerce international des espèces de faune et de flore sauvages menacées d'extinction.
[3] DE CLIPPELE, « Protéger le patrimoine culturel : À qui incombe la charge ? », 2020, op.cit., §1394.

Section II : L'appropriation culturelle, forme d'atteinte à l'autonomie culturelle des communautés

Du fait de leur véritable potentiel économique, l'appropriation des expressions culturelles traditionnelles semble souvent porter atteinte à l'autonomie culturelle, aux droits économiques des communautés, à leurs ressources et au renforcement de leurs capacités[1], principe au cœur de la Convention UNESCO de 2003. En effet, le simple fait que ces expressions constituent le patrimoine culturel immatériel des communautés leur assure des capacités d'autosubsistance et des moyens de développement. Lorsqu'elles sont extraites de manière non consentie de leur patrimoine, il est porté une atteinte sans précédent à leur droit à l'autonomie culturelle[2], à leur aptitude à subvenir aux besoins de leur existence et elles perdent alors en poids juridico-politique face à la culture dominante de l'État dans lequel elles se trouvent (§1). Un moyen de réduire les effets de l'appropriation culturelle est alors envisagé dans le concept des restitutions de biens culturels porteurs d'intangibilité (§2).

---

[1] Le renforcement des capacités est défini comme un « processus de développement et de renforcement des compétences, des instincts, des capacités, processus et ressources dont les organisations et communautés ont besoin pour survivre, s'adapter et prospérer dans un monde en évolution permanente » dans Nations unies, *Renforcement des capacités.* [En ligne]. URL : https://www.un.org/fr/impact-universitaire/renforcement-des-capacités (consulté le 14 août 2023). Cette notion s'insère dans la stratégie de *réautonomisation* des communautés. Voir en ce sens les travaux de Chiara BORTOLOTTO. Ainsi, ne s'agit pas de traiter uniquement du renforcement des capacités des États, mais aussi de celui des communautés pour pallier les dégâts engendrés par l'appropriation culturelle.

[2] TODD, Loretta, « Notes on Appropriation », 1990, p. 24, cité dans COOMBE, 1993, op.cit., p. 249-285 cité dans TYTELMAN, 2018, op.cit., p. 104 : Ce droit à l'autonomie culturelle correspond à la somme du droit des communautés de garder le contrôle sur leurs expressions culturelles traditionnelles et celui de ne pas être victimes d'actes d'appropriation culturelle.

§ 1 : L'atteinte aux capacités de subsistance culturelle des communautés

Les expressions culturelles traditionnelles constituent de véritables moyens de subsistance pour les communautés en ce que, par leur sauvegarde d'une part, et leur exploitation économique d'autre part, elles peuvent répondre aux différents besoins de leurs membres. En revanche, l'appropriation culturelle non consentie les empêche souvent d'atteindre cet objectif. En effet, lorsqu'elle est extractive, l'appropriation culturelle peut porter atteinte à la pérennité, à la sauvegarde et au maintien des expressions culturelles traditionnelles directement au sein du patrimoine culturel immatériel des communautés, entravant ainsi leurs capacités d'autonomie culturelle (A). Ensuite, lorsque l'acte d'appropriation prend la forme d'une exploitation commerciale, elle entraîne souvent une perte de revenus considérable portant directement atteinte à leur développement économique. « L'appropriation culturelle peut alors entraver la capacité des peuples autochtones à se développer économiquement en profitant des traditions artistiques qu'ils se sont efforcés de garder vivantes »[1] (B).

A. L'atteinte à la pérennité de la sauvegarde du patrimoine culturel immatériel des communautés

L'appropriation non consentie et abusive des expressions culturelles traditionnelles par les tiers porte directement atteinte à la durabilité de la sauvegarde par les communautés de leur patrimoine culturel immatériel. En effet, en s'appropriant l'élément culturel d'une communauté source, en la dépossédant d'un tel élément intrinsèque à son héritage culturel immatériel, l'emprunteur empêche directement la communauté d'assurer elle-même les moyens de préservation de son patrimoine culturel (1). Plus encore, sur le long

---

[1] BOUCHER, 2010, op.cit., p. 134 / 135.

terme, la sauvegarde[1] par la communauté de ce patrimoine immatériel est compromise car, dépossédée du monopole d'utilisation de ses expressions culturelles traditionnelles, elle peut difficilement les transmettre aux jeunes générations. Ceci entrave la préservation du patrimoine culturel immatériel dans le temps et peut, *in fine*, détériorer ses capacités d'autosubsistance et entraîner sa disparition (2).

1. La dépossession non consentie des expressions culturelles immatérielles

Comme l'explique Lily Martinet dans sa thèse, « lorsqu'un tiers exploite une expression culturelle traditionnelle, il exclut, dans la majorité des cas, sa communauté d'origine »[2]. En effet, une fois appropriées, les expressions culturelles immatérielles ne sont plus la propriété unique des communautés qui perdent le monopole de leur utilisation, exploitation, protection. Leur sauvegarde est alors compromise.

Certes, l'appropriation culturelle ne prive pas la communauté de continuer à utiliser et exploiter ses expressions culturelles traditionnelles sur son territoire, mais elle la dépossède d'une partie significative de son patrimoine culturel immatériel en rompant le monopole qu'elle détenait sur ses expressions. Elle se voit alors amputée d'un élément fondamental à son autonomie et à ses capacités d'autosubsistance culturelle et économique. Comme évoqué précédemment, cette appropriation extractive, cette expropriation culturelle explique qu'aujourd'hui, certaines communautés revendiquent le droit au maintien de leurs expressions culturelles traditionnelles au sein de leur seul patrimoine culturel immatériel, pour des motifs d'ordre social, économique, politique, culturel.

---

[1] L'article 2.3 de la Convention UNESCO de 2003 définit la sauvegarde comme les « mesures visant à assurer la viabilité du patrimoine culturel immatériel, y compris l'identification, la documentation, la recherche, la préservation, la protection, la promotion, la mise en valeur, la transmission, essentiellement par l'éducation formelle et non formelle, ainsi que la revitalisation des différents aspects de ce patrimoine ».

[2] MARTINET, 2019, op.cit., p. 21 / 22.

Un exemple d'une telle appropriation extractive ayant dépossédé une communauté de la possibilité de jouir d'une expression culturelle immatérielle peut être celui du chant intitulé *Rorogwella*, berceuse traditionnelle des communautés fateleka et baegu des îles Salomon dans l'océan Pacifique. En effet, cette berceuse traditionnelle, enregistrée dans la langue baegu en 1969 et interprétée dans le petit village de Fulinui par la chanteuse Afunakwa a été reprise, sans information préalable, consentement recueilli ni bénéfices partagés avec les communautés sources, par le groupe de musique français *Deep Forest* au début des années 1990 dans un titre intitulé *Sweet lullaby* (commercialisé par la suite dans de nombreuses publicités de la marque *Ushuaïa*). Si le goût des occidentaux, à cette période, s'ouvre aux « musiques du monde » et aux diverses cultures, permettant ainsi de diversifier l'industrie musicale et promouvoir les chants traditionnels des communautés autochtones[1], ce cas d'appropriation est largement problématique et attentatoire aux droits et au patrimoine culturel, non seulement de la chanteuse salomonaise, mais également des communautés desdites îles. Ces dernières se sont ainsi retrouvées dépossédées du monopole de détention de cette berceuse traditionnelle qui, au lieu d'être protégée et valorisée au niveau international, a fait l'objet d'une véritable expropriation culturelle, privant les communautés de revenus économiques tirés de l'exploitation de ce chant.

Pourtant, le premier enregistrement de cette berceuse traditionnelle partait d'une mission de protection du patrimoine culturel musical des communautés et peuples autochtones, de sauvegarde des chants et musiques ancestrales de tradition orale, dirigée par l'UNESCO. En effet, à la fin des années 1960, l'ethnomusicologue franco-suisse Hugo Zemp est envoyé par l'Organisation afin d'enregistrer la berceuse et protéger ce patrimoine immatériel. Cependant, cet enregistrement et cette sauvegarde patrimoniale ne s'accompagnaient pas de droits d'auteur et autres mécanismes juridiques de propriété intellectuelle car l'expression culturelle en cause était un chant traditionnel oral, insusceptible de droits d'auteur alloués à l'interprète. C'est ainsi que l'enregistrement de 1969 a été repris sans encombre par *Deep Forest* et ce, sans même que la

[1] *Ibid.*, p. 52.

chanteuse Afunakwa n'ait été tenue au courant ou ait bénéficié de revenus tirés de l'exploitation commerciale de la berceuse[1]. Or, du fait de cette appropriation par *Deep Forest* sans citer les origines du chant traditionnel, d'autres artistes ont, par la suite, repris « Rorogwella » de la même manière, sans mentionner les artistes salomonais et en perpétuant l'expropriation culturelle qui avait débuté en 1992. À titre d'exemple, en 1996, le saxophoniste d'ethno-jazz norvégien Jan Garbarek a identifié cette berceuse, à tort, comme une mélodie pygmée[2]. Cette affaire a suscité certaines indignations de la part du public à l'international qui, sensibilisé aux questions d'appropriation culturelle, a permis de rétablir les vraies origines de ce chant et, d'une certaine manière, de *re-posséder*, au moins symboliquement, les fateleka et les baegu de la berceuse « Rorogwella ».

Ainsi, une autre conséquence de l'expropriation culturelle, corollaire de la dépossession, est l'acquisition par les tiers de droits de propriété intellectuelle sur l'expression culturelle traditionnelle appropriée. Toutefois, comme dit précédemment, la présente recherche n'a pas pour vocation de traiter de la propriété intellectuelle comme moyen de sauvegarde du patrimoine culturel immatériel des communautés face à l'appropriation culturelle et ce, malgré sa pertinence en droit[3].

Pour toutes ces raisons, et à travers cet exemple, il est aisé de constater en quoi l'appropriation non consentie des expressions

---

[1] NEPOMUCENO, Ronise, *Afunaka's Rorogwela: Sweet Lullaby from the Solomon Island sold as Pygmy music*, BerimbauDrum, 2 septembre 2012. [En ligne]. URL : https://berimbaudrum.org/2012/09/02/rorogwela-sweet-lullaby-from-the-solomon-island-sold-as-pygmy-music/ (consulté le 14 août 2023).

[2] RADIOFRANCE, *La berceuse volée des Îles Salomon ?*, 10 avril 2021. [En ligne]. URL : https://www.radiofrance.fr/francemusique/podcasts/la-chronique-d-aliette-de-laleu/la-berceuse-volee-des-iles-salomon-8624328 (consulté le 14 août 2023).

[3] « Par exemple, le programme de formation en matière de fixation de la culture et de gestion de la propriété intellectuelle de l'OMPI a permis d'assister les Massaï du Kenya et la protection de leurs expressions culturelles traditionnelles ». Citation OMPI, *Programme de formation en matière de fixation de la culture et de gestion de la propriété intellectuelle*. [En ligne].
URL : https://www.wipo.int/tk/fr/resources/training.html (consulté le 14 août 2023).

culturelles traditionnelles des communautés peut porter une atteinte grave à la sauvegarde de leur patrimoine culturel immatériel, en les amputant et les dépossédant d'une partie de leur héritage. Certes, dans une certaine mesure, l'appropriation par les tiers de telles expressions culturelles permet de les revitaliser et de leur donner une seconde vie, dans une autre région du monde. Elle permet également de donner davantage de visibilité à des cultures moins connues de la scène internationale. Cependant, les conséquences nocives qu'elle peut engendrer sont d'une telle ardeur pour les communautés sources qu'elle ne peut être tolérée dans son entièreté. L'appropriation culturelle, dans sa forme actuelle et dans un contexte de mondialisation accrue, bénéficie surtout à l'emprunteur, dont les intérêts sont, en général, opposés à ceux des communautés sources qui tentent, tant bien que mal, de faire en sorte que leurs traditions et pratiques culturelles survivent à travers le temps.

2. La discontinuité de la transmission culturelle intergénérationnelle

La Convention UNESCO de 2003 insiste sur le fait que les expressions culturelles immatérielles sont transmises « de génération en génération » et qu'elles procurent à la communauté « un sentiment d'identité et de continuité »[1]. L'UNESCO a ainsi souhaité encourager « la nécessité de faire davantage prendre conscience, en particulier parmi les jeunes générations, de l'importance du patrimoine culturel immatériel et de sa sauvegarde »[2]. Cette transmission est fondamentale pour assurer la pérennité des expressions culturelles traditionnelles, indispensables à l'autonomie culturelle des communautés. Dépossédée de ses expressions culturelles par l'appropriateur, la communauté ne peut les transmettre et les partager de façon personnelle et intime avec les siens. Il s'agit du problème du renouvellement générationnel. Le patrimoine culturel immatériel est alors approprié, repris et déformé par les tiers et peu à peu, les jeunes générations perdent

[1] Article 2 Convention UNESCO de 2003.

[2] Préambule Considérant n° 4 Convention UNESCO de 2003.

un sentiment d'appartenance à leur population et à leur histoire. « Car lorsqu'une [communauté] est dépouillée de son héritage culturel, elle risque de voir son peuple perdre peu à peu sa personnalité et son évolution future s'altérer »[1].

Dans sa thèse, Lily Martinet met en exergue l'importance de ce lien de transmission intergénérationnel. En effet, « à travers le processus de transmission, un lien fort se tisse entre une communauté et les expressions culturelles traditionnelles qu'elle perpétue. Elles deviennent ainsi un élément central d'identification pour les communautés qui les ont créées. Ces communautés s'identifient à leurs expressions culturelles traditionnelles (...) »[2]. Ainsi, « l'appropriation par un tiers d'une expression culturelle traditionnelle peut par exemple être ressentie comme un vol[3] et sa distorsion comme une injure[4] » en ce sens que, pour prendre l'exemple d'une appropriation par exploitation commerciale, « l'aspect le plus visible d'une culture marginale, son vernis, [est alors] copié par une entreprise pour être offert en tant que produit de consommation à un public qui ne saisit ni son sens ni sa signification »[5].

Cependant, Lily Martinet envisage également la rupture de cette transmission intergénérationnelle et du lien entre la communauté et ses expressions culturelles traditionnelles sous un versant plus positif. En effet, « l'hypothèse envisagée est celle de la revitalisation d'une expression culturelle traditionnelle par une communauté qui ne l'aurait pas transmise pendant une ou plusieurs générations. Plusieurs peuples autochtones ont par exemple connu des périodes de renaissances culturelles pendant lesquelles des expressions

[1] UNESCO, « Retour et restitution de biens culturels », Museum International (revue trimestrielle de l'UNESCO), Vol XXXI, n° 1, 1979, p. 16. [En ligne]. URL : https://unesdoc.unesco.org/ark:/48223/pf0000127315_fre (consulté le 14 août 2023). [Museum International, 1979].

[2] MARTINET, 2019, op.cit., p. 20.

[3] RILEY, A.R., CARPENTER, K.A., « Owning red: a theory of Indian (cultural) appropriation », *Tex. L REV., vol.94, n° 5*, 2016, p. 866 cité dans *Ibid.*

[4] Secretariat of the permanent forum on indigenous issues, *State of the world's indigenous peoples*, New York: United Nations publication, 2009, ST/ESA/328,p.71-72 cité dans *Ibid.*

[5] MARTINET, 2019, op.cit., p. 19.

culturelles traditionnelles abandonnées ont été recréées »[1]. Autrement dit, l'idée serait de recréer ce lien entre l'expression culturelle et la communauté, plus tard ou ailleurs, afin de lui donner une vie parallèle. Finalement, le lien entre le patrimoine culturel immatériel d'une communauté et ses jeunes générations peut, même s'il est rompu, se retisser plus tard d'une façon inédite, renouvelée, dynamisée.

En plus de l'appropriation culturelle, la discontinuité de la transmission culturelle intergénérationnelle au sein de la communauté peut également être menacée, comme elle l'a été au fil de l'Histoire, par les processus d'assimilation culturelle et d'acculturation forcée, pour lesquels le lecteur pourra se référer aux définitions proposées par le glossaire de ce mémoire[2], et qui correspondent à des formes d'échanges culturels aggravés lors desquels la communauté n'a pas d'autre choix, pour assurer son intégration et sa survie, que « de se plier à des codes culturels dominants pour se faire une place »[3]. Plus précisément, selon Madame Leticia Sakai, par l'acculturation forcée, « l'individu ou le groupe perd sa culture originelle »[4] et par l'assimilation culturelle, « l'individu ou le groupe est contraint d'abandonner sa culture pour intégrer les

---

[1] ALIVIZATOU, Marilena, « Intangible heritage and the museum: new perspectives on cultural preservation », *Walnut Creek: Left Press*, 2012, p. 52 cité dans *Ibid.*, p. 18.

[2] Voir Glossaire *supra* p. 13. Les notions d'assimilation culturelle et d'intégration forcée sont reconnues par le droit international. En effet, l'Article 8.1 et 8.2 d) de la Déclaration ONU de 2007 disposent que « les autochtones, peuples et individus, ont le droit de ne pas subir d'assimilation forcée ou de destruction de leur culture » et que « les États mettent en place des mécanismes de prévention et de réparation efficaces visant (...) toute forme d'assimilation ou d'intégration forcée ».

[3] SATTO, Victoire, *Qu'est-ce que l'appropriation culturelle dans la mode et pourquoi boycotter les marques qui la pratiquent ?*, The Good Goods, 10 février 2021. [En ligne].
URL : https://www.thegoodgoods.fr/media/journal/pret-a-porter/lappropriation-culturelle-dans-la-mode/ (consulté le 14 août 2023).

[4] ALBIN, Michel (dir), *Dictionnaire de sociologie*, Paris, Encyclopaedia universalis, 2007, pp. 11-12 cité dans SAKAI, Leticia, « La diversité culturelle est-elle à l'abri de la protection internationale des droits de l'homme ? Une analyse de la jurisprudence des cours des droits de l'homme », *Revue Québécoise de droit international*, volume 26-2, 2013. p. 103. [En ligne].
URL : https://www.persee.fr/doc/rqdi_0828-9999_2013_num_26_2_1322 (consulté le 14 août 2023). [SAKAI, 2013].

caractéristiques de la culture dominante »[1]. Lors de l'ère coloniale notamment, les politiques publiques assimilationnistes[2] ont provoqué la perte de sentiment d'appartenance de certains descendants directs de communautés colonisées avec leur culture d'origine. Selon Lily Martinet, « les revendications ayant trait à la culture sont centrales pour la survie des peuples autochtones. Ils ont pour la plupart été victimes de politiques publiques d'assimilation. Au Canada et en Australie, par exemple, des milliers d'enfants ont été séparés de leurs familles et placés dans des pensionnats afin de les désulfurer »[3].

Si les échanges culturels et le métissage sont indubitablement des phénomènes de diversité culturelle et des richesses à préserver, l'acculturation forcée et l'assimilation culturelle, en revanche, sont des atteintes directes vis-à-vis de la sauvegarde du patrimoine culturel immatériel de certaines communautés[4]. À l'image de l'appropriation culturelle non consentie, elles ont alors pour conséquence d'asseoir les inégalités de pouvoir et les rapports de domination entre la communauté et l'État du territoire sur lequel elle se trouve et alors, « l'idée d'une "culture dominante" s'affermit »[5].

Certaines communautés ont donc redoublé d'efforts pour protéger leurs expressions culturelles traditionnelles en veillant à les transmettre d'autant plus fortement aux jeunes générations. Ainsi, comme l'explique Monsieur Éric Loembet dans sa thèse, « au Cameroun, lors de l'occupation des terres par les colonisateurs, ils sont venus (...) avec une finalité, imposer aux *sauvages* des valeurs nouvelles [occidentales], sans tenir compte des réalités locales. Du côté des autochtones, la résistance et la lutte étaient la réponse pour protéger leurs cultures, leurs traditions qui s'est révélée efficace avec trois exemples exceptionnels : le Ngondo, qui est une fête traditionnelle et culturelle des peuples de la côte, le Nyem-Nyem qui

---

1 AKOUN, André, ANSART, Pierre (dir), *Dictionnaire de sociologie*, Paris, Le Robert-Seuil, 1999, p. 40 cité dans *Ibid.*

2 Voir CORNU, Marie, « À qui appartient le patrimoine culturel immatériel ? », op.cit., p. 342.

3 MARTINET, 2019, op.cit., p. 57.

4 UDY, 2015, op.cit., p. 854.

5 SAVIDAN, Patrick, « La reconnaissance des identités culturelles comme enjeu démocratique » dans LE COADIC, Ronan (dir), *Identités et démocratie. Diversité culturelle et mondialisation : repenser la démocratie*, Rennes, Presses universitaires Rennes, 2003 à la p. 236 cité dans SAKAI, 2013, op.cit., p. 103.

est une célébration de la victoire du peuple Nyem-Nyem sur les Foulbés et le Ngoun, qui est une cérémonie annuelle incontournable des peuples Bamoun »[1].

Pour toutes ces raisons, conserver la transmission culturelle intergénérationnelle, menacée par l'appropriation culturelle mais également par extension, par l'acculturation forcée et l'assimilation culturelle, est indispensable pour protéger les expressions immatérielles des communautés, qui sont aussi un moyen d'assurer leur développement économique.

B. L'atteinte au développement économique des communautés

Aujourd'hui, les expressions culturelles traditionnelles sont un véritable moteur de développement économique pour les communautés[2], qui ont droit à la modernisation et à la contemporanéité en adaptant leurs expressions culturelles au contexte de mondialisation. Ainsi, elles cherchent parfois à les exploiter commercialement en surfant sur l'attrait du grand public pour leur aspect esthétique et original. Le tourisme constitue en ce sens pour les communautés une source d'attractivité économique. Malheureusement, les dérives engendrées par la mondialisation mènent parfois à des actes d'appropriation culturelle, sans que les communautés n'aient le moindre contrôle sur l'exploitation commerciale de leur patrimoine (1) ni qu'elles ne bénéficient d'une répartition juste et équitable des bénéfices et des droits tirés de ces exploitations commerciales (2)[3]. Ainsi, leur droit à la modernisation est-il vraiment respecté en pratique ? Les communautés bénéficient-elles réellement d'un espace économique dans lequel exercer ce droit sans pressions ni contraintes ?

---

[1] LOEMBET, 2020, op.cit., p. 17.

[2] Voir MARTINET, 2019, op.cit. et Principe 10 de la Déclaration de Mexico sur les politiques culturelles de 1982.

[3] UDY, 2015, op.cit., p. 857.

1. L'absence de contrôle des communautés sur l'exploitation commerciale de leurs expressions culturelles immatérielles par les tiers

Aujourd'hui, le droit international de la culture consacre aux communautés un véritable droit de contrôler leurs expressions culturelles traditionnelles[1]. Or, l'appropriation non consentie et sans mention des origines de ces expressions en vue d'une exploitation commerciale par les tiers entraîne bien trop souvent un manque de contrôle des communautés sur celles-ci. En effet, elles « perdent alors le contrôle de la création et de la distribution de leurs traditions culturelles »[2]. Leurs expressions culturelles traditionnelles sont utilisées dans un cadre lucratif extérieur à la communauté, ce qui entraîne des pertes de revenus économiques importantes.

L'industrie de la mode est particulièrement représentative de ce phénomène. « Les créateurs empruntent des éléments stylistiques d'autres cultures pour créer les prochaines tendances et faire des profits sur le dos de ces us et coutumes sans mentionner l'origine de l'inspiration ». Les savoir-faire et pratiques visant à confectionner des vêtements traditionnels aux motifs ancestraux et à les commercialiser par la suite font particulièrement l'objet d'appropriations répétées, tant du prêt-à-porter que de la haute couture. Or, par le biais de ce patrimoine immatériel, la vente de vêtements est une « source de revenus non négligeable pour ces communautés. Le développement de sites e-commerces et [celui] de la *fast fashion* facilitent l'accès à des copies d'habits traditionnels, altérant ainsi les moyens de subsistance des fabricants au lieu de valoriser l'achat de produits authentiques »[3]. À titre d'exemple, « en 2015, la créatrice française Isabel Marant a été accusée de plagiat par les Mixes, [dits

---

[1] L'article 31 de la Déclaration ONU de 2007 dispose que « les peuples autochtones ont le droit de préserver, de contrôler, de protéger et de développer leur patrimoine culturel, leur savoir traditionnel et leurs expressions culturelles traditionnelles », et l'article 11 mentionne le droit des peuples autochtones « d'observer et de revivifier leurs traditions culturelles et leurs coutumes ».

[2] HANCE, 2021, op.cit., Figure 6.

[3] GUILBERT, Margot, *Qu'est-ce que l'appropriation culturelle dans la mode*, Bloomers. [En ligne]. URL : https://www.bloomers.eco/definition-appropriation-culturelle-dans-la-mode/ (consulté le 14 août 2023). [GUILBERT, Bloomers].

également les Ayuukjä'äy[1]], une communauté indigène mexicaine, en raison de fortes similitudes entre une robe de sa collection et leurs blouses traditionnelles féminines. Il a été reproché à la créatrice de ne pas avoir effectué de démarche pour l'obtention d'une autorisation de reproduction des motifs contestés, (…) véritables symboles de l'identité des Mixes, et de ne pas avoir publiquement reconnu l'origine de ceux-ci », ce qui relève alors pleinement du champ d'application de l'appropriation culturelle tel qu'envisagé dans la présente étude. « La communauté a ainsi exigé que les modèles disputés soient retirés de la vente et qu'une compensation leur soit versée à titre de réparation »[2].

« Un autre domaine où les communautés tentent de préserver leurs liens avec leurs pratiques culturelles est celui de l'utilisation des plantes traditionnelles et médicinales. Cette utilisation fait l'objet d'appropriations par des industries multinationales qui développent des brevets se réservant une utilisation exclusive »[3], ce qui porte directement entrave au droit des communautés sources d'avoir un contrôle sur l'exploitation par les tiers des sciences médicinales autochtones[4].

Dans une certaine mesure, l'exploitation commerciale par les tiers des expressions culturelles traditionnelles peut être une opportunité bénéfique pour les communautés qui voient leur patrimoine culturel immatériel s'exporter. Toutefois, afin d'assurer une exploitation commerciale respectueuse des droits et de l'identité culturelle

---

[1] VASQUEZ, Sócrates, COJTÍ, Avexnim, *Cultural appropriation : another form of extractivism of Indigenous Communities*, Cultural Survival, 7 décembre 2020. [En ligne].
URL : https://www.culturalsurvival.org/news/cultural-appropriation-another-form-extractivism-indigenous-communities (consulté le 14 août 2023). [VASQUEZ, COJTÍ, 2020].

[2] BAUR, 2020, op.cit., p. 5.

[3] HANCE, 2021, op.cit., Figure 7.

[4] BOUCHER, 2010, op.cit., p. 126 : « La prise de conscience du caractère problématique de certains actes d'appropriation de savoirs médicaux traditionnels et de variétés de plantes utilisées par les peuples autochtones à des fins médicales ou d'agriculture (…) a mis en lumière l'incapacité des formes modernes de propriété intellectuelle à protéger le patrimoine des peuples autochtones ». Voir aussi VASQUEZ, COJTÍ, 2020, op.cit. sur l'appropriation par les touristes de la plante médicinale Yagé et de la cérémonie traditionnelle des peuples Cofán, Inga, Siona, Coreguaje et Kämsa Biya de Colombie.

des communautés, celles-ci devraient avoir un droit de regard permanent et un pouvoir décisionnel sur les éléments de leur patrimoine culturel immatériel empruntés. Ceci est d'autant plus dangereux que les communautés du monde entier se trouvent déjà en concurrence les unes avec les autres pour vendre leurs biens et services culturels[1].

De plus, du fait de leur situation parfois précaire, les communautés sources n'ont souvent pas d'autres choix que de faire de leurs expressions culturelles traditionnelles des instruments d'attraction économique, les déviant ainsi de leur signification symbolique et traditionnelle originelle. « [Les expressions culturelles traditionnelles] qui ont une dimension sacrée, ou religieuse, devraient en effet idéalement être soustraites aux échanges marchands. »[2] Plus encore, certaines communautés ne souhaitent pas exploiter commercialement leurs expressions culturelles traditionnelles à des fins économiques[3]. En cela, par l'obsession d'un contrôle permanent sur l'exploitation commerciale des expressions culturelles traditionnelles, « le risque encouru est le remplacement progressif des liens sociaux par des liens économiques : une transformation de la communauté en entreprise »[4] et ce, même s'il est indéniable que les communautés sont aujourd'hui des acteurs économiques[5] comme les autres.

Aujourd'hui, la plupart des communautés souhaitent davantage contrôler de façon permanente les utilisations commerciales de leurs expressions culturelles plutôt que les interdire. « À titre d'exemple, le préambule de la *Déclaration de Mataatua sur les droits de propriété culturelle et intellectuelle des peuples autochtones* précise que les peuples autochtones sont prêts à offrir à l'humanité leurs

---

[1] En effet, les expressions culturelles traditionnelles ont aujourd'hui une valeur économique inévitable. Ceci est notamment reflété dans l'*Agenda européen de la culture à l'ère de la mondialisation* de 2007.
CALLIGARO Oriane, « La politique européenne de la culture. Entre paradigme économique et rhétorique de l'exception », *Politique européenne*, 2017/2 (N° 56), p. 8-28. DOI : 10.3917/poeu.056.0008. URL : https://www.cairn.info/revue-politique-europeenne-2017-2-page-8.htm

[2] MARTINET, 2019, op.cit., p. 27.

[3] BAUR, 2020, op.cit., p. 28 : l'auteur distingue « les communautés qui souhaitent procéder à la commercialisation de leurs expressions traditionnelles de celles qui ne le souhaitent pas ».

[4] MARTINET, 2019, op.cit., p. 194.

[5] Pour en savoir plus : *Ibid.*, p. 28.

savoirs traditionnels à la condition qu'ils maintiennent un contrôle dessus »[1]. En effet, « en pratique, les communautés ne maîtrisent que très rarement l'usage qui est fait de leurs expressions culturelles traditionnelles. Elles sont considérées, pour la plupart, comme des œuvres de l'esprit tombées dans le domaine public, ce qui rend leur usage libre. Ainsi, une communauté doit, en premier, reprendre le contrôle sur ses expressions culturelles traditionnelles, pour décider de l'opportunité de les exploiter »[2]. Le risque est effectivement celui de voir les expressions culturelles soumises au « règne de l'indifférenciation et de la transaction » sans ce contrôle des communautés. Selon Norman Ajari, « [Nous prêtons souvent] aux critiques de l'appropriation culturelle la velléité de transformer les cultures en propriété. Or, c'est précisément l'entrée des éléments culturels dans les champs de la transaction, de l'accumulation ou de la consommation qui les changent en propriété ; en d'autres termes, c'est le libre accès (…) qui a transformé ces éléments culturels en biens appropriables, [et non pas] leur usage au sein d'une culture particulière », et de faire une analogie avec le langage de l'économie numérique et la distinction entre les biens rivaux et les biens non-rivaux : « [nous pourrions] dire que l'appropriation culturelle consiste fondamentalement à transformer des biens non-rivaux, que les cultures traditionnelles ne définissent de toute façon pas comme des marchandises, en biens rivaux, c'est-à-dire en produits profitables dont les véritables créateurs sont exclus des bénéfices »[3].

---

[1] *Ibid.*, p. 122 : « Reconnaît que les peuples autochtones sont capables de gérer par eux-mêmes leurs savoir traditionnels, mais qu'ils sont prêts à les offrir à l'ensemble de l'humanité à condition que leurs droits fondamentaux de définir et de contrôler ces savoirs soient garantis par la communauté internationale » en citant le Préambule de ladite déclaration.

[2] *Ibid.*, p. 27.

[3] AJARI, 2022, op.cit. : « S'opposer à l'appropriation culturelle, ce n'est pas étendre l'empire du *copyright* [ou] l'empire de la propriété, mais au contraire, soustraire certaines pratiques au domaine du marché et de la consommation en les associant étroitement à des pratiques collectives qui, certes, sont finies et non universelles, [et donc] que tout le monde ne peut pas en bénéficier et certainement pas instantanément, mais qui sont, dans l'écrasante majorité des cas, centrées sur le partage et sur le commun et qui, si on leur laissait le temps, pourraient se démultiplier et se partager ; mais cela ne peut pas se faire sous la forme d'une prise de force et d'un chantage à l'universalité et au libre accès ».

La notion de consentement libre et éclairé des communautés préalable à toute exploitation commerciale de leur patrimoine culturel immatériel est donc une solution nécessaire à la protection de celui-ci face au phénomène d'appropriation culturelle[1]. S'il n'est pas encore pleinement consacré dans les textes de droit international sur la protection du patrimoine culturel et des droits des communautés[2], ce principe « agit comme un levier rétablissant l'équilibre dans un rapport de forces jusqu'alors inégal. Il ne s'agit pas d'un droit de veto, mais d'un mécanisme initiant le dialogue et la consultation »[3]. Toutefois, à cet égard, d'autres questions se posent. Faudrait-il recueillir le consentement individuel de chaque membre de la communauté ? Une telle hypothèse apparaît difficilement réalisable. Ainsi, le seul consentement d'un représentant de la communauté est-il suffisant ? Si oui, quel représentant choisir ? Selon quels critères légitimes ? La nécessité d'obtenir le consentement préalable de la communauté fait-elle peser sur elle un comportement actif et contraignant, une charge de sa part ? Autant de questions auxquelles le droit devra répondre s'il envisage de réglementer juridiquement la notion d'appropriation culturelle eu égard à la protection du patrimoine culturel immatériel des communautés.

2. L'absence de partage équitable et juste des bénéfices et des droits avec les communautés

« Comme pour le principe du consentement préalable, libre et éclairé, le principe de partage équitable des avantages s'est infiltré

---

[1] Pour en savoir plus : MARTINET, 2019, op.cit., p. 28.

[2] Sauf à apparaître dans le Principe éthique n° 4 de la Convention UNESCO de 2003. Pour les expressions culturelles traditionnelles associées à une ressource génétique uniquement, l'article 15.5 de la *Convention sur la diversité biologique* et les articles 6 et 7 du *Protocole de Nagoya sur l'accès aux ressources génétiques et le partage juste et équitable des avantages découlant de leur utilisation* relatif à la Convention ont consacré ce principe. Voir en ce sens MARTINET, 2019, op.cit., p. 413.

[3] ROMBOUTS, S. J., « Having a say: indigenous peoples, international law and free, prior and informed consent », Thèse : Droit. Tilburg University, 2014, p. 171 cité dans *Ibid.*

dans le champ des expressions culturelles traditionnelles »[1]. En cas d'appropriation non consentie et abusive des expressions culturelles traditionnelles des communautés par les tiers, la morale voudrait que tous les bénéfices tirés de l'exploitation commerciale de ces expressions et les droits en découlant soient reversés aux communautés. Cependant, dans la pratique, les choses ne sont pas si simples et l'emprunteur, devenu nouveau créateur de l'expression culturelle, peut parfois détenir certains droits sur l'œuvre. Ainsi, *a minima*, il semble nécessaire que les communautés se voient reverser de manière juste et équitable les bénéfices et les droits tirés de l'exploitation commerciale de leur patrimoine. En effet, « l'exploitation économique des expressions culturelles traditionnelles devrait bénéficier en premier aux communautés qui les ont créées. (…) Il apparaît inéquitable qu'un tiers puisse subitement tirer profit d'une expression culturelle traditionnelle (…) ni même reconnaître la communauté qui en est à l'origine. (…) Cette iniquité est d'autant plus flagrante que (...) l'accès au marché mondial leur est fermé en l'absence de moyens financiers et techniques »[2].

Le Principe éthique n° 7 de la Convention UNESCO de 2003 semble indirectement rappeler l'importance de ce partage des bénéfices dès qu'un emprunt culturel est susceptible de porter atteinte aux intérêts de la communauté source, en disposant que « les communautés, groupes et individus qui créent le patrimoine culturel immatériel doivent bénéficier de la protection des intérêts moraux et matériels découlant de ce patrimoine, en particulier de son utilisation, de son étude, de sa documentation, de sa promotion ou de son adaptation par des membres des communautés ou d'autres personnes ». À l'heure de la mondialisation, « des entreprises reproduisent ces expressions culturelles traditionnelles, ou s'en inspirent, pour commercialiser des biens ou des services. Ces imitations entrent alors en concurrence avec les expressions culturelles traditionnelles proposées par la communauté. Dans la majorité des cas, les entreprises, contrairement aux communautés, disposent de moyens considérables. [De fait], leurs biens et leurs services sont plus compétitifs que ceux proposés par les communautés [qui] peuvent

---

[1] *Ibid.*, p. 418.
[2] *Ibid.*, p. 233.

alors être contraintes de se détourner de leurs expressions culturelles traditionnelles pour trouver d'autres sources de revenus »[1].

Des actions, émanant tantôt de la communauté, tantôt de l'emprunteur, sont menées pour pallier les difficultés engendrées par l'appropriation culturelle abusive, non consentie et non inclusive vis-à-vis des communautés sources[2].

D'abord, « la communauté concernée [doit mettre] en œuvre une stratégie comportant des actions défensives et offensives. En premier lieu, elle doit empêcher l'appropriation par des concurrents de ses expressions culturelles traditionnelles. (...) Il s'agit alors pour les communautés non plus de se concentrer sur leur propre action, mais de surveiller les actes commis par des tiers »[3].

Ensuite, pour parvenir à une répartition équitable, il est nécessaire qu'au moins la moitié des revenus économiques tirés de l'exploitation commerciale soit reversée par l'emprunteur aux communautés sources par le biais de leurs représentants. Cependant, ce reversement ne constitue souvent pas une solution suffisante pour pallier le préjudice économique, mais aussi moral, subi par les communautés du fait de l'appropriation non consentie. Ainsi, il est nécessaire que les droits, notamment de propriété intellectuelle, tirés de l'exploitation de l'expression culturelle traditionnelle appropriée soient partagés équitablement avec la communauté[4].

Également, les savoirs et données récoltés ainsi que les droits issus des projets de recherche concernant le patrimoine culturel immatériel des communautés doivent impérativement être partagés avec ces dernières. Cette idée est explicitement exprimée au sein des *Lignes directrices de Bonn sur l'accès aux ressources génétiques et le partage juste et équitable des avantages résultant de leur utilisation*[5] adoptées en 2002 par les États parties de la *Convention*

---

[1] *Ibid.,* p. 133 : De nos jours, « la sauvegarde des expressions culturelles traditionnelles suppose donc que les communautés soient les premières à bénéficier de leur exploitation ».

[2] Pour en savoir plus : *Ibid.,* p. 154.

[3] *Ibid.,* p. 135.

[4] Pour en savoir plus : *Ibid.,* p. 419 / 420. Lily Martinet démontre également que ce partage peut favoriser la « reconnaissance de leur autonomie [et de leur] droit à l'autodétermination ».

[5] § 2.a), 2.d) et 2.h) de l'Appendice II des Lignes directrices de Bonn adoptées en 2002 par la Conférence des parties de la Convention sur la diversité biologique.

sur la diversité biologique des Nations unies. En effet, les projets de recherche, notamment initiés par la communauté elle-même, font « partie des mesures de sauvegarde citées par la Convention pour la sauvegarde du patrimoine culturel immatériel[1]. Les Fidjiens de l'île de Beqa ont par exemple initié un projet de recherche, *the Sawau Project*, pour se réapproprier une cérémonie de marche sur le feu qui était devenue une attraction touristique »[2]. « Le peuple Kuna au Panama exige, pour sa part, que les chercheurs lui laissent une copie de leurs rapports de recherche et qu'ils partagent les produits de leur recherche (...) »[3].

Ce partage juste et équitable n'est pas simplement une solution théorique. En effet, certains exemples démontrent que des résultats bénéfiques et positifs, tant pour la communauté source que pour l'emprunteur-appropriateur, découlent de cette répartition. Ainsi, « le cas des peuples autochtones Khoi et San en Afrique du Sud est un exemple récent de respect des savoirs ancestraux. Pendant des milliers d'années, les peuples Khoi et San ont [utilisé] le rooibos (herbe rouge) comme médicament et comme boisson. Le rooibos est aujourd'hui consommé par l'ensemble de la population sud-africaine et exporté commercialement dans le monde entier. [Il s'avère d'autant plus qu'en 2019], le Conseil national des Khoi et des San a remporté une négociation fructueuse sur les redevances pour avoir été le premier peuple à explorer et à préserver les connaissances ancestrales sur l'utilisation de la plante rooibos. Les Khoi et les San

---

[1] Article 2.3 Convention UNESCO de 2003.

[2] HENNESSY, Kate, « A Ituvatuva Ni Vakadidike E Sawau: The Sawau Project DVD », *Visual Anthropology review*, 2009, vol. 25, n° 1, p. 90-92 cité dans MARTINET, 2019, op.cit., p. 421. Pour en savoir plus, voir p. 422 : « L'attribution de droits de propriété intellectuelle sur ces résultats a une incidence importante sur la nature des rapports qui s'établissent entre une communauté et un chercheur. Ces rapports peuvent s'enrichir mutuellement ou entrer en rivalité. (…) La recherche facilite l'accès du public aux expressions culturelles traditionnelles et ce faisant, leur exploitation économique par des tiers. Les chercheurs sont en effet, pour la plupart, soumis à un impératif de publication qui favorise la dissémination des expressions culturelles traditionnelles. La connaissance de ces expressions culturelles traditionnelles n'est alors plus confinée à leur communauté d'origine, mais étendue au reste du monde ».

[3] Office du HCDH, DAES, Erica-Irene, *Protection du patrimoine des populations autochtones*, New York : Nations unies, 1997, p. 16, §108 cité dans MARTINET, 2019, op.cit., p. 420.

reçoivent désormais 1,5 % des bénéfices de l'industrie du rooibos après déduction des coûts, ce qui reste très peu pour l'accaparement des terres et l'exclusion des peuples les plus anciens du continent africain. [Cependant, il est possible de dégager de cette histoire un volet plus positif, en ce qu'il] s'agit de l'un des premiers cas de reconnaissance juridique des connaissances ancestrales et de l'utilisation millénaire des plantes par les peuples autochtones, et c'est un exemple pour les autres [communautés] qui doivent également lutter pour [leurs droits quant aux] utilisations ancestrales des plantes dans chaque pays ou région »[1].

Une autre solution pour garantir l'autonomie culturelle des communautés peut s'illustrer, contre toute attente, dans le phénomène de restitutions de biens culturels. En effet, du fait du nombre important d'objets culturels porteurs de patrimoine immatériel et nécessaires à la réalisation de pratiques ancestrales, de cérémonies spirituelles, d'évènements festifs, d'arts du spectacle, etc., les restitutions de biens culturels peuvent être un moyen indirect de protection du patrimoine culturel immatériel des communautés face à l'expropriation culturelle.

---

[1] VASQUEZ, COJTÍ, 2020, op.cit. Il peut être paradoxal de constater que, par l'idée d'un partage des bénéfices et des droits issus de l'exploitation commerciale par les tiers d'expressions culturelles traditionnelles, les défenseurs de la lutte contre l'appropriation culturelle, dont le but originel est de contrer le marketing territorial conduisant à l'expropriation et l'exploitation abusive du patrimoine culturel immatériel des communautés, créent eux-mêmes leur propre forme de marketing territorial. En effet, ils développent leur propre conception de la commercialisation des expressions culturelles traditionnelles, leurs bonnes pratiques, leurs méthodes de gestion et d'exploitation, etc. Cependant, cette adaptation d'un marketing territorial équitable, d'une forme de *fair trade*, semble être incontournable dans le contexte actuel de mondialisation et a le mérite d'encourager une exploitation commerciale juste, équilibrée et consentie à l'égard des droits et du patrimoine culturel des communautés à travers le monde.

§ 2 : La délicate question des restitutions de biens culturels comme moyen indirect de protection du patrimoine culturel immatériel des communautés

Le parti pris de considérer ici que les spoliations et pillages de biens culturels des communautés et peuples autochtones constituent des formes d'appropriation culturelle est loin de faire l'unanimité. Plus encore, beaucoup considèrent que les spoliations ne concernent que le patrimoine matériel et en aucun cas le patrimoine immatériel. Dans le même temps, certains estiment que l'appropriation culturelle ne peut toucher que le patrimoine immatériel, et non pas le patrimoine matériel. Or, il semble y avoir une réelle interdépendance entre les patrimoines culturels matériel et immatériel (A). De ce fait, l'appropriation – dans le sens de s'approprier la chose d'autrui et le déposséder d'un bien – peut pleinement trouver son sens dans la question des spoliations, pillages et puis ensuite, dans une logique réparatrice, dans celle des retours et restitutions de biens culturels, au cœur de l'actualité depuis quelques années[1]. Ces restitutions peuvent être un moyen efficace de réparer les conséquences de l'expropriation culturelle, de garantir l'autonomie culturelle des communautés, de « rectifier une injustice passée, [tout en assurant] le futur des pratiques ancestrales »[2], de protéger le « droit qu'a

[1] Cependant, le concept de restitution est loin d'être nouveau, mais a été particulièrement accentué depuis le mouvement de décolonisation des années 1960. Voir en ce sens : « Lettres à Miranda - Sur le déplacement des monuments de l'art de l'Italie » de 1796 par Antoine Quatremère de Quincy. Voir Discours de Ouagadougou, 2017, Emmanuel Macron et Rapport Sarr-Savoy et le concept de « translocations patrimoniales ». Ce rapport souligne la nécessité de restituer et d'accompagner les retours. Surtout, le célèbre appel de M. Amadou-Mahtar M'Bow dans les années 1970, alors Directeur général de l'UNESCO, a constitué une reconnaissance officielle fondamentale eu égard à la nécessité de restituer un « patrimoine culturel irremplaçable » aux communautés et permettre ainsi des « reconnexions patrimoniales » dans Museum International, 1979, op.cit., p. 58 : Pour M. M'Bow il s'agit de restituer « au moins les trésors d'art les plus représentatifs de leur culture, ceux auxquels ils attachent le plus d'importance, ceux dont l'absence leur est psychologiquement le plus intolérable ».

[2] CHOUINARD, Maryse, *Appropriation culturelle et propriété intellectuelle : combat ou dialogue ?*, CBA/ABC National, 22 mai 2019. [En ligne]. URL : https://nationalmagazine.ca/fr-ca/articles/law/hot-topics-in-

chaque peuple de conserver sur son territoire les biens culturels qui reflètent son identité »[1]. Ainsi, le présent mémoire, du fait de son intitulé, s'intéressera exclusivement aux restitutions de biens culturels propres aux communautés sources, et non aux États (B).

A. La reconnaissance des liens entre les biens culturels et le patrimoine culturel immatériel des communautés

« Objets inanimés, avez-vous donc une âme... ? »[2]
Alphonse de Lamartine.

S'il existe à ce jour une dichotomie occidentale véritablement consacrée entre les patrimoines culturels matériel et immatériel, ceux-ci partagent néanmoins de nombreuses similitudes, qui peuvent être perçues à travers le phénomène des retours et restitutions. En effet, les restitutions peuvent en partie être motivées par l'aspect intangible, la valeur symbolique de biens culturels qui ne sont que les supports physiques d'expressions culturelles traditionnelles ; et à l'inverse, le patrimoine culturel immatériel s'accompagne bien souvent, pour être pratiqué, de biens culturels matériels (1). Ces liens forts entre le matériel et l'immatériel contribuent à brouiller, de plus en plus, la dichotomie susmentionnée, qui perd alors en pertinence lorsqu'il s'agit d'envisager la protection internationale du patrimoine culturel des communautés (2).

---

law/2019/appropriation-culturelle-et-propriete-intellectuel (consulté le 14 août 2023).

[1] LOBIER, Vanessa, BRÉMOND, Zérah, « Les droits culturels à l'épreuve de la société : entre culture de l'annulation et culture de la restitution », Le droit des libertés en question(s) - Colloque n° 3 de la Revue des droits et libertés fondamentaux, Montpellier 2021, RDLF 2022 chron. n° 27. [En ligne]. URL : https://revuedlf.com/droit-fondamentaux/les-droits-culturels-a-lepreuve-de-la-societe-entre-culture-de-lannulation-et-culture-de-la-restitution/ (consulté le 14 août 2023). [LOBIER, BRÉMOND, 2022].

[2] Alphonse de Lamartine (1790-1869), « Milly ou la terre natale », Harmonies poétiques et religieuses, Livre troisième, 1830.

1. Les biens culturels comme supports matériels du patrimoine culturel immatériel des communautés

Il est difficile d'envisager la protection du patrimoine culturel immatériel des communautés sans mentionner les biens culturels et le patrimoine culturel matériel qui lui est associé. Ainsi, les outils de protection du patrimoine culturel immatériel des communautés face à l'appropriation culturelle peuvent également valoir pour le patrimoine culturel matériel.

Selon Madame Alice Lopes Fabris, docteure en droit, chaque objet culturel a un « aspect immatériel »[1]. En effet, tout bien culturel, quel qu'il soit, est toujours d'une nature complexe, faite d'aspects matériels et immatériels. La qualité immatérielle est en effet inhérente à la notion même de « bien culturel ».

En droit du patrimoine culturel, le bien culturel est composé de deux éléments : le premier est constitué par le support physique (qui peut faire l'objet de droits patrimoniaux), sur lequel vient se greffer un deuxième élément, l'intérêt culturel (protégé par le droit) qui caractérise juridiquement le bien en tant qu'élément culturel fondamental pour les communautés.

La notion de « bien culturel » ne peut se définir sans individus, groupes ou communautés. Le bien a une valeur immatérielle pour le groupe, souvent plus chère que sa valeur physique en ce qu'il peut servir, pour les membres de la communauté, à entretenir une mémoire, une histoire collective. Sans cette communauté, le bien n'est qu'un objet sans intérêt culturel et symbolique particulier.

---

[1] LOPES FABRIS, Alice, « Les réparations en matière de destruction et de pillage des biens culturels », p. 118 cité dans Commission nationale française pour l'UNESCO, 2022, « Les nouveaux enjeux patrimoniaux en contextes de crises - Les dynamiques du droit dans l'évolution de la protection internationale du patrimoine culturel ». Actes du colloque organisé à l'occasion des 20 ans de la ratification par la France de la Convention de l'UNESCO de 1970 et du premier anniversaire de la ratification du Deuxième Protocole à la Convention de La Haye de 1954, 19-20 novembre 2018, Maison de l'UNESCO, Paris. [CNFU, 2022].

Les liens entre les biens culturels et les expressions culturelles immatérielles peuvent en particulier se démontrer lors des situations de conflit armé. Il est vrai que dans le domaine de la coopération culturelle internationale, la *Convention UNESCO de La Haye de 1954 pour la protection des biens culturels en cas de conflit armé* et ses deux Protocoles additionnels de 1954 et 1999 ne traitent pas de la protection du patrimoine culturel immatériel et ce, alors même que ce dernier est frappé au même titre que le patrimoine matériel pendant les conflits armés. En effet, dans ces situations, l'occupant va souvent adopter une stratégie d'oppression culturelle envers les populations locales, en leur interdisant de pratiquer leurs traditions, célébrations ancestrales, rituels, etc. ; car s'attaquer à l'identité, à l'autonomie culturelle et au patrimoine d'un peuple est un moyen efficace pour le décourager d'entreprendre des actions d'insurrection. Dans le cas contraire, protéger le patrimoine culturel immatériel d'une communauté revient à reconnaître publiquement son identité et son autonomie culturelle.

En cela, le conflit armé est par nature l'ennemi du patrimoine culturel immatériel. Aujourd'hui, la communauté internationale, dont les États membres de l'UNESCO, s'occupe de ces problématiques notamment pour aider les réfugiés et immigrés ayant fui une occupation belligérante à rétablir un contact avec leur culture d'origine, qu'ils auraient perdu. Plus encore, l'appropriation culturelle sévit particulièrement lors des conflits armés de diverses manières. Ainsi, un même bien culturel ou une expression culturelle traditionnelle peuvent faire l'objet de plusieurs appropriations et ainsi, de propriétés partagées, entraînant alors pour la communauté source un préjudice particulièrement violent issu d'un démembrement de propriété.

Ces problématiques ont notamment été prises en compte par le droit international humanitaire. En effet, selon Madame Jihane Chedouki, au fur et à mesure des années, l'évolution du droit international humanitaire, qui vise à réduire les effets néfastes des guerres et conflits armés à l'égard des êtres humains victimes de ces affrontements, s'est opérée au service du patrimoine culturel. En cela, « les rédacteurs des Conventions de Genève de 1949 étaient des précurseurs en promouvant la protection de la culture de l'ennemi en défendant toute atteinte à son aspect immatériel »[1].

Pour toutes ces raisons, il est difficile d'établir une distinction claire et sans interférence entre le patrimoine culturel matériel et immatériel des communautés. L'objet culturel a une valeur symbolique, intangible indépendamment de sa valeur matérielle, marchande. Par les liens puissants qui unissent les biens culturels et les expressions traditionnelles des communautés, il est aisé de comprendre en quoi, aujourd'hui, les demandes de restitutions de biens culturels par les peuples autochtones se multiplient. En effet, ceux-ci semblent vouloir recouvrer, par une récupération des biens culturels porteurs de leur patrimoine immatériel, leur identité. Il n'est donc pas inintéressant d'envisager, dans la présente analyse, la question des retours et restitutions de biens culturels comme un moyen de protection indirecte du patrimoine culturel immatériel des communautés face au phénomène d'appropriation culturelle. Ainsi, selon l'anthropologue français Monsieur Benoît de L'Estoile, « la réappropriation implique une "expropriation" préalable de ceux qui s'étaient illégitimement approprié ce qui n'était pas à eux. La restitution est l'outil privilégié de cette réappropriation »[2].

Qui plus est, ces liens puissants entre patrimoines culturels matériel et immatériel des communautés contribuent à brouiller la distinction si nettement opérée par les pouvoirs publics et les institutions culturelles dans nos sociétés occidentales. En effet, dans diverses régions du monde, cette dichotomie n'a que peu de sens ; certaines communautés n'envisagent pas leurs expressions culturelles traditionnelles sans objets tangibles et *vice versa*. La disjonction entre patrimoines culturels tangible et intangible perd alors en pertinence, en fonction des conceptions culturelles et patrimoniales dans le monde. Dans tous les cas, la préservation en droit de l'un ne peut s'envisager sans celle de l'autre.

---

[1] CHEDOUKI, Jihane cité dans *Ibid.*, p. 60.

[2] DE L'ESTOILE, Benoît, « À qui appartiennent les objets des Autres ? Considérations d'un anthropologue » cité dans *Ibid.*, p. 20.

2. La dichotomie souvent inadaptée entre patrimoines culturels matériel et immatériel

Aujourd'hui, la dichotomie caractéristique des sociétés occidentales entre le patrimoine culturel matériel et immatériel, reflétée dans la plupart des conventions internationales de droit du patrimoine culturel, n'est parfois plus adaptée, en pratique et en fonction des territoires, à la préservation du patrimoine culturel des communautés. Pourtant, cette dichotomie est relativement récente en ce que, tout au long du XXe siècle, le droit international n'envisageait que peu le patrimoine culturel immatériel. En effet, en 1972, les États membres de l'UNESCO se sont préoccupés, par l'adoption de la *Convention de l'UNESCO concernant la protection du patrimoine mondial, culturel et naturel*, de la protection des monuments, au sens traditionnel du terme[1]. Ainsi, le texte même de la Convention ne mentionnait pas le patrimoine intangible. Pourtant, la nature par exemple est souvent au centre du patrimoine culturel immatériel des communautés et de leurs liens avec les paysages, les forêts et autres espaces naturels consacrés aux cérémonies ancestrales, aux événements festifs et autres pratiques traditionnelles. Le *marae* polynésien Taputapuātea de l'île de Raiatea, inscrit en 2017 au titre de la Convention UNESCO de 1972, en est un exemple idoine[2].

Du fait des nombreux points de concordance entre les deux formes de patrimoine, la distinction entre patrimoine culturel matériel et immatériel tend à se dissiper. À ce titre, la Convention UNESCO de 2003 a été la première convention culturelle à associer les liens entre le patrimoine culturel matériel et immatériel,

[1] C'est-à-dire des monuments bâtis à l'image des monuments historiques, tels qu'appréhendés notamment par la loi française depuis la fin du XIXe siècle. Voir en ce sens : loi française du 30 mars 1887 sur les monuments historiques.
[2] TRAN VAN NHIEU, Emma, *Taputapuātea, un site protégé par la Convention de 1972 de l'UNESCO sur le patrimoine mondial*, La fabrique juridique du patrimoine culturel, 7 décembre 2022. [En ligne].
URL : https://lafabriquejpc.wordpress.com/2022/12/07/taputapuatea-un-site-protege-par-la-convention-de-1972-de-lunesco-sur-le-patrimoine-mondial/ (consulté le 14 août 2023).

relativisant alors l'étanchéité de la dichotomie originelle[1]. De plus, aujourd'hui, un grand nombre de monuments et sites inscrits au titre de la Convention UNESCO de 1972 sur le patrimoine mondial ne peuvent se concevoir sans l'intervention de pratiques traditionnelles immatérielles. Plusieurs exemples à travers le monde permettent d'illustrer ce propos.

En premier lieu, le site de Tombouctou au Mali, inscrit en 1988 au Patrimoine mondial de l'UNESCO, a été partiellement détruit en 2012 lors des conflits armés sur le territoire. Or, il abritait, en plus de lieux de cultes d'une valeur significative pour la communauté musulmane, des espaces éducatifs, des universités, des bibliothèques renfermant des légendes ancestrales et de précieux manuscrits. Également, les mausolées et mosquées de Tombouctou[2] constituaient des lieux de regroupement annuel symboliques pour les membres des communautés musulmanes[3]. Heureusement, l'UNESCO a participé au financement d'un projet de coopération internationale de reconstruction à l'aide des connaissances architecturales traditionnelles. « D'une part, le processus de reconstruction a été perçu comme une occasion de recueillir des informations sur l'architecture en terre à Tombouctou. Les matériaux, les méthodes de construction et les besoins en matière d'entretien des bâtiments traditionnels en terre ont été étudiés (...). D'autre part, le projet a permis de dresser un inventaire des traditions orales, croyances et pratiques associées à ce patrimoine. Et enfin, 40 jeunes maçons ont été formés aux techniques traditionnelles de construction dans le cadre de ce projet.

---

[1] Article 2.1 Convention UNESCO de 2003 : « Les pratiques, représentations, expressions, connaissances et savoir-faire – ainsi que les instruments, objets, artefacts et espaces culturels qui leur sont associés ». Voir aussi Article 3 : « Rien dans la présente Convention ne peut être interprété comme : (a) altérant le statut ou diminuant le niveau de protection des biens déclarés du patrimoine mondial dans le cadre de la Convention pour la protection du patrimoine mondial, culturel et naturel de 1972, auxquels un élément du patrimoine culturel immatériel est directement associé ».

[2] Principalement Djingareyber, Sankoré et Sidi Yahia, pour la plupart construits au XIVe siècle.

[3] Notamment afin de célébrer al-Mawlid al-nabawi, la mémoire et l'anniversaire de la naissance du prophète Mahomet.

Ils disposent maintenant des savoir-faire nécessaires pour bâtir et entretenir les inestimables bâtiments en terre de la ville (...) »[1].

Également, les temples sacrés du sanctuaire d'Ise au Japon sont un autre exemple à prendre en compte. En effet, le sanctuaire impérial d'Ise-Jingu est composé de plus de 125 temples dans lesquels la communauté shintoïste effectue près de 1500 rituels et cérémonies tous les ans[2]. « La croyance de la vie et de la renaissance est très importante dans le Shintoïsme. Pour respecter le principe de cette religion, le sanctuaire fait l'objet d'une cérémonie incroyable nommée shikinen-sengu. En effet, il est détruit puis reconstruit à son image tous les 20 ans. Cette tradition garantit la pureté du temple et est observée depuis la première construction du sanctuaire »[3]. Ainsi, la construction et la préservation des temples du sanctuaire d'Ise sont entièrement dépendantes de la transmission des savoirs, connaissances traditionnelles et techniques artisanales d'édification des monuments[4]. Tous les 20 ans, ces reconstructions sont opérées par des personnes certifiées par le Gouvernement japonais et appelées les « Trésors nationaux vivants ».

Contrairement à l'Occident, la conception traditionnelle japonaise de protection du patrimoine culturel ne distingue pas entre le patrimoine matériel et immatériel et le Japon a toujours consacré l'intangibilité de son patrimoine, notamment dans la loi à partir des années 1950[5], si bien que la dichotomie occidentale visant à séparer

---

[1] UNESCO, *Reconstruction des mausolées détruits de Tombouctou (Mali)*. [En ligne]. URL : https://whc.unesco.org/fr/canopee/tombouctou/ (consulté le 14 août 2023).

[2] ISE JINGU, *À propos d'Ise Jingu*. [En ligne].
URL : https://www.isejingu.or.jp/fr/about/index.html (consulté le 14 août 2023).

[3] GUILLEMANT, Swali, *Japon : Le sanctuaire impérial d'Ise-Jingu reconstruit tous les 20 ans*, Cultea, 21 août 2021. [En ligne]. URL : https://cultea.fr/japon-le-sanctuaire-imperial-dise-jingu-reconstruit-tous-les-20-ans.html (consulté le 14 août 2023).

[4] *Ibid.* : « Les traditions et consignes à respecter lors de la reconstruction du lieu se trouvent inscrites dans des textes datant du Xème siècle. Le bois des différents édifices est même récupéré et envoyé aux quatre coins du pays pour renforcer et réparer de nombreux monuments religieux ».

[5] Voir WANG, Li, 2010, op.cit., p. 347 et WATANABE, Akiyoshi, « Le système japonais pour la protection du patrimoine culturel », UNESCO, Actes, Conférence internationale sur la sauvegarde du patrimoine culturel matériel et immatériel, Nara, Japon, 20-23 octobre 2004, 2006, p.77 cité dans MARTINET, 2019, op.cit., p. 345.

les biens culturels, meubles et immeubles, des expressions culturelles traditionnelles immatérielles n'est pas adaptée au territoire de l'archipel, ni même à celui de Tombouctou pour les mêmes raisons[1].

Plus encore, la distinction formelle entre patrimoines culturels matériel et immatériel semble perdre en pertinence et ce, en raison des nouvelles formes de patrimoine culturel se développant ces dernières années. Ainsi, les nouvelles technologies consacrent l'émergence de nouveaux types de patrimoine culturel, notamment du patrimoine numérique et informatique, contesté par certains mais dont la nature particulière intéresse particulièrement les juristes[2]. En effet, ce patrimoine numérique semble transcender la distinction originelle entre le patrimoine culturel matériel et immatériel.

Pour toutes ces raisons, le manque occasionnel de pertinence de la dichotomie entre tangibilité et intangibilité du patrimoine donne à nos sociétés l'occasion de repenser les façons traditionnelles de concevoir et protéger juridiquement le patrimoine culturel, notamment face aux diverses formes d'appropriation extérieures à la communauté source dont il peut faire l'objet. Une approche holistique peut permettre d'assurer une préservation plus efficace du patrimoine culturel. Cependant, le manque de pertinence de la dichotomie entre patrimoines culturels matériel et immatériel doit être relativisé. Si pour certaines communautés, cette distinction n'a que peu d'intérêt, pour les sociétés occidentales, elle reste une différenciation utile, très utilisée pour prévoir les moyens et outils de protection les plus adaptés à chaque type de patrimoine. Toutefois, du fait de l'interdépendance susmentionnée, les moyens alloués à la protection en droit du patrimoine culturel immatériel et matériel, notamment face à l'appropriation culturelle, seront

---

[1] Il en va de même pour les Māoris, population autochtone de Nouvelle-Zélande, qui conçoivent le patrimoine culturel matériel et immatériel de manière holistique, comme il s'agira de l'étudier ci-dessous.

[2] Pour en savoir plus : UNESCO, *Concept de Patrimoine numérique*. [En ligne]. URL : https://fr.unesco.org/themes/information-preservation/digital-heritage/concept-digital-heritage (consulté le 14 août 2023). Voir aussi UNESCO, *Charte sur la conservation du patrimoine numérique*, CL/3865, 2009. [En ligne]. URL : https://unesdoc.unesco.org/ark:/48223/pf0000179529_fre.locale=fr (consulté le 14 août 2023).

sensiblement similaires, en témoigne le phénomène des restitutions de biens culturels.

B. Les restitutions de biens culturels comme moyen de protection des expressions culturelles immatérielles des communautés face à l'appropriation culturelle

Du fait de l'interdépendance entre le patrimoine culturel matériel et immatériel, les restitutions de biens culturels s'avèrent être une potentielle solution pour protéger le patrimoine immatériel des communautés face à l'expropriation culturelle. En effet, elles peuvent permettre aux communautés sources de recouvrer tout ou partie de leur patrimoine et ainsi, de leur autonomie culturelle. L'exemple récent des restitutions des têtes māories est particulièrement pertinent pour illustrer ce propos, en ce que le patrimoine culturel de la communauté māorie ne distingue que rarement entre l'immatériel et le matériel (1). Cependant, ces restitutions ne sont pas faciles à mettre en œuvre et, à ce jour, continuent d'être véritablement contestées par une partie de la communauté internationale[1]. En effet, divers obstacles viennent s'interposer entre les peuples autochtones et le rapatriement de leurs biens culturels, dont ils ont été dépossédés par le passé. Ces obstacles freinent alors la lutte contre les conséquences nocives de l'appropriation culturelle (2).

1. L'exemple des restitutions des têtes Māories de Nouvelle-Zélande

Le cas de la communauté des Māoris[2] de Nouvelle-Zélande représente un objet d'étude particulièrement pertinent pour la

---

[1] Voir en ce sens : CASTELAIN, Jean-Christophe, *Macron, ses discours, ses actes et leur ressenti*, Le Journal des Arts, 3 février 2023. [En ligne]. URL : https://www.lejournaldesarts.fr/opinion/macron-ses-discours-ses-actes-et-leur-ressenti-164975 (consulté le 14 août 2023).

[2] Les Māoris sont les peuples autochtones de Nouvelle-Zélande, les premières populations du pays. Ils sont aujourd'hui présents dans l'entièreté du pays, dans l'île

présente recherche et ce, pour plusieurs raisons. D'une part, cette communauté est particulièrement touchée par le phénomène d'appropriation culturelle. D'autre part, le lien qu'entretiennent les Māoris avec leur patrimoine culturel est tout à fait intéressant, en ce que ceux-ci ne distinguent que peu, voire pas du tout, entre le patrimoine culturel tangible et intangible. Qu'il s'agisse de traditions, de savoir-faire, de recettes ancestrales, de récits oraux, de danses, de rituels, de chants ou de légendes, leurs expressions culturelles, bien que profondément diverses, font partie intégrante d'un ensemble, d'un héritage culturel indivisible[1]. Cependant, l'arrivée des colons au milieu du XIXe siècle a profondément transformé les habitudes culturelles et modes de vie des Māoris[2]. L'interdiction ou, au contraire, l'exploitation de leurs expressions culturelles par les Britanniques ont directement menacé l'intégrité de leur patrimoine culturel.

Aujourd'hui, comme vu précédemment, les tatouages traditionnels des Māoris, les *ta moko*, sont souvent repris et commercialisés dans le monde de façon déformée[3]. Plus particulièrement, les tatouages présents sur les « têtes māories », au cœur de l'actualité ces dernières années, sont souvent reproduits sans le consentement de la communauté et dans l'ignorance complète de la signification de ses expressions culturelles traditionnelles. Celles-ci correspondent à des têtes de Māoris momifiées et tatouées de motifs traditionnels sur l'ensemble du visage. Elles sont appelées *toi moko* (*moko* signifiant *tatouage*) ou *upuko tuhi*, et quand il s'agit de crânes d'esclaves tatoués de force, de *mokomokai*. Elles permettent aux Māoris de célébrer leurs ancêtres, en utilisant les têtes lors de rituels, notamment celles de chefs guerriers. Cependant, dès l'arrivée des Britanniques en Nouvelle-Zélande au XIXe siècle, ces têtes ont été

du Sud, qu'ils nomment Te Waipounamu, mais surtout, dans l'île du Nord, Te Ika a-Māui, ainsi que les îles alentours.

[1] Leur vision holistique de la culture s'entend conjointement avec leur rapport à la nature, à la spiritualité, à leurs ancêtres, aux astres et aux divers aspects de la cosmologie.

[2] Voir travaux de Madame le Professeur Jessica C. Lai sur les transformations de la religion Māoritanga engendrées par l'arrivée du christianisme sur le territoire.

[3] Ils sont particulièrement en vogue et appréciés des sociétés occidentales qui ont développé un goût pour l'esthétique des « motifs tribaux ».

dispersées à travers les différents pays du monde. D'abord en mains privées, elles ont ensuite souvent été intégrées aux collections publiques des grands musées occidentaux[1].

Au début des années 1990, la Nouvelle-Zélande, *via* le musée national Te Papa Tongarewa, s'est engagée dans une politique de rapatriement des centaines de têtes māories exportées de son territoire[2]. Ces restitutions étaient considérées comme essentielles pour les Māoris afin d'opérer un retour de ces biens matériels mais également des expressions culturelles immatérielles dont ils permettaient la réalisation. En France, par exemple, le conseil municipal de la ville de Rouen avait délibéré en faveur de la restitution d'une tête māorie présente au sein de son muséum d'histoire naturelle, à destination du musée néo-zélandais, mais s'était trouvé confronté au refus du ministère de la Culture[3]. Finalement, le déclassement de la tête en question des collections du musée de Rouen et sa restitution au musée Te Papa Tongarewa ont été permis par l'intervention du législateur français en 2010. D'autres musées du monde[4] ont également procédé à de telles restitutions, permettant ainsi aux Māoris de recouvrer certaines expressions culturelles traditionnelles, éléments caractéristiques de leur identité et de leur patrimoine culturel immatériel.

Aujourd'hui, les expressions culturelles traditionnelles et la culture māories sont de plus en plus prises en compte par les lois

---

[1] Depuis plus de dix ans, Jessica C. Lai étudie les interactions de la communauté māorie avec les autres populations néo-zélandaises et plus particulièrement, celles sur la protection de leurs expressions culturelles traditionnelles à travers le droit du patrimoine culturel et celui de la propriété intellectuelle.

[2] Il est en effet difficile de restituer des biens culturels aux communautés, qui n'ont parfois pas de représentants désignés officiellement. Ainsi, les musées récupèrent le plus souvent ces objets. cf. Musée Haida Gwaii du Canada.

[3] En l'espèce, la procédure de déclassement légalement prévue par l'article L451-1 du Code français du patrimoine n'avait pas été respectée et le juge administratif a donc considéré que la délibération était illégale. Voir en ce sens : Ordonnance 24 octobre 2007, Préfet de la région Haute-Normandie c/ Ville de Rouen, Arrêt TA Rouen, 27 décembre 2007 et Cour administrative d'appel Douai, formation plénière, 24 juillet 2008.

[4] Autriche en 2007, Finlande en 2019, etc. Mais, à l'heure actuelle, certains musées occidentaux conservent toujours de nombreuses têtes māories.

néo-zélandaises de protection du patrimoine culturel[1]. Sur le plan politique, la représentation māorie est rendue obligatoire au sein du Parlement néo-zélandais[2]. Également, le Département des arts māoris du Conseil des arts de Nouvelle-Zélande a contribué à la protection du patrimoine culturel autochtone en créant en 2002, en collaboration directe avec la communauté māorie, des marques de certification de la création māorie, dites marques « Toi iho »[3]. En effet, par cet outil du droit de la propriété intellectuelle, le but était de « promouvoir commercialement les œuvres réalisées par des māoris, d'accroître le contrôle des Māoris sur leur patrimoine culturel et de protéger l'intégrité de la culture māorie »[4]. Cependant, malgré ces initiatives, les efforts législatifs en termes de protection des expressions culturelles traditionnelles de la communauté māorie doivent continuer. En effet, certaines difficultés dans l'application pratique des lois néo-zélandaises de protection du patrimoine culturel persistent et beaucoup de māoris estiment que leurs droits ne sont pas assez garantis et que leur représentation au sein des institutions gouvernementales est encore trop faible.

Ces restitutions témoignent d'une prise de conscience internationale quant à l'importance de reconnaître les torts du passé en restituant indirectement les expressions culturelles traditionnelles indispensables à la survie du patrimoine culturel de certaines communautés[5]. Les restitutions semblent constituer une occasion de

---

[1] Ainsi, le Treaty of Waitangi Act de 1975 consacre le Traité de Waitangi de 1840 qui reconnaît la souveraineté et l'autonomie culturelle des Māoris ; le Te Ture Whenua Māori Act de 1993 protège les propriétés et droits fonciers de la communauté ; le Conservation Act de 1987 et le Resource Management Act de 1991 assurent la protection de la nature, notamment des terres et des sites d'importance pour la culture māorie. Plus encore, le législateur a permis la création en 2014 du Heritage New Zealand Pouhere Taonga, un service gouvernemental qui veille à préserver et valoriser le patrimoine culturel néo-zélandais, notamment par une collaboration étroite avec les membres de la communauté māorie.

[2] GAGNÉ, Natacha. « Mode de scrutin, représentation des autochtones dans les institutions parlementaires et décolonisation : l'exemple néo-zélandais », *Recherches amérindiennes au Québec*, volume 50, numéro 1, 2020, p. 187–199. https://doi.org/10.7202/1078713ar

[3] MARTINET, 2019, op.cit., p. 202.

[4] LAI, 2014, op.cit., p. 112 cité dans MARTINET, 2019, op.cit., p. 203.

[5] Comme évoqué précédemment, les retours et restitutions de biens culturels ne cessent de prendre de l'ampleur. L'UNESCO travaille activement sur ces questions,

repenser nos systèmes culturels, nos conceptions du patrimoine et du rôle des musées et autres institutions culturelles dans la société. Dans le présent cas, elles ont permis de réparer en partie le préjudice subi par le peuple māori du fait de ces appropriations abusives. Cependant, les restitutions culturelles restent rares, difficilement réalisables et continuent à ce jour de faire l'objet de nombreux débats.

2. Les obstacles persistants entravant le processus de restitution de biens culturels

Aujourd'hui, les restitutions culturelles sont encore loin de faire l'unanimité. De nombreux arguments sont invoqués contre elles et des difficultés pratiques, juridiques et politiques ralentissent leur processus.

À titre d'exemple, dans le cas des restitutions des têtes māories sus-évoquées, l'adoption de lois nationales *ad hoc* permettant ces rapatriements n'a pas été évidente. En effet, les musées occidentaux étaient très attachés à ces éléments culturels, qui faisaient souvent partie intégrante de leurs collections du domaine public, inaliénables et imprescriptibles[1]. Surtout, ces têtes māories avaient, dans certains cas, été exportées de Nouvelle-Zélande de manière *légale* par les colons britanniques, notamment à l'occasion de contrats de vente et à cet égard, beaucoup estimaient qu'il s'agissait d'achats légitimes.

---

malgré les débats et controverses subsistants. Voir Réunions statutaires Convention UNESCO de 1970 et Convention UNIDROIT 1995 sur les biens culturels volés ou illicitement exportés.

[1] En France par exemple, le domaine public attaché à certaines collections constitue un frein considérable à la restitution des objets culturels, porteurs d'expressions traditionnelles immatérielles, vers les communautés sources. L'inaliénabilité qui y est attachée protège ainsi tout démembrement des collections publiques, toute vente et restitution de biens culturels. Seule une loi prise *ad hoc* permettant ces restitutions de têtes māories pouvait contredire l'article L451-5 du Code français du patrimoine qui dispose que « Les biens constituant les collections des musées de France appartenant à une personne publique font partie de leur domaine public et sont, à ce titre, inaliénables. Toute décision de déclassement d'un de ces biens ne peut être prise qu'après avis conforme du Haut Conseil des musées de France ».

Dans le même temps, d'autres invoquent la prescription de l'acte d'appropriation non consenti et ainsi, le droit des musées occidentaux de préserver les têtes māories en leur sein. Également, dans le cas particulier des restitutions des têtes māories, d'autres difficultés juridiques étaient en cause, en ce que, ces biens culturels étant des dépouilles humaines, des problèmes liés au droit à la dignité humaine, au droit de la bioéthique et du principe de non-patrimonialité et d'indisponibilité du corps humain[1] se posaient. Toutefois, le législateur français a décidé, par la loi n° 2010-501 du 18 mai 2010, de permettre les restitutions en dépit de ces arguments.

Comme vu précédemment, la domanialité publique reste un obstacle aux restitutions de biens culturels, même s'il peut être levé par le législateur. « Il n'en a en revanche pas été ainsi concernant le crâne du chef Kanak Ataï, qui fut confisqué à son clan suite à l'insurrection qu'il avait menée contre le pouvoir colonial en 1878. Conservé dans un relatif anonymat dans les collections du Musée de l'Homme, sa "redécouverte" dans les années 2000 conduisit finalement à sa restitution à ses descendants sans que cela ne passe par une quelconque mesure de déclassement[2] ». Cependant, dans ce cas précis, il convient de noter que « cette relative facilité du retour du corps peut alors s'expliquer par le contexte particulier de la Nouvelle-Calédonie. De fait, on peut relever (…) que la socialisation attachée à la mémoire de celui qui avait incarné la résistance kanak à l'entreprise coloniale suffit à justifier, dans le contexte de l'Accord de Nouméa, la restitution de ses restes sans qu'il soit besoin de qualifier les faits ayant fondé la dépossession. Cela témoigne d'une certaine souplesse quant à la charge de la preuve du caractère illicite de la dépossession des biens culturels dont il est demandé le retour »[3] et ce, alors que l'éventualité d'une restitution du

---

[1] Article 16-1 Code civil français : « Chacun a droit au respect de son corps. Le corps humain est inviolable. Le corps humain, ses éléments et ses produits ne peuvent faire l'objet d'un droit patrimonial ».

[2] FONTANIEU Guillaume, « La restitution des mémoires : une expérience humaine, une aventure juridique », *Journal de la société des océanistes*, 2013, n° 136-137. [En ligne] : http://journals.openedition.org/jso/6884 cité dans LOBIER, BRÉMOND, 2022, op.cit.

[3] LOBIER, BRÉMOND, 2022, op.cit. Voir aussi : point 1.3.2. *Les objets culturels* du Document d'orientation de l'Accord de Nouméa de 1998.

patrimoine culturel kanak en Nouvelle-Calédonie a toujours posé de nombreuses difficultés.

La charge de la preuve, qui incombe en principe à la communauté demandant la restitution, est en effet un autre obstacle aux restitutions car celle-ci est, du fait du temps écoulé et du principe juridique de prescription acquisitive, souvent très difficile à rapporter. Surtout, parmi les membres, par qui et comment doit-elle être rapportée ? Doit-elle systématiquement incomber à la communauté en question ? Plus encore, les règles de droit commun doivent-elles s'appliquer à ces situations d'expropriation culturelle souvent réalisées dans des contextes extraordinaires, notamment d'ère coloniale ? À ce titre, « comme le souligne Kelly Picard dans sa thèse de doctorat relative à la responsabilité de l'État du fait du préjudice historique, "il est difficile de répondre à une situation exceptionnelle en ayant recours à des moyens ordinaires"[1]. De fait, on perçoit bien le caractère hors norme d'un processus de restitution visant à restituer des œuvres d'art qui auraient été pillées durant la période coloniale ou spoliées durant la Seconde Guerre mondiale »[2].

Également, les musées et autres institutions culturelles occidentales voient souvent d'un mauvais œil ces demandes de restitutions. La peur des « musées vides »[3] est une réalité du côté des conservateurs de musée tandis que le mouvement de lutte contre l'appropriation culturelle encourage la « décolonisation des musées »[4].

---

[1] PICARD Kelly, *La responsabilité de l'État du fait du préjudice historique*, Bayonne, IFJD, 2018, p. 11 cité dans LOBIER, BRÉMOND, 2022, op.cit.

[2] LOBIER, BRÉMOND, 2022, op.cit.

[3] SAVOY, Bénédicte, « Histoire culturelle des patrimoines artistiques en Europe, XVIII° - XX° siècle », Collège de France chaire internationale, p. 463-468. https://doi.org/10.4000/annuaire-cdf.15929

[4] Voir VERGÈS, Françoise, « Programme de désordre absolu. Décoloniser le musée », *La Fabrique Éditions*, 3 mars 2023. 256 p. ISBN : 9782358722490. À défaut de restitutions définitives, certains États envisagent des systèmes de prêts renouvelables. En Amérique, certains musées ferment leurs locaux au public une fois par semaine afin de garantir un accès des communautés à leurs biens culturels et ainsi, à leur patrimoine culturel immatériel, notamment pour l'accomplissement de certains rituels. De la même manière, le Conseil des arts au Canada fait de nombreux travaux de sensibilisation auprès des institutions culturelles et encourage notamment les musées à repenser leurs pratiques et à lutter contre l'appropriation culturelle, en allant vers une éthique muséale respectueuse des communautés, de leur patrimoine et de leur identité.

Certains invoquent les menaces de conservation que peuvent subir les éléments culturels restitués, en ce que les communautés sources n'ont parfois pas les moyens humains, matériels et financiers nécessaires à la bonne préservation des objets et leurs connaissances ancestrales de protection des biens culturels ne sont parfois plus adaptées. Cependant, face à ces arguments, des solutions peuvent être trouvées, notamment grâce à un effort de coopération internationale. Ainsi, les États peuvent conduire des programmes de formation des communautés aux méthodes de conservation jusqu'alors utilisées et déployer divers moyens pour les aider dans cette démarche[1]. En outre, selon Norman Ajari, l'argumentaire des musées relatif à une mauvaise conservation des biens restitués « est une idée éloquente quant à la dissolution [de la fonction première qu'ont connue ces objets]. Ils ne sont désormais plus envisageables autrement que comme des pièces de musée et on ne tolère plus qu'ils puissent participer d'un autre système de valeurs ou de significations qui ne conserverait pas leur préservation comme un [élément prioritaire] »[2].

De plus, les États dépositaires des biens culturels expropriés s'opposent parfois aux restitutions, considérant par exemple que leur provenance n'est pas établie avec certitude. En effet, la recherche de provenance est un autre enjeu particulièrement délicat et pourtant nécessaire à prendre en compte dans ces questions[3]. Beaucoup craignent aussi la baisse d'attractivité touristique et de revenus économiques que peuvent engendrer ces restitutions et leur préfèrent alors des formes de « prêts à long terme » ou « renouvelables », mais qui ne résolvent finalement pas les problèmes de propriété.

---

[1] L'UNESCO ou d'autres organisations internationales proposent des outils de ce type pour accompagner les restitutions. Voir Museum International, 1979, op.cit., p. 57 : « la solution, en l'occurrence, semble résider en la mise en œuvre d'une décentralisation des politiques de conservation par régions du monde en affinité, à partir de recommandations de l'ICOM et du Centre international d'études pour la conservation et la restauration des biens culturels à Rome (ICCROM) ».

[2] AJARI, 2022, op.cit.

[3] Voir FORTIS, Élisabeth, « Provenance et trafic illicite des biens culturels », *Grief*, 2021/2 (N° 8/2), p. 63-71. DOI : 10.3917/grief.212.0063. URL : https://www.cairn.info/revue-grief-2021-2-page-63.htm (consulté le 14 août 2023).

À l'inverse, du côté des communautés demandant la restitution, il est aussi parfois légitime de se poser la question des motifs d'une telle demande. Dans de rares cas, le patrimoine restitué aura effectivement vocation à être détruit selon les commandements des traditions et coutumes de la communauté source, et dans ce sens, la restitution prendra davantage un sens symbolique de reconnaissance politique de la communauté et de réparation des souffrances du passé. Finalement, les restitutions de biens culturels amènent de nombreuses questions ouvertes au débat juridique. Ainsi, la valorisation et la conservation du patrimoine autochtone devraient-elles être l'affaire unique des communautés sources ? Quoi qu'il en soit, à ce jour, le législateur semble être le seul à pouvoir opérer ces restitutions et permettre aux communautés de recouvrer leur patrimoine culturel matériel et immatériel[1] et il semble important que le public soit sensibilisé à ces questions[2].

Si les restitutions en nature ne peuvent parfois avoir lieu, d'autres solutions peuvent être adoptées. Ainsi, certains proposent des restitutions de biens culturels numérisés, en 3 dimensions, afin de permettre aux communautés, et notamment aux jeunes générations, d'avoir accès numériquement à leur patrimoine et ainsi, protéger leurs expressions culturelles en perpétuant leurs traditions[3].

---

[1] Museum International, 1979, op.cit., p. 25 : « Les lois sont faites par l'Homme, mais, par la droiture de sa pensée, de sa compréhension et de son action, l'Homme peut aussi s'élever à un niveau éminent. Puissent les générations futures ne pas avoir à dire que nous n'avons eu ni la sagesse, ni la maturité, ni la retenue, ni la bonne volonté nécessaires pour résoudre ce grave et délicat problème ».

[2] « En France, si l'annonce du président de la République à Ouagadougou a été un élément déclencheur, le débat, déplore Bénédicte Savoy, n'a pas été porté sur la place publique de façon convaincante et constructive ». Dans CASSARD, Sabine, « Bénédicte Savoy. Co-auteur avec Felwine Sarr d'un rapport sur la restitution du patrimoine culturel africain », *La lettre du Collège de France* [En ligne], 44 | 2017-2018, mis en ligne le 21 mai 2019, consulté le 15 août 2023. URL : http://journals.openedition.org.ezproxy.universite-paris-saclay.fr/lettre-cdf/4336 ; DOI : https://doi-org.ezproxy.universite-paris-saclay.fr/10.4000/lettre-cdf.4336. Voir aussi SAVOY, Bénédicte, SARR, Felwine, « Rapport sur la restitution du patrimoine culturel africain. Vers une nouvelle éthique relationnelle », 2018. [En ligne]. URL : https://medias.vie-publique.fr/data_storage_s3/rapport/pdf/194000291.pdf (consulté le 14 août 2023).

[3] En ce sens, dernièrement, le musée du Quai Branly a opéré un projet de restitutions immatérielles en 3D couronné de succès, intitulé le projet SAWA (« Savoirs autochtones wayana-apalaï (Guyane) – Une nouvelle approche de la restitution et ses implications sur les formes de transmission »). Voir WATAU, *Le projet*, 2020.

Toutefois, si les restitutions internationales peuvent permettre de contrer les effets de l'expropriation culturelle en rétablissant une partie de l'autonomie culturelle des communautés, il faut également nuancer leur portée, en ce que restituer un élément du patrimoine culturel ne revient pas forcément à restituer une identité culturelle dans son entièreté et faire revivre une culture dépouillée[1].

[En ligne]. URL : https://watau.fr/s/watau-fra/page/projet-SAWA (consulté le 15 août 2023).

[1] Voir travaux de MM. Arjun Appadurai et Kwame Anthony Appiah.

Conclusion Partie I

Les conséquences néfastes de l'appropriation extractive, non consentie et abusive des expressions culturelles traditionnelles sur la protection juridique internationale du patrimoine culturel immatériel des communautés sources sont nombreuses. D'une part, elle constitue une menace directe à l'identité culturelle des communautés en portant atteinte à l'intégrité de celle-ci. Le concept juridique de « patrimoine culturel de l'humanité » concerne directement le lien entre la communauté et ses expressions culturelles traditionnelles et, s'il apparaît *a priori* incompatible avec la théorie de l'appropriation culturelle et les revendications de l'anti-appropriationnisme, il peut finalement servir à protéger en partie le patrimoine immatériel des communautés par un effort de respect et de dialogue interculturels émanant de la communauté internationale. D'autre part, l'appropriation culturelle abusive nuit considérablement à l'autonomie culturelle des communautés, en entravant leurs capacités d'autosubsistance matérielle et économique. La question des restitutions internationales peut donc être envisagée comme un moyen pour contrer les conséquences de l'expropriation culturelle et rétablir une partie de l'autonomie économique et culturelle des communautés sources. Finalement, comment le droit pourrait-il contribuer à réduire, voire contrer de telles conséquences de l'appropriation culturelle, dans ce qu'elles ont de plus nocif pour la sauvegarde du patrimoine culturel immatériel des communautés ? Le peut-il réellement sans prendre en compte la notion d'appropriation culturelle et en n'établissant ni définition ni régime juridique propres à celle-ci ? À cet égard, l'adoption d'un régime juridique *sui generis* de l'appropriation culturelle est-elle nécessaire ? La lutte contre l'appropriation culturelle, en l'état actuel du droit international du patrimoine culturel, est-elle un moyen idoine de sauvegarde juridique du patrimoine culturel immatériel des communautés ?

- Partie II -
La lutte contre l'appropriation culturelle comme moyen de la sauvegarde internationale du patrimoine culturel immatériel des communautés

La lutte contre l'appropriation culturelle sous toutes ses formes comme moyen de la sauvegarde internationale du patrimoine culturel des communautés n'est pas une idée nouvelle. En effet, ses origines remontent aux années 1960, lors du mouvement de décolonisation des territoires anciennement conquis par les puissances occidentales. Surtout, ce sujet a fait l'objet de nombreux travaux rédigés pendant les dernières décennies sur lesquels il sera pertinent de s'appuyer dans cette seconde partie. Lutter contre l'appropriation abusive des expressions culturelles traditionnelles suppose des instruments et des acteurs. En effet, les premiers permettent de justifier en droit la lutte contre les actes d'appropriation culturelle non consentis et abusifs et sont des outils juridiques à invoquer en faveur de la protection du patrimoine culturel immatériel des communautés (Section I). Les seconds, quant à eux, permettent de porter ces instruments juridiques et de les mettre en œuvre, afin de protéger au mieux les expressions culturelles traditionnelles des communautés sources (Section II).

Section I : Les instruments juridiques internationaux de la lutte contre l'appropriation culturelle

Bien que la notion d'appropriation culturelle ne soit pas réglementée juridiquement, le droit, à travers les conventions internationales mais également certaines lois nationales, peut tout de même contribuer à la lutte contre l'appropriation des éléments du patrimoine culturel immatériel des communautés[1]. L'UNESCO, « pilier culturel de la gouvernance mondiale »[2], détient un rôle fondamental dans la protection des expressions culturelles traditionnelles des communautés sources. Si elle ne reconnaît pas la notion d'appropriation culturelle de manière explicite, ses conventions culturelles et autres travaux sont d'une importance considérable, en théorie comme en pratique, pour la protection du patrimoine culturel immatériel et peuvent contribuer à lutter, de manière indirecte, contre toute forme abusive et non consentie d'appropriation des expressions culturelles traditionnelles (§1). Cependant, puisque le droit du patrimoine culturel n'est parfois pas suffisant, les droits culturels et autres droits humains peuvent également permettre de protéger le patrimoine et l'identité culturelle des communautés et des peuples autochtones face à l'appropriation culturelle (§2).

§ 1 : Les travaux de l'UNESCO

Il existe actuellement 6 conventions culturelles élaborées sous l'égide de l'UNESCO, accompagnées de documents juridiques d'application (tels que des principes éthiques, des directives opérationnelles, des règlements intérieurs, etc.), portant chacune sur une thématique culturelle spécifique et étant signées et ratifiées par

[1] En écartant le droit de la propriété intellectuelle de son analyse, la présente recherche a pour objectif d'explorer d'autres branches du droit susceptibles de protéger le patrimoine culturel immatériel des communautés à travers la lutte contre l'appropriation culturelle.

[2] GUÈVREMONT, 2021, op.cit., p. 2.

plusieurs États parties. Ainsi, l'UNESCO compte : la *Convention de 1954 pour la protection des biens culturels en cas de conflit armé*, dite *Convention de La Haye* ; la *Convention de 1970 concernant les mesures à prendre pour interdire et empêcher l'importation, l'exportation et le transfert de propriété illicites des biens culturels* ; la *Convention de 1972 concernant la protection du patrimoine mondial, culturel et naturel* ; la *Convention de 2001 sur la protection du patrimoine culturel subaquatique* ; la *Convention de 2003 pour la sauvegarde du patrimoine culturel immatériel* ; la *Convention de 2005 sur la protection et la promotion de la diversité des expressions culturelles*[1]. En réalité, ces conventions culturelles peuvent constituer, de manière indirecte, un moyen de lutte contre l'appropriation culturelle à travers l'argument de la protection des expressions culturelles traditionnelles des communautés (A) et ce, alors même que l'UNESCO ne reconnaît officiellement pas, à ce jour, la notion d'appropriation culturelle (B).

A. Les conventions culturelles de l'UNESCO comme outils de lutte contre l'appropriation culturelle

Même si aucune d'entre elles ne mentionne la notion d'appropriation culturelle, les conventions culturelles de l'UNESCO, leurs documents d'application[2] ainsi que certaines recommandations culturelles, peuvent indirectement contribuer à la lutte anti-appropriationniste *via* la protection des expressions culturelles traditionnelles. En ce sens, la Convention UNESCO de 2003 est évidemment un texte fondamental pour la sauvegarde du patrimoine culturel immatériel et la participation active des communautés à cet

---

[1] La présente étude veillera à les prendre en compte dans leur acception contemporaine pour garantir le plus de pertinence avec le sujet choisi.

[2] Également, les Fonds internationaux associés aux conventions culturelles de l'UNESCO ont des objectifs similaires à ceux de la lutte contre l'appropriation culturelle, à l'image du Fonds international pour la diversité culturelle de la Convention UNESCO de 2005, du Fonds du patrimoine culturel immatériel de la Convention de 2003, du Fonds de la Convention de 1970 concernant les mesures à prendre pour interdire et empêcher l'importation, l'exportation et le transfert de propriété illicites des biens culturels ou encore le Fonds du Comité intergouvernemental pour la promotion du retour de biens culturels à leur pays d'origine ou de leur restitution en cas d'appropriation illégale.

égard (1). Cependant, elle n'est pas la seule à pouvoir contribuer à la protection des expressions traditionnelles. En effet, les synergies entre les conventions culturelles de l'UNESCO sont nombreuses et, car l'Organisation appréhende la culture de manière holistique dans ses travaux[1], elles peuvent contribuer indirectement à la protection du patrimoine culturel des communautés contre diverses formes d'appropriation illégale (2).

1. La Convention UNESCO de 2003 pour la sauvegarde du patrimoine culturel immatériel comme outil de lutte contre l'appropriation culturelle

La Convention UNESCO de 2003 constitue sans doute le texte international principal en matière de reconnaissance et de protection du patrimoine culturel immatériel[2]. Son entrée en vigueur a marqué un véritable tournant dans la conception du patrimoine culturel par la communauté internationale[3], comme une rupture de l'ordre établi et de la vision eurocentrique (principalement matérielle) du patrimoine culturel qui prévalait jusqu'alors[4]. Elle affirme le rôle

[1] Il est vrai que de nombreux programmes, activités et textes de l'UNESCO reflètent ce point, à l'image des Objectifs de développement durable adoptés en 2015. Voir en ce sens : HOSAGRAHAR, Jyoti, *La culture au cœur des ODD*, Le Courrier de l'UNESCO, 2017. [En ligne]. URL : https://fr.unesco.org/courier/april-june-2017/culture-au-coeur-odd (consulté le 14 août 2023).
[2] Voir les travaux de Dr Janet Blake et de Chiara Bortolotto.
[3] GUÈVREMONT, 2021, op.cit., p. 14 : Ce faisant, « la Convention de 2003 reflète une évolution importante dans la manière de concevoir l'action des États dans le domaine culturel. Par ailleurs, le patrimoine n'est plus seulement perçu comme un héritage du passé qu'il faut muséifier, mais plutôt comme un vecteur de développement des sociétés qui mérite d'être promu ». Les musées et, plus généralement, les institutions culturelles ont également dû s'adapter et prendre en compte la valorisation du patrimoine culturel immatériel en adaptant leurs pratiques, méthodes de conservation et d'exposition. cf. BUDUROI Julie, « Exposer l'immatériel », *La Réserve*, 12 mars 2012.
[4] Certains textes antérieurs à la Convention UNESCO de 2003 annonçaient déjà une remise en cause de la tradition matérielle du patrimoine tels que la Recommandation sur la sauvegarde de la culture traditionnelle et populaire de 1989, le Programme des trésors humains vivants de 1993 ou encore les Proclamations des chefs-d'œuvre du

social du patrimoine immatériel et sa valeur pour ses détenteurs directs[1]. En effet, la Convention de 2003 est particulièrement innovante en ce qu'elle marque la reconnaissance de la participation et du rôle actif des communautés, groupes et, le cas échéant, des individus, dans la protection du patrimoine culturel immatériel. Ils sont par exemple chargés de le recréer en permanence afin d'éviter sa fossilisation. Cette convention permet la participation des communautés à la sauvegarde de leur patrimoine et peut leur donner une certaine légitimité pour combattre toute forme d'appropriation abusive de leurs expressions culturelles. En effet, en inscrivant une expression culturelle traditionnelle au titre de la Convention UNESCO de 2003 et en reconnaissant la communauté source, le groupe ou l'individu comme détenteur principal de celle-ci, l'ensemble de la scène internationale est sensibilisée à sa sauvegarde et à la nécessité de lutter contre son appropriation abusive par les tiers.

Le texte officiel de la Convention s'accompagne de documents d'application et d'outils juridiques tels que des Directives opérationnelles, des Principes éthiques, un Fonds du patrimoine culturel immatériel ou encore un mécanisme d'aide par assistance internationale délivrée aux 183 États parties pour appuyer leur conduite de projets de sauvegarde du patrimoine immatériel ainsi que la mise en œuvre de la Convention. Celle-ci prévoit aussi l'inscription

---

patrimoine oral et immatériel de l'humanité de 1997. Voir en ce sens : UNESCO, Doc. 155 EX/15, Paris, 25 août 1998, p. 19.

[1] MARTINET, 2019, op.cit., p. 365 : « Les États sont désormais invités à prendre en compte la valeur et la signification attribuées par une communauté à un élément du patrimoine culturel. À cet égard, les États ont accepté que les communautés participent au processus de patrimonialisation ». Voir aussi DONDERS, Yvonne, « Cultural heritage and human rights », Amsterdam Law School Legal Studies Research Paper No. 2020-37, Amsterdam Center for International Law No. 2020-15, 2020, p. 7. [En ligne]. URL : https://victoriaworldheritage.org/wp-content/uploads/2023/02/Heritage-and-Human-Rights.pdf (consulté le 14 août 2023) : « les conventions de l'UNESCO sur le patrimoine montrent que l'on est passé de la protection du patrimoine culturel pour le grand public et de l'accent mis sur la souveraineté et les droits des États (Convention sur le patrimoine mondial, culturel et naturel et Convention sur le patrimoine culturel subaquatique) à la protection du patrimoine culturel de et pour des communautés culturelles spécifiques, en les impliquant dans le processus d'identification et de protection (Convention sur le patrimoine culturel immatériel) ». [DONDERS, 2020].

d'éléments sur une Liste représentative du patrimoine culturel immatériel de l'humanité en fonction de 5 critères à satisfaire, une Liste du patrimoine immatériel nécessitant une sauvegarde urgente, un Registre des bonnes pratiques de sauvegarde, etc. Certaines inscriptions ont ainsi permis de sauver des éléments du patrimoine culturel immatériel de la répression et de la disparition[1].

La pratique de l'inventaire national est également un élément essentiel de la Convention UNESCO de 2003. En effet, l'article 12.1 de la Convention dispose que « pour assurer l'identification en vue de la sauvegarde, chaque État partie dresse, de façon adaptée à sa situation, un ou plusieurs inventaires du patrimoine culturel immatériel présent sur son territoire ». Ainsi, pour inscrire un élément sur la Liste représentative de la Convention, il faut que celui-ci soit préalablement inscrit sur un inventaire national de patrimoine immatériel. L'État est donc un filtre incontournable à la protection des expressions culturelles traditionnelles des communautés[2]. Ceci peut poser problème lorsque les communautés ne sont pas reconnues politiquement par l'État ou que leur reconnaissance ne garantit pas leurs droits culturels, religieux ou politiques, telles que les Kurdes, les Ouïghours ou encore les Rohingyas. En effet, leurs expressions culturelles ne peuvent être inscrites et protégées au titre de la Convention UNESCO de 2003 et ainsi, il est plus difficile d'en dissuader l'appropriation abusive[3].

---

[1] WANG, Li, dans CORNU, Marie, FROMAGEAU, Jérôme, HOTTIN, Christian, 2013. *Droit et patrimoine culturel immatériel*, L'Harmattan, Collection Droit du patrimoine culturel et naturel, p. 202 : « La patrimonialisation de la médecine traditionnelle chinoise devrait être analysée comme une réaction défensive devant la menace de sa disparition : elle n'émane pas d'une spéculation intellectuelle sur la valeur patrimoniale de la médecine et de la pharmacopée traditionnelles, mais est un moyen de survie. Il a été nécessaire, pour la médecine traditionnelle chinoise, de s'imposer par son aspect patrimonial devant de multiples tentatives de répression ». [CORNU, FROMAGEAU, HOTTIN, 2013].

[2] MARTINET, 2019, op.cit., p. 372. Voir aussi CORNU, FROMAGEAU, HOTTIN, 2013, op. cit. p. 118 / 119 : « Cependant, la Convention de 2003 ne précise pas comment ces communautés pourront réellement influencer la politique gouvernementale, et pour cause : il apparaîtrait alors qu'à moins d'y être invitées par l'État, ces dernières ne peuvent pas soumettre des mesures de protection ni s'opposer à des programmes soutenus par l'État ».

[3] MARTINET, 2019, op.cit., p. 386.

Ainsi, la protection des expressions culturelles traditionnelles ne peut qu'être relativement assurée par la Convention UNESCO de 2003. Paradoxalement, le processus même de l'inventoriage par l'État peut être vécu par les communautés sources comme une forme d'appropriation culturelle, car porté par les autorités nationales, sur l'inventaire national en tant que patrimoine national. En ce sens, certaines communautés ne souhaitent pas bénéficier d'une protection au titre de la Convention, craignant que la sauvegarde de leur patrimoine culturel immatériel revienne exclusivement aux États ou encore, que l'inscription conduise à la violation de leurs droits fondamentaux. En effet, cette protection signifie également l'intrusion des acteurs de la scène internationale au sein de leurs traditions, culture et mode de vie mais également, la notoriété délivrée par l'inscription peut accroître un tourisme de masse et finalement, augmenter le risque d'appropriation culturelle[1]. Pour contrer cela, il est prévu que « l'inscription d'un élément du patrimoine culturel immatériel sur une des Listes ou sur le Registre mis en place par la Convention (...) [soit] soumise à l'obtention du consentement libre, préalable et éclairé de la communauté[2] [dont la charge de la preuve incombe à l'État][3]. Ainsi, une communauté est en mesure de refuser qu'une de ses pratiques ou de ses expressions soit patrimonialisée par l'État »[4].

---

[1] Dans le même sens, beaucoup de membres de communautés indigènes aux États-Unis ne souhaitent pas de la protection qui leur est accordée par l'*Indian Arts and Crafts Act* de 1990. Voir *supra* p. 33. Cette loi est régulièrement critiquée, notamment pour la subjectivité des critères d'appartenance aux communautés indigènes qu'elle fixe. Voir HANCE, 2022, op.cit.

[2] L'étude de l'obtention du consentement libre, préalable et éclairé de la communauté a été effectuée à partir des éléments inscrits lors de la 10e session du Comité intergouvernemental pour la sauvegarde du patrimoine culturel immatériel, Windhoek, Namibie, 30 novembre - 4 décembre 2015 cité dans MARTINET, 2019, op.cit., p. 374.

[3] Critères U.4, R.4 et P.5 des Directives opérationnelles pour la mise en œuvre de la Convention pour la sauvegarde du patrimoine culturel immatériel cité dans MARTINET, 2019, op.cit., p. 374.

[4] GRENET, Sylvie, « Le patrimoine culturel immatériel selon la convention de l'UNESCO » dans HOTTIN, Christian, *Le patrimoine culturel immatériel : premières expériences en France*, Paris, Arles : Maison des Cultures du monde, 2011, p. 59 cité dans MARTINET, 2019, op.cit., p. 374.

De plus, selon Madame Manon Baur, « l'esprit de la Convention n'est pas à même de saisir la nature tant morale que commerciale [du phénomène d'appropriation culturelle]. En effet, son approche ne dépasse pas le cadre strict de la sauvegarde, celle-ci visant principalement à assurer la viabilité d'un certain patrimoine culturel immatériel. (...) Si la mention d'une expression culturelle autochtone sur une liste pourrait sensibiliser les tiers (encore faut-il que ceux-ci la consultent), cela ne les empêcherait pas pour autant de s'en inspirer pour leurs créations. La lutte contre le phénomène d'appropriation n'est ainsi en rien renforcée ». La Convention UNESCO de 2003 ne possède donc pas un « caractère juridiquement assez incisif pour permettre l'appréhension de véritables conflits, à la composante mercantile en particulier »[1], tel celui qui occupe la présente recherche.

Également, la Convention présente de nombreux paradoxes. En premier lieu, le terme de « communauté » y est placé au centre sans jamais être défini. Surtout, si la participation des communautés en est un principe pilier, force est de constater que peu de représentants des communautés sont présents lors des réunions statutaires. Finalement, les États contrôlent « l'accès à l'UNESCO et la prise de parole des communautés dans cette enceinte »[2]. Si la Convention impose aux États d'assurer la plus grande participation possible des communautés (article 15), la pratique est encore loin de correspondre à la théorie. Ainsi, pour reprendre l'exemple du processus

---

[1] BAUR, 2020, op.cit., p. 9 / 10. « L'instrument vise (...) exclusivement des actions en amont, sans pour autant énoncer d'éventuels droits que les États parties seraient encouragés à implanter à l'échelon national pour permettre à leurs concitoyens d'agir, en cas de lésion, en aval ». Voir aussi MARTINET, 2019, op.cit., p. 387 : « Cependant, la protection qu'elle offre ne permet pas d'interdire l'utilisation des expressions culturelles traditionnelles par des tiers, même si cette appropriation est offensante ou dénaturante. Les communautés ne sont pas non plus en mesure d'exiger un partage équitable des avantages découlant de cette utilisation de leurs expressions culturelles traditionnelles. En effet, l'inscription sur une des listes de la Convention pour la sauvegarde du patrimoine culturel immatériel n'attribue pas aux communautés un droit de propriété intellectuelle sur leur patrimoine culturel immatériel ».

[2] MARTINET, « L'irruption de la notion de communauté en droit international de la culture », 2021, op.cit.

d'inventoriage, « en pratique, les communautés sont souvent cantonnées à un rôle d'informatrice, sollicitée uniquement à l'étape de la collecte de données sur le terrain »[1]. Plus encore, la Convention UNESCO de 2003 n'a pas réussi à disséminer la notion de « patrimoine culturel immatériel » dans toutes les régions du monde, ce terme étant encore considéré comme faisant partie d'un contexte spécifiquement *UNESCO*[2].

Toutefois, des actions sont menées pour améliorer l'application de la Convention dans le monde, la coopération interétatique et le dialogue avec les communautés. À titre d'exemple, le projet de recherche comparative internationale *Osmose* mené par Anita Vaivade et Marie Cornu a permis aux spécialistes du droit du patrimoine culturel immatériel d'échanger sur les mécanismes de mise en œuvre de la Convention UNESCO de 2003[3]. Car « en dépit des réserves de souveraineté étatique que l'on trouvera toujours dans un traité international, il est manifeste que les rédacteurs de ce traité souhaitaient assurer une participation aussi large et efficace que possible des communautés culturelles à la sauvegarde de leur patrimoine culturel immatériel. (…) Il faudra donc développer de nouvelles structures institutionnelles et construire une nouvelle relation entre les autorités nationales et les communautés locales, ce qui influera entre autres sur la façon dont on tranche la fameuse

---

[1] TORGGLER, Barbara, SEDIAKINA-RIVIÈRE, Ekaterina, BLAKE, Janet, *Évaluation du travail normatif de l'UNESCO dans le domaine de la culture : première partie - Convention de 2003 pour la sauvegarde du patrimoine culturel immatériel, rapport final*, 2013, IOS/EVS/PI/129 REV, p. 53, §178. [En ligne]. URL : http://unesdoc.unesco.org/images/0022/002230/223095f.pdf (consulté le 15 août 2023) cité dans MARTINET, 2019, op.cit., p. 373. Cependant, certains États impliquent davantage leurs communautés dans le processus d'inventoriage. « La Finlande, quant à elle, a lancé un inventaire sous la forme d'un "wiki" afin de recenser le patrimoine culturel immatériel finnois en collaboration immédiate avec les groupes, les associations et les communautés » (p. 373).

[2] ANDRIANOPOULOU, Panayiota. *Appropriation et identification du patrimoine culturel immatériel en Grèce à travers les expressions traditionnelles*, dans SERGO, HOTTIN, SCHMIT, 2020, op.cit., p. 236 - 254. [ANDRIANOPOULOU, 2020].

[3] UNESCO, *Le patrimoine culturel immatériel dans les droits nationaux - Présentation de la recherche comparative internationale « Osmose »*, juin 2018. [En ligne]. URL : https://ich.unesco.org/fr/6-juin-1345-le-patrimoine-culturel-immatriel-dans-les-lois-nationales-01003 (consulté le 15 août 2023).

question, depuis longtemps au cœur des préoccupations : “à qui appartient le patrimoine ?” »[1].

2. Les synergies entre les conventions culturelles de l’UNESCO comme moyen de lutte contre l’appropriation culturelle

Parce que l’UNESCO est le « pilier culturel de la gouvernance mondiale »[2], ses conventions culturelles constituent des instruments fondamentaux pour la protection du patrimoine culturel des communautés à travers le monde. Plus spécifiquement, les synergies entre la Convention UNESCO de 2003 et les 5 autres conventions culturelles permettent, contre toute attente, de renforcer la protection juridique des expressions culturelles traditionnelles contre leur appropriation non autorisée.

Dans un premier temps, les Conventions UNESCO de 1954 et 1970 protègent le patrimoine culturel contre les vols, pillages et spoliations en temps de conflit armé, ainsi que contre son importation, exportation, trafic et transport illicites en temps de paix ; autant d’actes d’appropriation *stricto sensu* et attentatoires à la propriété des communautés sur leur patrimoine. *Idem* pour la Convention UNESCO de 2001 sur le patrimoine culturel subaquatique, particulièrement convoité et menacé par la piraterie. Cependant, pour la présente étude, ces conventions culturelles de l’UNESCO ne sont pas les plus adaptées en ce qu’elles ne concernent pas directement le patrimoine immatériel.

Il en va de même, *a priori*, pour la Convention UNESCO de 1972 sur le patrimoine mondial[3], « premier cadre juridique international reliant la conservation des patrimoines naturel et culturel » et consacrant « un patrimoine sous la responsabilité de la “collectivité internationale” ». Comme l’explique Lily Martinet

---

[1] BLAKE, Janet dans CORNU, FROMAGEAU, HOTTIN, 2013, op.cit., p. 129.

[2] GUÈVREMONT, 2021, op.cit., p. 2.

[3] Voir travaux de Lynn Meskell. « Cependant, même si elle demeure la convention internationale sur le patrimoine culturel la plus ratifiée dans le monde, la Convention de 1972 semble à ce jour avoir suscité davantage la ratification des pays les plus riches que celles des pays les moins développés » cité dans BLAKE, 2001, op.cit. p. 90.

dans sa thèse, « cette convention a été conçue autour de deux pôles : d'une part, la restauration du patrimoine bâti et archéologique et, d'autre part, la protection des parcs et des réserves naturelles »[1]. Ainsi, « le critère d'application de cet instrument reposait sur la présence d'un bien immeuble »[2] (...). « Les expressions culturelles traditionnelles étaient donc exclues du dispositif de protection du patrimoine culturel et naturel mis en place par l'UNESCO »[3].

Cependant, des synergies entre cette convention et celle de 2003 existent et sont pertinentes pour traiter de la lutte anti-appropriationniste. En effet, comme évoqué précédemment, un grand nombre de « biens mixtes » (mêlant culture et nature) inscrits au titre de la Convention de 1972 nécessitent les connaissances ancestrales, techniques traditionnelles et savoir-faire des communautés pour être préservés dans le temps. Réciproquement, un grand nombre de communautés n'envisagent pas leur patrimoine immatériel sans la nature et ses paysages. Le patrimoine mondial n'est donc pas sans lien avec les communautés. Certaines revendiquent à ce jour des inscriptions sur les listes de la Convention, en témoigne le Parc national d'Uluṟu-Kata Tjuṯa en Australie du peuple aborigène des Anangu, inscrit en 1987[4].

Également, « le patrimoine culturel immatériel était à l'origine inclus dans les travaux préparatoires en vue de la Convention [UNESCO de 1972] même si la définition donnée par le texte final n'en fait pas état de manière explicite ». En outre, les critères 3, 5 et 6[5] de la Convention de 1972 font ressortir les liens entre la protection des éléments du patrimoine culturel matériel et immatériel en ce qu'ils requièrent respectivement l'apport d'un « témoignage unique (...) sur une tradition culturelle ou une civilisation vivante ou

---

[1] CAMERON, Christina, « Entre chien et loup : World Heritage Cultural landscapes on the fortieth anniversary of the World Heritage Convention », dans TAYLOR, Ken, ARCHER, St. Clair, MITCHELL, Nora (dir.), *Conserving cultural landscapes: challenges and new directions*, New York : Routledge, 2015, p. 62 cité dans MARTINET, 2019, op.cit., p. 340.

[2] SIMMONDS, Julia, « UNESCO World Heritage Convention », Art, Antiquity and Law, 1997, vol.2 n° 3, p. 256 cité dans MARTINET, 2019, op.cit., p. 340.

[3] MARTINET, 2019, op.cit., p. 340.

[4] UNESCO, Parc national d'Uluṟu-Kata Tjuṯa. [En ligne]. URL : https://whc.unesco.org/fr/list/447/ (consulté le 15 août 2023).

[5] Pour inscrire un bien sur la Liste du patrimoine mondial, la Convention UNESCO de 1972 prévoit une liste de 10 critères non cumulatifs à remplir.

disparue », d'un « exemple éminent d'établissement humain traditionnel (...) qui soit représentatif d'une culture (...) » et un lien direct ou matériel avec « des événements ou des traditions vivantes, des idées, des croyances ou des œuvres artistiques et littéraires ayant une signification universelle exceptionnelle »[1]. Autrement dit, la protection offerte par la Convention UNESCO de 1972 sur le patrimoine mondial permet, dans une certaine mesure, la préservation des expressions culturelles traditionnelles par le biais de la protection des espaces sur lesquels elles s'exercent et évoluent.

La Convention UNESCO de 1972 et celle de 2003 ont donc un grand nombre de choses à apprendre l'une de l'autre et peuvent être invoquées ensemble pour protéger le patrimoine culturel dans tous ses aspects, notamment en justifiant la lutte contre son appropriation non consentie et abusive par les tiers. À titre d'exemple, « le dispositif garantissant la participation des communautés en matière de patrimoine culturel immatériel a été, en somme, transposé au patrimoine mondial » donnant ainsi aux populations autochtones concernées par ce dernier « une forme d'autodétermination en matière de patrimoine culturel »[2].

Également, les synergies entre la Convention UNESCO de 2003 et celle de 2005 sur la diversité culturelle peuvent renforcer l'effectivité des instruments juridiques disponibles en droit du patrimoine culturel pour lutter contre l'appropriation abusive des expressions culturelles traditionnelles. Reprenant les bases de la *Déclaration universelle de l'UNESCO sur la diversité culturelle de 2001*, cette convention consacre la préservation de la diversité culturelle[3], entendue comme la diversité des formes de patrimoine culturel et de pratiques culturelles[4], en tant que « patrimoine commun de l'humanité »[5]. Sa finalité est notamment la coexistence des identités culturelles des communautés et elle prend en considération leur pluralité ainsi que la nécessité de les protéger contre les différentes

---

[1] UNESCO, *Les critères de sélection*. [En ligne].
URL : https://whc.unesco.org/fr/criteres/ (consulté le 15 août 2023).
[2] MARTINET, 2019, op.cit., p. 375.
[3] UNESCO, *Diversité culturelle : patrimoine commun, identités plurielles*, 2002, p. 17. [En ligne]. URL : https://unesdoc.unesco.org/ark:/48223/pf0000127161_fre (consulté le 15 août 2023).
[4] Article 4 Convention UNESCO de 2005.
[5] Article 1 Déclaration universelle sur la diversité culturelle UNESCO de 2001.

menaces qui pèsent sur elles et leur patrimoine, telles que la mondialisation et surtout, la commercialisation et les excès du libre-échange. Comme l'explique Manon Baur :

> « Il est indéniable que l'approche proposée est novatrice, en comparaison avec le régime prévu par la [Convention UNESCO de 2003]. Par exemple, la composante double (identitaire et commerciale) qui caractérise les expressions culturelles est expressément reconnue (considération introductive n° 18). [Cependant, une] telle mention ne dépasse pas le cadre (pratiquement inopérant) du symbolique, [en ce que] l'instrument ne traite pas lui-même de cette dualité, mais ne fait que renvoyer aux instruments internationaux pertinents (art. 20), de propriété intellectuelle notamment (considération introductive n° 17), réaffirmant ainsi la complémentarité qui existe entre eux. (...) L'instrument vise ainsi à donner un caractère proactif à la culture, en lui permettant de s'épanouir et d'interagir. Or, nous doutons qu'une telle philosophie ne coïncide avec la volonté autochtone de renforcer le contrôle des communautés sur leur patrimoine immatériel, de telle sorte à le rendre le plus exclusif possible. [Finalement], l'approche adoptée par la Convention (...) ne permet pas, à elle seule du moins, de renforcer la protection particulière que recherchent les communautés indigènes face au phénomène d'appropriation »[1].

B. L'appropriation culturelle, une notion encore absente des travaux de l'UNESCO

Malgré le rôle cardinal de l'UNESCO et de ses travaux dans la protection des identités culturelles et du patrimoine culturel immatériel des communautés, la lutte contre l'appropriation culturelle n'est pas clairement établie comme un objectif de l'Organisation. Plus encore, la notion n'est consacrée dans aucun texte officiel, en ce qu'elle est ambiguë, controversée, embarrassante voire menaçante pour la diplomatie culturelle. En effet, les acteurs des relations

---

[1] BAUR, 2020, op.cit., p. 9/10.

internationales ne semblent, à ce jour, pas encore prêts à reconnaître publiquement cette notion et ce, pour des raisons justifiées[1] (1). Cette reconnaissance en droit international de la notion d'appropriation culturelle pourrait donc provenir des États directement, et non *par le haut via* l'échelon supra-national. Pourtant, les États eux-mêmes sont très divisés sur la question (2).

1. L'absence de reconnaissance de l'appropriation culturelle dans les textes de l'UNESCO

Si elle est connue de la scène internationale, la notion d'appropriation culturelle est absente des travaux officiels de l'UNESCO à ce jour. En effet, les textes des conventions parlent parfois d'« acte d'hostilité à l'égard des biens culturels », d'« acte de vol, de pillage ou de détournement des biens culturels » ou, pour le patrimoine culturel immatériel, de « situations de menace grave contre les expressions culturelles traditionnelles », mais le terme d'appropriation n'est pas consacré. Pour cause, la notion d'appropriation culturelle crée de nombreux conflits au niveau international ; beaucoup d'États ne s'entendent pas sur sa définition et n'ont pas intérêt à la reconnaître officiellement, en ce que cette notion a trait à leur souveraineté propre et à leurs rapports avec leurs communautés et peuples autochtones. Il semble donc audacieux pour l'UNESCO de consacrer officiellement la notion d'appropriation culturelle au risque de remettre en cause la paix au sein des relations internationales.

Pourtant, la Déclaration sur les politiques culturelles et le développement durable – dite MONDIACULT - de 2022, adoptée à l'unanimité par les États membres de l'UNESCO, qui fait de la culture un « bien public mondial », emploie explicitement le terme « d'appropriation illicite » pour qualifier les situations de pillages et spoliations rendant nécessaires les retours et restitutions de biens culturels. En effet, son §17 appelle à « un dialogue international ouvert et inclusif pour le retour et la restitution de biens culturels aux pays d'origine (…) en tant qu'impératif éthique pour favoriser le

---

[1] L'UNESCO doit, par exemple, respecter les limites imposées par le principe de souveraineté étatique.

droit des peuples et des communautés à jouir de leur patrimoine culturel (...) en vue de renforcer (...) la transmission intergénérationnelle du patrimoine culturel »[1]. Ces arguments pourraient être transposés à ceux de la lutte contre l'appropriation culturelle et la protection du patrimoine culturel immatériel des communautés, telles que décrites par la présente recherche.

Surtout, au fur et à mesure des décennies, la protection juridique du patrimoine culturel s'est accompagnée de la protection, par la coopération internationale, des droits des communautés sur leur patrimoine culturel, notamment immatériel, et sur leur identité culturelle. En effet, « les instruments de l'UNESCO relatifs au patrimoine mettent de plus en plus l'accent sur l'importance du patrimoine culturel pour la construction et l'expression de l'identité culturelle et sur le lien entre le patrimoine culturel et la diversité culturelle. En d'autres termes, on est passé de la sauvegarde du patrimoine culturel pour le grand public à la protection du patrimoine culturel des communautés concernées et pour elles »[2]. Ainsi, la protection des expressions culturelles traditionnelles et des droits des communautés sources sur celles-ci pourrait être perçue comme un moyen pour justifier la lutte contre toute forme d'expropriation culturelle par les tiers.

Le Courrier de l'UNESCO, l'organe de presse de l'Organisation créé en 1948 qui publie régulièrement des articles sur des sujets d'actualité liés à l'éducation, la science ou la culture, a pourtant consacré la notion d'appropriation culturelle et ses conséquences sur les droits et la protection du patrimoine culturel immatériel des communautés sources. En effet, dans un article paru en 2021 intitulé « À qui profite l'ethnique ? » écrit par l'anthropologue mexicaine Marta Turok, spécialiste des tissages traditionnels, *le Courrier de l'UNESCO* traite des enjeux de l'appropriation non consentie des motifs traditionnels dits « ethniques » de certains peuples autochtones

---

[1] §17 Déclaration sur les politiques culturelles et le développement durable - dite MONDIACULT - de 2022.

[2] DONDERS, 2020, op. cit., p. 5 : « En conséquence, les éléments d'une approche fondée sur les droits de l'homme, y compris la valeur de la dignité humaine et les principes de participation, de contribution et d'accès, sont de plus en plus présents dans ces instruments, reflétant un consensus croissant entre les États sur ces questions ».

du Mexique et particulièrement en vogue auprès des grandes marques de l'industrie de la mode. Dans cet article, l'auteur « plaide pour une meilleure prise en compte des droits et des intérêts des communautés autochtones »[1]. Cependant, cette initiative n'a aucune valeur juridique ; il s'agit d'un article de presse et non d'un texte officiel de l'UNESCO approuvé et signé par les États membres. Ainsi, la notion d'appropriation culturelle reste au cœur d'un vide juridique à ce jour. Or, il semblerait aujourd'hui que seule l'UNESCO, principale organisation internationale en matière culturelle, puisse impulser, sur la scène internationale, un mouvement de reconnaissance officielle de la notion d'appropriation culturelle.

Pourtant, l'OMPI avait, à un moment donné, consacré la notion d'appropriation culturelle dans ses travaux, reconnaissant alors la nécessité de comprendre les enjeux de cette notion pour protéger au mieux les expressions culturelles traditionnelles[2]. Cependant, plutôt que de parler directement d'« appropriation culturelle », elle avait opté pour la notion d'« appropriation illicite des expressions culturelles traditionnelles ». En effet, le *Comité intergouvernemental de la propriété intellectuelle relative aux ressources génétiques, aux savoirs traditionnels et au folklore*, dans sa session du 3 mars 2017, a pu élaborer un projet d'articles sur la protection des expressions culturelles traditionnelles visant à « empêcher l'appropriation illicite [*misappropriation*] et l'utilisation abusive/offensante et désobligeante de leurs expressions culturelles traditionnelles » et « l'appropriation illicite d'expressions culturelles traditionnelles protégées »[3]. Le Comité intergouvernemental

---

[1] TUROK, Marta, *À qui profite l'« ethnique » ?*, Le Courrier de l'UNESCO, 2021. [En ligne]. URL : https://fr.unesco.org/courier/2021-1/qui-profite-ethnique (consulté le 15 août 2023).

[2] L'OMPI a un rôle fondamental dans la protection du patrimoine culturel immatériel, et collabore régulièrement avec l'UNESCO en la matière. Son organe de presse, *l'OMPI Magazine*, a également eu l'occasion de traiter publiquement des enjeux de l'appropriation culturelle sur la protection des expressions culturelles traditionnelles dans le secteur de la mode. Voir en ce sens : VÉZINA, Brigitte. *La propriété intellectuelle au service de la lutte contre l'appropriation culturelle dans le secteur de la mode,* OMPI Magazine. Août 2019. [En ligne]. URL : https://www.wipo.int/wipo_magazine/fr/2019/04/article_0002.html (consulté le 15 août 2023).

[3] OMPI, *The protection of traditional cultural expressions: draft articles,* Facilitators, Rev. 2 (as at the close of IGC 33, 3 mars 2017. [En ligne]. URL :

proposait ainsi deux définitions de ce qu'il considère être l'appropriation illicite des expressions culturelles traditionnelles, soit « tout accès ou utilisation sans consentement préalable en connaissance de cause ou approbation ou participation et, le cas échéant, dans des conditions n'ayant pas été mutuellement convenues, à quelque fin que ce soit » ou encore lorsque « l'utilisateur a acquis les savoirs traditionnels auprès de leur détenteur par des moyens abusifs ou par abus de confiance induisant une violation de la législation nationale du pays fournisseur »[1]. « Des exemples concrets (...) d'appropriation illicite d'expressions culturelles traditionnelles ont été recensés [par l'OMPI] »[2] et :

> « donnent à penser que ces communautés et autres parties prenantes souhaitent obtenir une protection contre les utilisations non autorisées des expressions culturelles traditionnelles, telles que la reproduction, l'adaptation, la distribution, l'interprétation ou exécution et d'autres actes, en particulier à des fins commerciales ; les utilisations insultantes, dégradantes ou culturellement et spirituellement offensantes des expressions culturelles traditionnelles ; l'appropriation de la réputation ou du caractère distinctif des expressions culturelles traditionnelles par évocation d'un produit traditionnel authentique, par utilisation d'indications trompeuses ou fallacieuses quant à

---

https://www.wipo.int/edocs/mdocs/tk/en/wipo_grtkf_ic_33/facilitator_s_text_rev_2.pdf (consulté le 15 août 2023).

[1] GOSS, Ian (président de l'IGC), *Note d'information en vue de la trente et unième session de l'IGC*, OMPI, Document WIPO/GRTKF/IC/31/4, §29. [En ligne].
URL : https://www.wipo.int/edocs/mdocs/tk/fr/wipo_grtkf_ic_31/wipo_grtkf_ic_31_ref_information_note.pdf (consulté le 15 août 2023).

[2] « Il est notamment question de l'exploitation de la musique et des chants traditionnels, des arts visuels (notamment la peinture), des instruments musicaux traditionnels, des dessins et modèles et des "styles" incorporés dans les produits artisanaux et d'autres arts créatifs (...) » cité dans Comité intergouvernemental de la propriété intellectuelle relative aux ressources génétiques, aux savoirs traditionnels et au folklore de l'OMPI, *Projet Analyse des lacunes en matière de protection des expressions culturelles traditionnelles ou expressions du folklore*, OMPI, 30 mai 2008, p. 7. [En ligne].
URL : https://www.wipo.int/tk/fr/igc/docs/tce_gap_analysis.doc (consulté le 15 août 2023).

> l'authenticité ou l'origine ou par adoption de leur "style" ; l'omission de l'indication de la source lors de l'utilisation d'expressions culturelles traditionnelles ; l'obtention par des tiers de droits de propriété intellectuelle sur les expressions culturelles traditionnelles ou des adaptations de celles-ci ; et, la divulgation non autorisée des expressions culturelles traditionnelles confidentielles ou secrètes »[1].

Cependant, les études et travaux sur la question n'ont pas été plus aboutis par l'OMPI.

De plus, même si l'UNESCO « a le mérite d'aller loin dans l'affirmation de la singularité des cultures »[2] et dans la protection du patrimoine immatériel et des identités culturelles, ses États membres eux-mêmes refusent pour beaucoup la consécration de la notion d'appropriation culturelle en droit ; d'autres, en revanche, prennent progressivement en compte cette notion et ses conséquences dans leur action normative.

2. Les perceptions contrastées des États membres de l'UNESCO sur l'appropriation culturelle

La notion d'appropriation culturelle est tantôt reconnue parmi les États membres de l'UNESCO, tantôt rejetée. Ces ambivalences de positionnement s'expliquent par un contexte historique et politique différent selon les territoires. En effet, certains États, de par leur passé colonial notamment, ont une relation davantage étroite avec leurs communautés culturelles et consacrent juridiquement la reconnaissance des identités et des droits des peuples autochtones, comme c'est notamment le cas des États-Unis[3], du Canada ou de la Nouvelle-

---

[1] *Ibid.*, p. 11.

[2] FAES, Hubert, *Droits de l'homme et droits culturels*, Transversalités, 2008/4 (N° 108), p. 85-99, §11. DOI : 10.3917/trans.108.0085.
URL : https://www.cairn.info/revue-transversalites-2008-4-page-85.htm [FAES, 2008].

[3] Ce point sera relativisé par la suite : voir *infra* p. 156-157. Les États-Unis sont de nouveaux membres de l'UNESCO depuis 2023.

Zélande. Toutefois, si la question des droits fondamentaux des communautés sources est intimement liée à la notion d'appropriation culturelle, comme la présente recherche tente de le démontrer, elle n'équivaut pas à la reconnaissance normative et juridique par ces États de la notion d'appropriation non consentie des expressions culturelles traditionnelles. En effet, peu d'États utilisent ce terme d'« appropriation » au sein de leurs législations nationales lorsqu'il s'agit de traiter de la protection du patrimoine culturel immatériel des communautés.

Le Canada fait office d'exception dans ce domaine et ce, depuis quelques années. Le Conseil des arts du Canada, organisme principal de soutien aux arts dans le pays et de conseil au Gouvernement canadien[1], est ainsi actif dans la recherche et les travaux sur la notion d'appropriation culturelle eu égard à la protection du patrimoine culturel immatériel des peuples autochtones. Ainsi, en 2017, le Conseil des arts canadien défendait publiquement « l'idée que la délégation des débats sur les enjeux de l'appropriation culturelle et du racisme systémique vers ces espaces invisibles et inaudibles s'apparente à une stratégie politique d'évitement des discussions véritablement démocratiques »[2]. Paradoxalement, le Canada n'est, à ce jour, pas partie à la Convention UNESCO de 2003 sur la sauvegarde du patrimoine culturel immatériel[3].

Actuellement, les États membres de l'UNESCO développent leurs propres règles normatives sur la question de la protection juridique des expressions culturelles traditionnelles contre toute forme de menace pesant sur elles. S'il ne s'agit pas de lois de lutte contre l'appropriation culturelle à proprement parler, il est aisé de constater que leurs objectifs sont similaires. À cet égard, comme il s'agira de le voir ultérieurement, certains États membres originaires d'Amérique latine se sensibilisent de plus en plus aux enjeux de

---

[1] Créé en 1957, son budget annuel est voté par le Parlement canadien.

[2] BRUNETTE, 2020, op.cit. : Il semblerait toutefois que le Conseil des arts du Canada « privilégie une stratégie d'évitement » et « renvoie la décision [sur l'appropriation culturelle] vers les artistes individuels, d'une part, et vers les comités de pairs, d'autre part, (...) ». Or, ce faisant, il n'apporte qu'une « réponse ponctuelle à un problème pourtant reconnu comme systémique ».

[3] À l'instar des États-Unis, de l'Australie ou de la Nouvelle-Zélande.

l'appropriation des expressions culturelles traditionnelles des communautés.

En Afrique, le Kenya, État partie à la Convention UNESCO de 2003 depuis 2007, a adopté une loi de propriété intellectuelle en 2016 visant à protéger les éléments du patrimoine culturel immatériel des communautés culturelles, notamment du peuple Maasaï – du Kenya et de Tanzanie – et ce, alors que la région a longtemps été « marqué[e] par les expulsions du peuple Maasaï hors de leurs terres ancestrales, déterminantes pour leur survie »[1]. En effet, l'adoption du « Traditional Knowledge and Traditional Cultural Expressions Act »[2], par le Gouvernement kenyan, a permis de protéger et promouvoir les savoirs traditionnels et les expressions culturelles traditionnelles des Maasaï, notamment en leur donnant un contrôle sur leur patrimoine culturel s'agissant de leur exploitation commerciale[3].

Cependant, ces initiatives normatives de protection des expressions culturelles traditionnelles contre les diverses formes d'appropriation sont parfois peu effectives en pratique. En effet, leur application sur le terrain est souvent difficile et les États n'assurent

---

[1] MITTAL, Anuradha, *Le plan de l'UNESCO et du gouvernement tanzanien menace la survie des Massaï*, Ritimo, Oakland Institute, 6 novembre 2019. [En ligne]. URL : https://www.ritimo.org/Le-plan-de-l-UNESCO-et-du-gouvernement-tanzanien-menace-la-survie-des-Massai (consulté le 15 août 2023).
[2] Dit « TK & TCEs Act ». [En ligne].
URL : http://kenyalaw.org/kl/fileadmin/pdfdownloads/Acts/ProtectionofTraditionalKnowledgeandCulturalExpressionsAct_No33of2016.pdf (consulté le 15 août 2023).
[3] LANOI LELETO, Naomi, *Maasai resistance to cultural appropriation in tourism*, The Indigenous Peoples' Journal of Law, Culture, & Resistance, 2019, Vol.5, 2019, p. 23/24/25 et 30. [En ligne]. URL : https://www.jstor.org/stable/10.2307/48671862 (consulté le 15 août 2023). « Le tourisme est une immense opportunité économique pour les Maasaï. Mais le tourisme contribue également à la dilution de la culture maasaï, car de plus en plus de Maasaï commercialisent leur culture à des fins touristiques ». À titre d'exemple, « les Maasaï ont maintenant perfectionné l'art de danser pour les touristes qui viennent dans leurs villages. À l'origine, ces danses étaient exécutées lors d'occasions traditionnelles spéciales, mais aujourd'hui, elles sont pratiquées pour de l'argent ». Plus généralement, selon Naomi Lanoi Leleto, « les peuples autochtones du monde entier luttent pour protéger leur mode de vie et leurs biens culturels contre les dommages causés par l'appropriation ».

pas les moyens de leur mise en œuvre. Plus encore, les communautés sources n'en ont parfois pas connaissance et certains problèmes d'intelligibilité des lois les empêchent de comprendre les modalités de leur application.

Une prise en compte du phénomène d'appropriation abusive des expressions culturelles traditionnelles par l'UNESCO pourrait ainsi permettre de combler le vide juridique entourant cette notion et ses enjeux. Pour ce faire, l'action des États membres est fondamentale. Si la lutte contre l'appropriation culturelle n'est pas encore pleinement reconnue en droit comme un moyen de protection du patrimoine culturel immatériel des communautés sources, une prise de conscience sur ses enjeux et conséquences émerge progressivement. Au niveau de l'UNESCO, lorsque les États membres ne parviennent plus à une dynamique consensuelle sur la protection du patrimoine culturel immatériel et entrent dans une dynamique conflictuelle, dans laquelle les instruments du droit du patrimoine culturel sont parfois inopérants ou insuffisants, les droits fondamentaux peuvent tenter de pallier ces manquements.

§ 2 : Les droits culturels et humains

Les droits humains et, parmi eux, les droits culturels, peuvent être des outils précieux à la lutte contre l'appropriation culturelle et pour la sauvegarde du patrimoine immatériel, dans l'espoir de combler les éventuelles lacunes laissées par le droit international du patrimoine culturel en la matière. « L'inclusion des communautés dans les instruments internationaux du droit de la culture correspond à une jonction entre les droits de l'homme et le droit du patrimoine culturel »[1]. « À cet égard, une communauté peut, pour protéger son identité culturelle, se prévaloir d'une catégorie particulière de droits de l'homme : les droits culturels »[2]. En effet, reconnaissant les droits fondamentaux des communautés et peuples autochtones ainsi que leur droit de préserver leur patrimoine culturel immatériel, les droits culturels et les autres droits humains contiennent de nombreux outils

[1] MARTINET, « L'irruption de la notion de communauté en droit international de la culture », 2021, op.cit., §17.
[2] MARTINET, 2019, op.cit., p. 237.

juridiques pertinents contre l'expropriation culturelle. Il s'agira alors d'étudier l'irruption de ces droits fondamentaux en droit international et leur rôle dans la protection des expressions culturelles traditionnelles (A), avant de considérer qu'ils puissent servir d'outils juridiques nécessaires à la lutte contre l'appropriation culturelle (B).

A. La consécration progressive des droits culturels et humains dans les textes internationaux

> *"The inclusion of intangible elements into the definition of the concept of cultural heritage has enhanced the human dimension of cultural heritage and has thereby strengthened the human rights approach to cultural heritage"*[1].
>
> Yvonne Donders.

Afin de mieux saisir ce que représentent les droits culturels et les droits humains pour servir le propos de la présente recherche, il est important d'étudier leur apparition en droit international et les textes fondamentaux qui les consacrent à ce jour. Les droits culturels, de par leur spécialisation, sont nécessaires à la préservation des expressions culturelles traditionnelles en ce qu'ils permettent aux communautés d'avoir un droit *au* patrimoine culturel et à sa préservation en tout état de cause (1). Ils font partie de la catégorie plus large des droits fondamentaux, et plus encore, des droits humains, parmi lesquels les droits des minorités et des peuples autochtones se sont développés à partir de la seconde moitié du XXe siècle (2).

1. Les principaux textes juridiques de protection des droits culturels

Les droits culturels sont apparus parmi les droits humains dans le courant du XXe siècle et continuent aujourd'hui de prendre en

[1] DONDERS, 2020, op.cit., p. 8.

importance sur la scène juridique internationale[1]. Bien que « souvent présentés comme une catégorie sous-développée des droits de l'homme[2] ou jugés superflus, ils forment l'ossature juridique sur laquelle s'appuie le droit international relatif à la culture. Sans ces droits, la protection des identités culturelles, dont les expressions culturelles traditionnelles font partie, serait inefficace »[3].

Marie Cornu définit les droits culturels par rapport à l'identité culturelle, comme « l'ensemble des références culturelles par lesquelles une personne, seule ou en commun, se définit, se constitue, communique et entend être reconnue dans sa dignité ». « Promus dans un premier temps dans les textes relatifs au droit des peuples autochtones, et plus récemment dans la [Déclaration ONU de 2007], ils se diffusent aujourd'hui très largement dans le droit international de la culture. La Convention de 2003 pour la sauvegarde du patrimoine culturel immatériel en est une des manifestations »[4]. Parce qu'ils découlent des droits humains, les droits fondamentaux ont permis la découverte des droits culturels et notamment, « le droit humanitaire international, qui s'est développé à partir de la *Déclaration universelle des droits de l'Homme* [DUDH], comporte plusieurs instruments normatifs traitant des droits culturels »[5]. Ce

[1] Avant toute chose, il convient de préciser que les droits culturels n'évoquent dans aucune convention internationale le terme de « patrimoine culturel immatériel ». Cependant, ils restent utiles au sujet du présent mémoire et seront, à ce titre, appliqués ici eu égard à la protection des expressions culturelles traditionnelles et du patrimoine intangible.

[2] Voir MEYER-BISCH, Patrice, « Les Droits culturels : une catégorie sous-développée de droits de l'homme », Colloque interdisciplinaire sur les droits de l'Homme, Fribourg : Éditions universitaires, 1993, 360 p. cité dans MARTINET, 2019, op.cit., p. 239. Voir aussi HANCE, 2021, op.cit., §19 : « La reconnaissance de la participation des communautés détentrices dans le domaine du patrimoine culturel fait appel à un corpus d'outils juridiques plus large souvent mentionné sous la notion de "droits culturels". Les droits culturels peuvent être définis comme l'ensemble des droits fondamentaux "qui permettent à chacun d'accéder aux ressources nécessaires à son processus d'identification, les droits qui lui permettent de donner et de recevoir. Dit en raccourci : les droits à l'identité" ».

[3] MARTINET, 2019, op.cit., p. 239.

[4] Convention-cadre du Conseil de l'Europe sur la valeur du patrimoine culturel pour la société du 27 octobre 2005 cité dans CORNU, Marie, « À qui appartient le patrimoine culturel immatériel ? », op.cit., p. 259.

[5] SINGH, Kishore, « L'UNESCO et les droits culturels » dans « Pour ou contre les droits culturels ? Recueil d'articles pour commémorer le 50e anniversaire de la Déclaration universelle des droits de l'Homme », UNESCO, 1998, p. 243 [En

sont les articles 27 de la DUDH de 1948, 15 § 1(a) du *Pacte international relatif aux droits économiques, sociaux et culturels* (PIDESC) et 27 du *Pacte international relatif aux droits civils et politiques* qui consacrent l'importance des droits culturels à travers la nécessité de prendre part à la vie culturelle de la communauté[1].

Aujourd'hui, « les droits culturels protègent les identités culturelles des assauts menés par les États et par la mondialisation »[2]. Au niveau étatique, « les droits culturels soutiennent au sein des États le pluralisme culturel indispensable à l'affirmation d'identités culturelles collectives de communautés, comme les minorités et les peuples autochtones »[3] et « jouent un rôle majeur dans la sauvegarde du patrimoine immatériel indispensable à la perpétuation de l'identité sociale et culturelle du groupe qui le crée et le maintient. Les traditions culturelles étant souvent ce qui donne aux humains un sens de leur identité, qui peut être au cœur même de leur dignité personnelle, les droits culturels devraient se traduire par une priorité dans l'accès à ces traditions culturelles et dans l'enseignement de celles-ci »[4]. Du fait de leur importance dans la défense des identités culturelles des communautés, ils semblent pouvoir s'appliquer à la lutte juridique contre l'expropriation culturelle. Une communauté peut donc invoquer la défense de ses droits culturels en tant

---

ligne]. URL : https://unesdoc.unesco.org/ark:/48223/pf0000114843_fre (consulté le 15 août 2023). [SINGH, 1998].

[1] Ces trois articles sont souvent considérés comme le socle principal des droits culturels même s'ils « se déploient aussi dans une diversité de droits fondamentaux comme le droit à l'éducation, la liberté d'expression, la liberté de religion, le principe de non-discrimination. Cet ensemble de droits est considéré de nos jours comme nécessaire au maintien de la diversité culturelle, reconnu comme l'un des fondements de la réalisation de l'État de droit » cité dans HANCE, 2021, op.cit., §19. Au fur et à mesure des années, certains textes juridiques internationaux et conventions ont porté spécifiquement sur les droits culturels, indépendamment des autres droits humains.

[2] MARTINET, 2019, op.cit., p. 239.

[3] *Ibid.*, p. 445. Les droits culturels sont eux-mêmes composés de plusieurs droits, dont le droit au patrimoine culturel et à sa protection, le droit à l'éducation culturelle, le droit de participer à la vie culturelle, le droit de bénéficier des progrès scientifiques, le droit à la protection des intérêts moraux et matériels découlant de toute production scientifique, littéraire ou artistique ou encore la liberté de la recherche scientifique et des activités créatrices (MARTINET, 2019, op.cit., p. 241).

[4] BLAKE, 2001, op.cit., p. 15/16.

qu'argument juridique justifiant la lutte contre l'expropriation culturelle dont elle souffre.

Dr Janet Blake souligne en ce sens que « la question des droits culturels a sa place dans la protection du patrimoine immatériel et de la propriété culturelle et intellectuelle correspondante. (...) Cela a une incidence sur la promotion des droits culturels de communautés dont le patrimoine immatériel est menacé par diverses formes de coopération internationale »[1]. Ainsi, « l'UNESCO a élaboré de nombreux instruments normatifs dans le cadre de ses domaines de compétence, dont plusieurs sur les droits culturels. (...) Ces instruments normatifs sont plus ou moins contraignants selon qu'il s'agit de conventions et d'accords ou de déclarations et recommandations. La plupart énoncent des mesures que les États doivent prendre ou auxquelles ils sont censés donner suite ; quelques-uns d'entre eux traitent des droits des personnes et des peuples. Mais tous créent un contexte propice à l'épanouissement de la liberté d'exercer, de développer et de protéger une culture »[2].

Dans le domaine des droits culturels, la Convention de Faro de 2005 du Conseil de l'Europe et plus encore, la Déclaration de Fribourg sur les droits culturels de 2007, sont incontournables en la matière[3]. « Mais c'est sans doute la Déclaration de Mexico sur les politiques culturelles de 1982 qui exprime le mieux le principe fondateur tant des droits culturels que de la diversité culturelle : "La culture émane de la communauté tout entière et c'est à elle qu'elle doit retourner" »[4]. Les droits culturels permettent le droit à la diversité culturelle et à la préservation des spécificités culturelles des communautés sources contre le risque d'appropriation culturelle.

En droit français, les droits culturels sont consacrés, selon les préconisations de l'article 11 de la Déclaration de Fribourg, à travers

---

[1] *Ibid.*, p. 15.

[2] Voir SINGH, 1998, op.cit., p. 244.

[3] Voir FAES, 2008, op.cit.

[4] FNCC (Fédération nationale des collectivités territoriales pour la culture), « Sources et enjeux des droits culturels », *Les documents de la FNCC, Culture et politique*, mars 2017, p. 6. [En ligne]. URL : https://docplayer.fr/148119109-Culture-et-politique.html (consulté le 16 août 2023). [FNCC, 2017].

les lois dites NOTRe[1] et LCAP[2] grâce auxquelles « la référence aux droits culturels devient explicite et légale en France »[3]. Cependant, ils ne font pas l'unanimité et posent de nombreuses questions. Ils ne sont parfois pas perçus comme de véritables droits humains. Dans une certaine mesure, ils demeurent « un outil d'interrogation, non une réponse »[4]. Il apparaît toutefois important de les prendre en compte dans la présente recherche. Selon Patrice Meyer-Bisch, figure de l'étude des droits culturels, « observer une situation au regard des droits culturels, c'est déjà les mettre en œuvre »[5].

2. Les principaux textes juridiques de protection des droits humains

Les droits de l'Homme, ou droits humains, ont fait leur apparition dans un contexte historique d'émancipation des populations face à l'absolutisme monarchique, au moment de la création des États-Nations[6]. À l'époque contemporaine, « la [DUDH] est adoptée au lendemain de la Seconde Guerre mondiale, le 10 décembre 1948, par les Nations unies. (...) Pour Douglas Griffin, avocat américain, "cette internationalisation est l'un des principaux héritages légués par le XXe siècle. Elle consacre la reconnaissance de l'individu en tant que tel et instaure la nécessité d'une défense internationale par la coopération entre les États" »[7]. Les droits fondamentaux et

---

[1] Articles 103 et 28A Loi portant nouvelle organisation territoriale de la République du 7 août 2015.

[2] Article 3 Loi relative à la liberté de la création, à l'architecture et au patrimoine du 7 juillet 2016.

[3] SOURISSEAU, OFFROY, 2019, op.cit., p. 37.

[4] FNCC, 2017, op.cit., p. 16. Citation de Florian SALAZAR-MARTIN.

[5] PAIDEIA 4D, *Du droit à la culture aux droits culturels. Une première année d'observation et d'évaluation des politiques publiques départementales au regard des droits culturels*, 2013 cité dans SOURISSEAU, OFFROY, 2019, op.cit., p. 53.

[6] En France, le terme de *droits de l'Homme* est apparu pour la première fois lors de la *Déclaration des droits de l'Homme et du citoyen de 1789*, plus d'une décennie après la *Déclaration d'indépendance américaine de 1776*, considérée par de nombreux historiens comme le premier texte de protection des droits de la personne humaine.

[7] MARTIN, Alexandre, *Historique des droits de l'Homme*, Le Monde, 14 août 2003. [En ligne].

libertés individuelles sont alors considérés comme faisant partie de la grande catégorie des droits humains que doivent garantir les États sur leur territoire.

Après le traumatisme des conflits armés du XXe siècle, la nécessité d'élargir et d'internationaliser les droits humains s'est fait ressentir. Ainsi, le Pacte international relatif aux droits civils et politiques du 16 décembre 1966, adopté par l'Assemblée générale des Nations unies dans sa résolution 2200 A (XXI) et le PIDESC, adopté la même année, ont permis de protéger le droit à la vie, à la santé, à l'éducation, à la religion, à un procès équitable, à l'intégrité physique, à un niveau de vie décent, etc. en les consacrant au rang de droits fondamentaux sur la scène internationale.

Dans les années 1970, dans la continuité du processus de décolonisation ainsi que de la prise de conscience internationale des rapports de domination entre les pays du Nord et du Sud, le domaine des droits de l'Homme a adopté une nouvelle spécialisation en faveur des minorités culturelles, des communautés et des peuples autochtones, alors que les droits humains avaient longtemps été critiqués pour leur caractère trop général et abstrait[1].

À cet égard, « la [Déclaration ONU de 2007] est le texte le plus récent et, sans aucun doute, le plus abouti sur la question patrimoniale ». En effet, s'agissant du patrimoine immatériel, son article 11 dispose que « les peuples autochtones ont le droit d'observer et de revivifier leurs traditions culturelles et leurs coutumes. Ils ont notamment le droit de conserver, de protéger et de développer les manifestations passées, présentes et futures de leur culture, telles que les sites archéologiques et historiques, l'artisanat, les dessins et modèles, les rites, les techniques, les arts visuels et du spectacle et la littérature ». Également, l'article 13 proclame « le droit de revivifier, d'utiliser, de développer et de transmettre aux générations futures leur histoire, leur langue, leurs traditions orales, leur philosophie, leur système d'écriture et leur littérature, ainsi que

---

URL : https://www.lemonde.fr/international/article/2003/08/14/historique-des-droits-de-l-homme_330502_3210.html#:~:text=Mais%20la%20quasi%2Dtotalité%20des,des%20droits%20de%20l%27homme (consulté le 16 août 2023).

[1] Pour en savoir plus : Voir FAES, 2008, op.cit.

de choisir et de conserver leurs propres noms pour les communautés, les lieux et les personnes »[1].

D'autres conventions internationales protègent également les droits des peuples autochtones eu égard à leurs ressources et à leur identité culturelles. Ainsi, la *Convention sur la diversité biologique* de 1992 rappelle l'importance de la diversité biologique pour les traditions des communautés locales. De la même façon, les travaux de l'OIT sur les droits des peuples autochtones sont novateurs en la matière, en ce qu'ils mentionnent directement la notion d'appropriation culturelle[2] et protègent les droits des communautés, notamment par la *Convention numéro 169*[3] *relative aux peuples indigènes et tribaux* de 1989. Selon Yvonne Donders, la *Déclaration de l'UNESCO concernant la destruction intentionnelle du patrimoine culturel* adoptée en 2003 a également contribué à réaffirmer le lien entre le patrimoine culturel et les droits humains[4].

L'Europe a, elle aussi, contribué de manière significative à la reconnaissance des droits humains et libertés fondamentales pouvant servir d'outils juridiques à la protection des expressions culturelles traditionnelles contre toute forme d'appropriation abusive[5]. Le Conseil de l'Europe a été la première organisation à avoir proclamé

---

[1] CORNU, Marie, « À qui appartient le patrimoine culturel immatériel ? », op.cit., §31.

[2] OIT, *Newsletter : The ILO and Indigenous and Tribal Peoples*, 2007, p. 20. [En ligne].
URL : https://www.ilo.org/wcmsp5/groups/public/@ed_norm/@normes/documents/publication/wcms_100542.pdf (consulté le 16 août 2023) : « commercialization of culture and appropriation of culture without consent and adequate benefit sharing ».

[3] C169 - Indigenous and Tribal Peoples Convention, 1989 (No.169). [En ligne].
URL : https://www.ilo.org/dyn/normlex/en/f?p=NORMLEXPUB:55:0::NO::P55_TYPE,P55_LANG,P55_DOCUMENT,P55_NODE:REV,en,C169,/Document (consulté le 16 août 2023).

[4] Voir DONDERS, 2020, op.cit., p. 10 : « This Declaration clearly marks the link between cultural heritage and human rights by stating in the preamble that cultural heritage is an important component of the cultural identity of communities, groups and individuals, and of social cohesion, so that its intentional destruction may have adverse consequences on human dignity and human rights ».

[5] Voir la Convention européenne des droits de l'Homme de 1950 ou encore la Charte des droits fondamentaux de l'Union européenne de 2000.

le respect des droits humains et de la démocratie dans un État de droit et reconnaît officiellement « (…) le rôle essentiel joué par l'art et la culture, qui sont de puissants moyens pour maintenir un dialogue constructif dans des sociétés démocratiques et ouvertes »[1].

La jurisprudence des tribunaux nationaux, régionaux et internationaux a également un rôle à jouer dans la reconnaissance des droits fondamentaux des communautés et populations autochtones, notamment eu égard à la défense de leur patrimoine culturel. Ainsi, la Cour interaméricaine des droits de l'Homme prend particulièrement en compte les droits des peuples autochtones dans des cas d'appropriation extractive de leurs ressources culturelles[2].

Ainsi, s'ils sont tous deux pertinents pour la protection juridique du patrimoine immatériel et la lutte contre l'expropriation culturelle, les droits culturels et les droits humains sont deux branches bien distinctes[3]. En effet, malgré leurs objectifs communs, notamment de protection des identités culturelles des communautés, les droits culturels et les droits humains n'ont pas les mêmes approches et doivent être différenciés. Dans le même sens, certaines branches voisines des droits humains, telles que le droit international humanitaire ou le droit international pénal, n'ont pas forcément une approche dédiée au patrimoine culturel mais peuvent œuvrer à sa protection. Cependant, afin d'adopter une approche holistique plus efficace pour la lutte contre l'appropriation extractive des expressions culturelles traditionnelles des communautés, les droits culturels et humains doivent être combinés ensemble, en ce qu'ils témoignent d'une réelle interdépendance.

---

[1] Conseil de l'Europe, *Manifeste sur la liberté d'expression dans le domaine des arts et de la culture à l'ère numérique*. [En ligne].
URL : https://www.coe.int/fr/web/culture-and-heritage/manifesto-on-the-freedom-of-expression-of-arts-and-culture-in-the-digital-era (consulté le 16 août 2023).

[2] Juge Alirio Abreu Burelli, *Affaire Yakye Axa Indigenous Community (Paraguay)* (2005) Inter-Am Ct HR (Sér C) n° 125, §135 : « The culture of the members of the indigenous communities directly relates to a specific way of being, seeing, and acting in the world, developed on the basis of their close relationship with their traditional territories and the resources therein, not only because they are their main means of subsistence, but also because they are part of their worldview, their religiosity, and therefore, of their cultural identity » cité dans SAKAI, 2013, op.cit., p.118/119.

[3] Voir DONDERS, 2020, op.cit.

B. L'interdépendance des droits culturels et humains comme outil de lutte contre l'appropriation culturelle

« Les droits culturels sont partie intégrante des droits de l'Homme, qui sont universels, indissociables et interdépendants. L'épanouissement d'une diversité créatrice exige la pleine réalisation des droits culturels ».

- Article 5, Déclaration universelle sur la diversité culturelle, UNESCO, 2011.

L'interdépendance qui caractérise les droits culturels et les autres droits humains[1] joue un rôle fondamental dans la protection internationale des droits des communautés et celle de leur patrimoine culturel immatériel. À ce titre, ils peuvent permettre de lutter efficacement contre l'appropriation abusive, non consentie et extractive des expressions culturelles traditionnelles à travers deux concepts juridiques issus de cette interdépendance et particulièrement étudiés ces dernières années par l'UNESCO. En effet, d'une part, la notion de développement durable (1) et, d'autre part, la protection de la diversité culturelle (2) sont aujourd'hui les fruits d'un mélange entre les droits culturels et les droits humains, pouvant constituer des outils nécessaires à la lutte contre l'appropriation culturelle.

1. La notion de développement durable comme moyen de lutte contre l'appropriation culturelle

La notion de *développement durabl*e, particulièrement connue en droit de l'environnement, est apparue sous les auspices des Nations unies lors du *Sommet de la Terre* à Rio de 1992, qui a consacré ce concept autour de trois piliers : l'économie, l'écologie et le social. Depuis quelques années, la culture émerge progressivement comme un quatrième pilier potentiel du développement durable, notamment grâce aux travaux de l'UNESCO. L'*Agenda 2030 de développement durable de l'UNESCO,* établi en 2015,

---

[1] En ce que les droits culturels font partie intégrante des droits humains et que les droits humains ne peuvent se concevoir sans les droits culturels.

définit la durabilité comme « un développement qui répond aux besoins du présent sans compromettre la capacité des générations futures à satisfaire leurs propres besoins »[1] et instaure 17 Objectifs de développement durable[2] (ODD) afin de guider la conduite de l'Organisation pour les prochaines années.

Aujourd'hui, le développement durable constitue une notion à travers laquelle l'interdépendance des droits culturels et des autres droits humains est particulièrement visible. De plus, ses liens avec la protection du patrimoine culturel immatériel sont nombreux. D'abord, il existe un grand nombre d'expressions culturelles traditionnelles et de pratiques ancestrales liées à la biodiversité et caractérisant les modes de vie et de pensée des communautés, notamment à travers la gestion forestière et la protection des espèces animales et végétales. À titre d'exemple, le rituel traditionnel et musical pour amadouer les chamelles des bergers mongols[3] a été inscrit en 2015 sur la Liste du patrimoine immatériel nécessitant une sauvegarde urgente dans la catégorie des *Connaissances et pratiques concernant la nature et l'univers*. Cette tradition est aujourd'hui en partie menacée par le changement climatique et nécessite le concept de développement durable, notamment dans sa dimension environnementale, pour être préservée. En vérité, « le patrimoine vivant contient des connaissances et des pratiques enracinées localement qui constituent une source de résilience face à l'évolution des conditions climatiques et contribuent à protéger la biodiversité »[4].

Grâce aux droits culturels, les communautés peuvent invoquer la protection de leurs expressions culturelles en tout état de cause, tout en contribuant à la préservation de la nature et des paysages qui y

---

[1] UNESCO, « Développement durable et patrimoine vivant ». [En ligne]. URL : https://ich.unesco.org/fr/developpement-durable-et-patrimoine-vivant (consulté le 20 août 2023). [UNESCO, Développement durable].
[2] UNESCO, *L'UNESCO et les objectifs de développement durable*. [En ligne]. URL https://fr.unesco.org/sdgs (consulté le 15 août 2023).
[3] UNESCO, « Le rituel pour amadouer les chamelles ». [En ligne]. URL : https://ich.unesco.org/fr/USL/le-rituel-pour-amadouer-les-chamelles-01061 (consulté le 20 août 2023).
[4] UNESCO, Développement durable, op.cit.

sont affiliés. Les autres droits humains peuvent également être invoqués pour protéger le patrimoine culturel immatériel et le développement durable, à travers le droit de vivre dans un environnement sain, propre et soutenable. Assurer le développement durable peut donc permettre de protéger le patrimoine culturel immatériel des communautés. Cependant, il apparaît que la réciproque est également vraie : la protection du patrimoine culturel immatériel contribue régulièrement au développement durable.

« Si les liens entre le développement [durable] et la culture n'ont pas été totalement reconnus à l'échelle globale, à l'échelle locale, les communautés, les groupes et les individus ne cessent de les exprimer et de les réinventer »[1]. Un droit des communautés au développement durable pourrait alors être pertinent pour la protection de leur patrimoine culturel immatériel, notamment face au phénomène d'appropriation culturelle.

Comme vu précédemment, l'appropriation culturelle est souvent engendrée par un tourisme de masse, particulièrement nocif pour l'environnement et qui entraîne une surexploitation commerciale des éléments du patrimoine culturel immatériel des communautés. Le concept de développement durable pourrait donc permettre de contrer ces effets néfastes en faveur de la protection des cultures autochtones et notamment, d'un tourisme durable. L'UNESCO pourrait alors détenir un véritable rôle en la matière, notamment en termes de sensibilisation à ces problématiques. C'est en ce sens que le développement durable, puisqu'il protège le patrimoine culturel immatériel des communautés, pourrait être invoqué dans la lutte contre l'appropriation culturelle, d'autant plus que le droit de l'environnement regorge de textes et de conventions internationales consacrant le développement durable, à l'image de la *Déclaration de Rio sur l'environnement et le développement* de 1992, du P*rotocole de Kyoto* de 1997 ou encore de l'*Accord de Paris* de 2015,

[1] NIKOLIĆ DERIĆ, Tamara, NEYRINCK, Jorijn, SEGHERS, Eveline, TSAKIRIDIS, Evdokia, « Les musées et le patrimoine culturel immatériel. Vers un tiers lieu dans le secteur du patrimoine. (Synthèse) », Intangible Cultural Heritage and Museums Project (IMP), Édition Werkplaats immaterieel erfgoed Sint-Jakobsstraat 36, Bruges, 2020, p. 10. [Synthèse ICHMP, 2020].

adoptés tous deux dans le contexte de la *Convention-cadre des Nations unies sur les changements climatiques*.

Cependant, des progrès restent à faire en ce que, d'abord, un grand nombre de conventions internationales consacrant le développement durable ne sont pas juridiquement contraignantes et dépendent du bon vouloir des États ; ensuite, il n'existe en réalité pas beaucoup de conventions internationales sur la protection des droits culturels et droits humains de manière générale. Les droits culturels et les autres droits humains peuvent donc apparaître insuffisants pour protéger efficacement les expressions culturelles traditionnelles contre l'appropriation culturelle et ses conséquences. D'autres droits doivent alors être mobilisés en renfort, tels que le droit de la propriété intellectuelle, le droit pénal, le droit commercial, etc., que la présente analyse n'a toutefois pas vocation à étudier.

Cependant, l'interdépendance des droits culturels et humains comme moyen de lutte contre l'appropriation culturelle ne s'arrête pas là. En effet, protéger les expressions culturelles traditionnelles et le patrimoine immatériel *via* les droits culturels d'une part, et protéger les droits fondamentaux et les identités des communautés sources *via* les droits humains d'autre part, revient finalement à protéger la diversité culturelle.

2. La protection de la diversité culturelle comme moyen de lutte contre l'appropriation culturelle

La notion de diversité culturelle, sous-entendue comme étant la diversité des cultures, telle que consacrée par l'UNESCO[1] dans sa *Convention de 2005 sur la protection et la promotion de la diversité des expressions culturelles*, semble constituer l'archétype de l'interdépendance entre les droits culturels et les autres droits humains. En

[1] GUÈVREMONT, 2021, op.cit, p. 19 : « L'UNESCO n'est pas la seule organisation internationale à œuvrer en faveur de la diversité culturelle. [L'OMPI] ou encore l'Organisation internationale de la Francophonie (OIF) sont deux exemples d'autres organisations qui jouent un rôle substantiel en la matière ».

effet, fusionnés ensemble, les droits à l'identité culturelle, de participation à la vie culturelle, de protection du patrimoine culturel et des expressions traditionnelles d'un côté, et les droits au respect de la personne humaine, à un environnement sain, à l'identité, à la dignité, à l'autodétermination et les droits des peuples à disposer d'eux-mêmes de l'autre, justifient la protection d'une diversité des identités culturelles et avec celles-ci, une diversité des expressions culturelles traditionnelles. Autrement dit, les droits culturels et humains sont garants de la diversité culturelle[1].

La *Déclaration universelle de l'UNESCO sur la diversité culturelle*, adoptée le 2 novembre 2001, est d'une importance fondamentale en la matière. Elle responsabilise les États sur la nécessité du respect de la diversité culturelle et témoigne des synergies entre les droits culturels et les autres droits humains. En effet, même si elle ne déclare pas de droits *stricto sensu*, à l'inverse de la DUDH de 1948, la Déclaration sur la diversité culturelle de l'UNESCO « énonce un devoir de respect de la diversité plutôt qu'un droit à une culture différente », ce que la lutte anti-appropriationniste semble également revendiquer. En effet, « le pluriel des cultures (...) préfère dire que nous avons, plutôt que le droit à une culture, le devoir de respecter la diversité des cultures ». « La Déclaration de Téhéran sur les droits de l'Homme et la diversité culturelle [adoptée en 2007 par la Réunion ministérielle du Mouvement des non-alignés sur les droits de l'Homme et la diversité culturelle] se situe dans la même perspective. Il y est question de "préserver l'identité culturelle" qui est une "particularité essentielle de l'humanité" »[2].

La Convention UNESCO de 2005 a opéré un véritable tournant dans le domaine de la diplomatie culturelle et de la protection des

---

[1] Voir Article 4 Déclaration universelle sur la diversité culturelle UNESCO 2001. Voir aussi MEYER-BISCH, Patrice, *La valorisation de la diversité et des droits culturels*, Hermès, La Revue, 2008/2 (n° 51), p. 59-64, §2.
DOI : 10.4267/2042/24175.
URL : https://www.cairn.info/revue-hermes-la-revue-2008-2-page-59.htm : « C'est le respect des droits de l'homme, indivisibles et interdépendants, qui permet la valorisation mutuelle de tout ce que les milieux culturels contiennent de richesse et d'interprétation de l'universel ».
[2] FAES, 2008, op.cit., §12.

expressions culturelles traditionnelles. En effet, aucune autre convention n'avait été ratifiée aussi rapidement suite à son adoption par le minimum requis de 30 États[1]. Au cœur de la Convention UNESCO de 2005, il y a « le principe de l'égale dignité et du respect de toutes les cultures »[2] ; la diversité culturelle va donc de pair avec les droits humains considérés comme universels ainsi qu'avec un respect mutuel entre les communautés et un respect envers leurs appartenances culturelles[3].

À l'image des droits culturels et humains, la diversité culturelle n'est pas sans lien avec la notion d'appropriation culturelle. En réalité, il est possible que la protection de la diversité culturelle permette de lutter contre l'appropriation culturelle mais également, à l'inverse, que la lutte contre l'appropriation culturelle renforce la protection de la diversité des expressions culturelles, une forte interdépendance caractérisant ainsi les deux notions. En effet, pour toutes les raisons sus-évoquées, l'appropriation des expressions culturelles traditionnelles des communautés, de leur patrimoine culturel immatériel, menace directement les identités culturelles de chacun, l'intégrité des expressions culturelles et ainsi, la diversité culturelle. Autrement dit, la lutte contre l'appropriation culturelle abusive semble défendre la nécessité d'une profonde diversité des cultures et d'un respect à leur égard. Plus encore, la protection de la diversité culturelle et des identités et expressions culturelles propres à chaque communauté constitue un outil supplémentaire de lutte contre l'appropriation culturelle. En effet, à l'origine des dénonciations d'actes d'appropriation, il y a la volonté de défendre les identités culturelles des communautés, de protéger leur patrimoine culturel immatériel et ainsi, de protéger la diversité des cultures et des expressions culturelles traditionnelles des menaces extérieures et notamment, de l'homogénéisation culturelle[4]. En cela, selon Clea

[1] OUSTINOFF, Michaël, « Les points clés de la Convention sur la diversité des expressions culturelles » dans RASSE, 2013, op.cit., p. 149 - 158.
[2] GENSOLLEN, 2012, op.cit.
[3] TOURAINE, Alain, « Faux et vrais problèmes » dans WIEVIORKA, 1997, op.cit.
[4] OUSTINOFF, Michaël, « Les points clés de la Convention sur la diversité des expressions culturelles » dans RASSE, 2013, op.cit., §5 : Pour reprendre les mots de l'UNESCO, la Convention UNESCO de 2005 opère « dans un souci d'humaniser la mondialisation ».

Hance, « la reconnaissance de la diversité culturelle est le préalable nécessaire à toute reconnaissance de droits de communautés sur leurs patrimoines culturels »[1].

Pourtant, aujourd'hui, beaucoup d'États, y compris parmi ceux ayant ratifié la Convention UNESCO de 2005, ne prennent pas, ou peu, de mesures législatives concrètes visant à protéger la diversité des expressions culturelles traditionnelles sur leur territoire. Une réticence s'installe alors devant la montée en puissance des « revendications identitaires »[2], entrant en conflit avec les politiques étatiques, notamment dans le traitement des minorités culturelles et la reconnaissance de leurs droits. Or, sans l'action des États en faveur de la diversité culturelle, la Convention UNESCO de 2005, bien que très à-propos, perd en pertinence[3].

La protection de la diversité culturelle doit donc rester une priorité incombant directement à l'ensemble des acteurs de la scène internationale, qu'il s'agira d'étudier à présent. Cependant, Madame Véronique Guèvremont rappelle que « l'action de tous ces acteurs ne saurait toutefois remplacer le rôle moteur joué par l'UNESCO pour rassembler l'ensemble de la communauté internationale autour de l'objectif de protection de la diversité culturelle en tant que patrimoine commun de l'humanité »[4]. En effet, « bien entrée dans la modernité, l'UNESCO demeurera (...) une organisation cruciale pour que la diversité culturelle continue d'enrichir notre monde »[5].

---

[1] HANCE, 2021, op.cit., Figure 8.
[2] OUSTINOFF, Michaël, « Les points clés de la Convention sur la diversité des expressions culturelles » dans RASSE, 2013, op.cit., §10.
[3] *Ibid.*
[4] GUÈVREMONT, 2021, op.cit., p.12.
[5] *Ibid.*

Section II : Les acteurs internationaux de la lutte contre l'appropriation culturelle

Il existe une multitude d'acteurs, personnes physiques ou morales, détenant un rôle certain dans le phénomène d'appropriation culturelle et pouvant alors directement influencer le droit international en faveur de la lutte contre celui-ci. Pour rappel, notamment selon Madame Françoise Vergès, une distinction peut être faite entre deux catégories d'acteurs :

D'une part, ceux à l'origine d'une appropriation culturelle *par le haut*, voire même d'une expropriation culturelle[1], plus grave, car à l'origine de l'extraction *stricto sensu* d'éléments du patrimoine immatériel des communautés. Cette appropriation *par le haut* serait le fait des États, des pouvoirs publics, des institutions culturelles ou encore, des commerces (§1).

D'autre part, ceux à l'origine d'une appropriation culturelle *par le bas*, à l'échelle individuelle, en provenance des acteurs de la société civile, par exemple par des processus dits de « créolisation ». Les conséquences d'une telle appropriation *par le bas*, bien que parfois dommageables pour les communautés et leur patrimoine culturel, seraient moindres, car non-extractives, par rapport à celles d'une appropriation institutionnalisée des expressions culturelles traditionnelles (§ 2).

§ 1 : Le rôle déterminant des États et des institutions culturelles dans la lutte contre l'appropriation culturelle

L'appropriation-expropriation *par le haut* des expressions culturelles traditionnelles mentionnée ci-dessus témoigne d'une violence particulière pour les communautés et leur identité. Commise tantôt par les États, à l'échelle interne ou internationale, et leurs organes

[1] Françoise Vergès ou encore Gregg Bordowitz distinguent entre appropriation et expropriation culturelles. Voir *supra* p. 23. En ce sens, Norman Ajari considère que « l'appropriation culturelle à un niveau individuel n'est jamais que le résultat d'un rapport de force qui l'a rendue possible » au niveau institutionnel. Voir AJARI, 2022, op.cit.

administratifs (A), tantôt par les institutions culturelles, que celles-ci soient privées ou publiques (B), l'expropriation culturelle a de réelles conséquences sur la protection de leur patrimoine immatériel. À ce titre, bien que parfois à l'origine de telles appropriations abusives, les États et les institutions culturelles peuvent également constituer des fers de lance de la lutte contre l'appropriation culturelle.

A. L'État, autorité souveraine décisive dans la lutte contre l'appropriation culturelle

« Les lois, les institutions, les politiques étatiques ne sont pas culturellement neutres »[1].
- Julie Ringelheim.

De toute évidence, les États, de par leur pouvoir normatif et la légitimité de leur souveraineté, peuvent contribuer de manière significative à la lutte contre l'appropriation culturelle. Le modèle étatique permet en effet l'élaboration et l'entrée en vigueur de normes juridiques contraignantes, notamment au titre de politiques culturelles tournées vers la reconnaissance des identités et de l'autonomie culturelles des communautés (1). Pour renforcer cette protection, le dicton bien connu « l'union fait la force » permet de justifier la nécessité d'une coopération internationale effective pour lutter collectivement contre les différentes formes d'expropriation des expressions culturelles traditionnelles (2).

---

[1] RINGELHEIM, Julie, « Diversité culturelle et droits de l'homme - La protection des minorités par la Convention européenne des droits de l'Homme - L'émergence de la problématique des minorités dans le droit de la Convention EDH », *Collection du Centre des droits de l'homme de l'Université catholique de Louvain*, Bruylant Bruxelles, 2006, p. 403.

1. L'importance des politiques culturelles étatiques dans la protection du patrimoine culturel immatériel des communautés

La protection du patrimoine culturel des communautés dépend directement du niveau de protection juridique qui leur est accordé par l'État du territoire sur lequel elles se trouvent. Les politiques culturelles étatiques ont un véritable rôle à jouer dans l'encadrement des pratiques pouvant porter atteinte à l'intégrité des expressions culturelles traditionnelles et constituer des formes d'appropriation abusive. Plus encore, les États ont « l'obligation de prendre des mesures pour protéger le patrimoine (...), même si les biens ne leur appartiennent pas »[1].

Tout d'abord, la mise en place d'inventaires, de registres ou de listes nationales de protection du patrimoine culturel immatériel, comme vu précédemment, permet de valoriser les expressions culturelles traditionnelles qui y sont inscrites et d'assurer directement leur sauvegarde par l'État en tant que priorité nationale[2].

Des mesures plus spécifiques, telles que des lois nationales peuvent également être adoptées pour assurer la préservation du patrimoine culturel des communautés. En ce sens, il revient à chaque État de créer les conditions favorables au maintien et à la création d'expressions culturelles traditionnelles par les communautés[3]. En effet, comme le rappelle Lily Martinet dans sa thèse, « l'adoption de législations internes adaptées aux attentes des communautés pallie les insuffisances des normes internationales. Ces dernières ne prennent en compte que trop rarement le besoin des communautés »[4]. Ainsi, dès le début du XXe siècle, plusieurs États élaboraient des législations dans ce domaine, quoique portant

---

[1] DE CLIPPELE, « Protéger le patrimoine culturel : À qui incombe la charge ? », 2020, op.cit., §1035.

[2] UNESCO, *Patrimoine. Indice de développement d'un cadre multidimensionnel pour la durabilité du patrimoine,* p. 136. [En ligne].
URL : https://fr.unesco.org/creativity/sites/creativity/files/digital-library/cdis/Dimension%20Patrimoine.pdf (consulté le 16 août 2023).

[3] Il revient à chaque État de définir ce qu'il entend par « communauté ».

[4] MARTINET, 2019, op.cit., p. 187.

davantage sur la protection des expressions culturelles plutôt que sur la lutte contre l'appropriation culturelle. En 2001, Janet Blake rapportait que « le Vanuatu envisage[ait] d'élaborer une protection conjointe pour le droit d'auteur et la culture traditionnelle, les Fidji se propos[aient] de modifier leur législation dans tous les domaines intéressant les droits de propriété intellectuelle pour instaurer dans la mesure du possible des mesures visant expressément à protéger la culture traditionnelle et populaire (...). Aux Philippines, la loi sur les droits des peuples autochtones vise notamment à favoriser le respect et l'épanouissement des expressions artistiques autochtones et des savoirs traditionnels »[1]. Également, en 1999, la Lituanie adoptait une loi sur les principes de protection de la culture ethnique[2].

Comme évoqué ci-dessus, les États-Unis, l'Australie, la Nouvelle-Zélande et le Canada sont particulièrement actifs dans la reconnaissance des droits de leurs communautés. Comme le rappelle Manon Baur s'agissant du Canada, « la province de Colombie-Britannique a (...) introduit la *Bill 41* (Declaration on the Rights of Indigenous Peoples Act) »[3], appuyant ainsi la reconnaissance des peuples autochtones, de leur identité culturelle et de leurs droits. Le Canada, par l'adoption du *Trademarks Act* de 1985,[4] a également « élevé les communautés autochtones au rang de *public authority*, interdisant de la sorte l'adoption de tout signe similaire ou semblable à celui d'un emblème utilisé par une entité publique (...)[5]. L'approche adoptée par le législateur néo-zélandais s'est montrée encore plus novatrice, ce dernier ayant expressément inscrit dans sa législation l'interdiction d'enregistrer une marque qui pourrait être offensante pour les communautés autochtones du pays, en particulier pour les

---

[1] BLAKE, 2001, op.cit., p. 40.

[2] *Ibid., p.* 58.

[3] BAUR, 2020, op.cit., p. 12.

[4] Voir Art. 9 §1 let. n iii) du Trademarks Act de 1985 (R.S.C., 1985, c. T-13).

[5] Les institutions culturelles canadiennes sont de plus en plus sensibilisées à la lutte contre l'appropriation culturelle, notamment car beaucoup d'actions en justice sont intentées en la matière. Pour en savoir plus : voir TYTELMAN, 2018, op.cit., p. 13 : Au Canada, « certains juristes réclament l'interdiction de l'appropriation culturelle des cultures indigènes et l'octroi de droits de propriété culturels à certaines communautés ».

Māoris »[1]. En revanche, il s'agit également de relativiser le combat de ces pays anglophones contre l'appropriation des expressions culturelles traditionnelles des communautés. En effet, ces 4 États n'ont, à ce jour, toujours pas accepté ni ratifié la Convention UNESCO de 2003 sur le patrimoine culturel immatériel pour des raisons politiques et privilégient parfois les promesses symboliques plutôt que la réalisation d'actions concrètes en faveur de la protection du patrimoine culturel des communautés[2].

Les États peuvent également favoriser la création d'institutions culturelles locales, d'associations, de fondations et autres groupements œuvrant pour la protection des expressions culturelles immatérielles des communautés, et encourager, par des soutiens humains, techniques ou financiers, des actions de sensibilisation contre l'appropriation culturelle, notamment à l'occasion de colloques dans les universités.

Toutefois, un grand nombre de ces lois nationales et de ces politiques culturelles étatiques ne sont pas efficaces en pratique. En effet, certains États ne remplissent pas leur devoir de protection du patrimoine culturel autochtone. Ainsi, à la suite des nombreux cas d'appropriation des motifs traditionnels tissés par les femmes tzeltales de la communauté d'Aguacatenango, dans l'État du Chiapas, par des marques de mode telles *Zara* ou *Mango*, le Mexique a adopté une loi de propriété intellectuelle visant à protéger les expressions culturelles traditionnelles des diverses minorités composant le pays, soit près de 15 % de la population, contre l'appropriation culturelle. Pourtant, si cette initiative est sans aucun doute innovante en la matière, la loi est peu claire et ne précise pas les modalités de son application. De nombreux points d'interrogation

---

[1] Voir Art. 17 §1 let. c Trade Marks Act de 2002 cité dans BAUR, 2020, op.cit., p. 23.

[2] BAUR, 2020, op.cit., p. 24 : Les tribunaux judiciaires américains « ne reconnaissent pas les expressions culturelles traditionnelles, en particulier les symboles des communautés amérindiennes (...) comme faisant partie du motif absolu de refus à l'enregistrement énoncé à la Section 2(b) (15 U.S.C. § 1052) du [Lanham] Trademark Act de 1946. (…) Par exemple, la tribu amérindienne Zia ne peut faire enregistrer par le biais d'une marque son symbole traditionnel sacré vieux de plusieurs centaines d'années, le soleil Zia, dans la mesure où celui-ci est arboré depuis 1925 par le drapeau de l'État du Nouveau-Mexique (qui se l'est approprié) ».

subsistent donc, notamment en termes de définition des expressions culturelles traditionnelles, de détermination des représentants des communautés sources, de modalités d'octroi d'indemnisations, etc. Ces imprécisions sont certainement dues au fait que la loi ayant été prise en précipitation, le Gouvernement mexicain n'a pas consulté les minorités indigènes et afro-mexicaines pour son élaboration[1].

De plus, certains utilisent et instrumentalisent « la tradition comme une stratégie d'appropriation politique vis-à-vis des populations locales »[2]. D'autres cherchent même à effacer les expressions culturelles spécifiques aux peuples autochtones dans l'espoir d'une uniformisation culturelle et d'un renforcement d'une culture nationale en faveur du modèle de l'État-Nation[3]. À l'heure actuelle, la protection internationale des droits des peuples autochtones est loin d'être uniforme. Selon Lily Martinet, « plusieurs États rejettent la notion d'autochtonie. Lors de l'adoption de la [Déclaration ONU de 2007], l'Inde a par exemple déclaré que l'intégralité de sa population était autochtone, tandis que l'Indonésie a affirmé que la sienne était restée inchangée depuis la colonisation et que, par conséquent, les droits reconnus aux peuples autochtones n'étaient pas applicables sur son territoire »[4].

Afin d'harmoniser ces disparités de protection des expressions culturelles traditionnelles à travers le monde et lutter efficacement contre leur appropriation non autorisée, la coopération interétatique est un outil essentiel.

---

[1] Voir FLORES, Chantal, *Mexico's cultural appropriation ban is off to a messy start,* The Verge, 12 février 2022. [En ligne]. https://www.theverge.com/22924327/mexico-cultural-appropriation-law-indigenous-and-afro-mexican-communities (consulté le 16 août 2020).

[2] ANDRIANOPOULOU, 2020, op.cit., p. 238.

[3] WILLIAM, 2020, op.cit., p. 26.

[4] ANTONS, Christoph, « Intellectual property rights in indigenous cultural heritage: basic concepts and continuing controversies » dans GRABER, Christoph Beat, KUPRECHT, Karolina, LAI, Jessica C. (dir.), *International trade in indigenous cultural heritage: legal and policy issues*, Cheltenham: Edward Elgar, 2012, p. 166 cité dans MARTINET, 2019, op.cit., p. 101.

2. La nécessité d'une coopération interétatique accrue pour lutter contre l'appropriation culturelle

Le rassemblement par les États d'efforts conjoints dans la protection du patrimoine culturel face aux divers fléaux du monde contemporain n'a cessé de se développer tout au long du XXe siècle, comme en attestent les diverses conventions culturelles de l'UNESCO. Les États partagent des problématiques communes car universelles, selon qu'ils choisissent de les traiter ou que celles-ci s'imposent à eux (réchauffement climatique ; conflits armés ; déplacements des populations, etc.). Plus encore, la notion de « patrimoine culturel immatériel » témoigne parfaitement du succès de la coopération interétatique en matière culturelle telle qu'impulsée par l'UNESCO[1].

Hors coopération institutionnalisée, les États favorisent également la collaboration contextuelle, situationnelle, créée *ad hoc via* des traités bilatéraux ou multilatéraux pour répondre à des problématiques spécifiques, notamment en termes de patrimoine culturel immatériel. Plus encore, du fait de leur proximité géographique, les États privilégient la coopération régionale pour répondre à leurs enjeux communs. S'agissant de la notion d'appropriation culturelle, ce postulat est particulièrement vrai concernant la région d'Amérique latine, où les pays semblent prendre de plus en plus de mesures protégeant les expressions culturelles traditionnelles, luttant contre les formes d'appropriation culturelle et reconnaissant les droits des différentes communautés.

Par exemple, après le succès de la reprise par le duo américain *Simon and Garfunkel* d'*El Condor Pasa*, extraite du folklore musical andin, mais initialement écrite en 1913 par le compositeur péruvien Daniel Alomia Robles[2], « le gouvernement bolivien (...) a adressé en 1973 une communication officielle à l'UNESCO » en

---

[1] D'autres organisations culturelles internationales démontrent également l'efficacité de la coopération interétatique, en attestent les travaux du Conseil de l'Europe, de l'OCDE, de l'OMPI, d'UNIDROIT, etc.

[2] SUIS-NOUS, *La musique « El condor pasa » de Paul Simon & Garfunkel a été écrite en 1913...* [En ligne]. URL : https://suis-nous.com/la-musique-el-condor-pasa-de-paul-simon-garfunkel-a-ete-ecrite-en-1913/ (consulté le 16 août 2023).

demandant « d'inscrire la protection internationale du folklore à l'ordre du jour de la prochaine réunion du Comité intergouvernemental du droit d'auteur »[1]. En effet, offensé par une telle « appropriation dénaturante » du folklore, il a prié l'Organisation « d'examiner la question de la rédaction d'un Protocole à ajouter à la Convention universelle sur le droit d'auteur (adoptée en 1952 et révisée en 1971) pour la protection des arts populaires et du patrimoine culturel de tous les pays »[2]. Cependant, comme le souligne justement Lily Martinet dans sa thèse, « cette nationalisation du folklore, présentée par la Bolivie comme une mesure de protection, une fois replacée dans son contexte historique peut aussi être lue comme la prise de possession par une dictature militaire des expressions culturelles traditionnelles des communautés andines pour forger une culture nationale bolivienne »[3]. En effet, beaucoup d'États se proclament titulaires des expressions culturelles traditionnelles, « alors qu'elles ne sont que très rarement pratiquées par une nation entière. Cette nationalisation des expressions culturelles traditionnelles peut être comprise comme une forme de spoliation pour certaines communautés »[4].

Malgré tout, dans cette affaire, la demande bolivienne a permis à l'UNESCO de réfléchir à ces questions afin de protéger au mieux les expressions culturelles traditionnelles contre le phénomène d'appropriation culturelle. Une coopération internationale a donc été lancée et a eu un effet levier de prise de conscience auprès d'autres États d'Amérique latine.

Au fur et à mesure, les pays voisins ont multiplié les législations en faveur des minorités culturelles et de leur patrimoine immatériel. Ainsi, depuis une loi du 26 juin 2000, le Panama « protège les droits collectifs des peuples autochtones sur l'ensemble de leur patrimoine,

---

[1] Communication du 24 avril 1973 du ministère des Relations extérieures et des Cultes de la République de Bolivie, n°DG, 01/1006-79 cité dans MARTINET, 2019, op.cit., p. 42.

[2] BLAKE, 2001, op.cit., p. 30.

[3] HAFSTEIN, Valdimar, « Célébrer les différences, renforcer la conformité », dans BORTOLOTTO, Chiara, ARNAUD, Annick, GRENET, Sylvie, *Le patrimoine culturel immatériel : enjeux d'une nouvelle catégorie*, Paris : Éditions de la Maison des sciences de l'homme, 2011, Ethnologie de la France, cahier 26, p. 77 cité dans MARTINET, 2019, op.cit., p. 43.

[4] MARTINET, 2019, op.cit., p. 81.

y compris leurs expressions culturelles traditionnelles »[1] telles les danses traditionnelles, les motifs indigènes destinés aux vêtements, la médecine traditionnelle, les outils de travail, les techniques traditionnelles de manufacture, etc. Un système de licence d'autorisation est également prévu en cas d'utilisation commerciale des expressions culturelles traditionnelles. Au Pérou, la législation prévoit la possibilité pour les communautés de constituer des marques collectives en droit de la propriété intellectuelle, avec des sanctions pénales, notamment des peines d'emprisonnement allant de 4 à 6 ans, en cas de violation des droits collectifs des populations indigènes par une exploitation commerciale non autorisée[2].

Ces lois, bien que relevant du droit de la propriété intellectuelle et non du droit du patrimoine culturel, sont le témoin d'une collaboration régionale. Les États se sont inspirés de leurs législations respectives afin de s'entraider, d'établir le plus possible une cohérence juridique sur le continent sud-américain et de sensibiliser l'ensemble de la communauté internationale à la protection juridique des expressions culturelles traditionnelles. Ainsi, aujourd'hui, l'art célèbre du *Kuna Yala*, textile fait à la main à destination des blouses des femmes Kuna Yala au Panama, est un exemple de droits collectifs de minorités culturelles enregistrés et légalement protégés en Amérique latine et à l'international. Ce patrimoine immatériel trouve son origine dans la tradition des femmes Kuna Yala qui se peignaient le corps de motifs géométriques représentant des fleurs, des animaux ou des thèmes traditionnels issus des légendes et de la culture Kuna[3].

Les États semblent donc avoir beaucoup à apprendre les uns des autres. Cependant, la coopération interétatique n'est pas encore

---

[1] DE OBALDIA, Irma, « Western intellectual property and indigenous cultures: the case of the Panamanian indigenous intellectual property law », *Boston University International Law Journal*, 2005, volume 23 n°1, p. 337-394 cité dans MARTINET, 2019, op.cit., p. 81.

[2] Intervention Audrey Williams dans Webinaire AIPPI, 30 juillet 2021. *Traditional Knowledge and Cultural Expressions: Appreciation or Appropriation? An IP Perspective.* [Vidéo en ligne].
URL : https://www.youtube.com/watch?v=mpdZxkGHFGY (consulté le 16 août 2023).

[3] *Ibid.*

assez utilisée et un grand nombre de ses aspects restent à améliorer. Il pourrait ainsi être pertinent d'inclure davantage de représentants des communautés sources lors des réunions statutaires de la Convention UNESCO de 2003 aux côtés des représentants des États parties. La coopération entre les États et les acteurs locaux doit également être privilégiée pour assurer une protection du patrimoine immatériel plus efficace car plus proche des communautés locales. Cependant, il ne suffit pas de constater le besoin d'une coopération internationale renforcée pour lutter contre l'appropriation culturelle ; il faut également décider du cadre dans lequel cette coopération devrait s'effectuer. En effet, le cadre juridique et légal actuel de la coopération culturelle peut-il convenir à ces problématiques interdisciplinaires ? Faut-il en créer un nouveau, plus adapté, sur la base du droit du patrimoine culturel et des droits humains ? Il s'agira d'approfondir cette question ultérieurement.

Surtout, la lutte contre l'appropriation culturelle ne réside plus entre les seules mains des États. En effet, à l'heure actuelle, les pays n'ont pas d'autres choix que de collaborer avec d'autres acteurs tels que les institutions culturelles, publiques comme privées, qui voient leur responsabilité grandir dans ces problématiques.

B. La responsabilité grandissante des institutions culturelles dans la lutte contre l'appropriation culturelle

« Museums are not neutral »[1].
- Annemarie de Wildt, Amsterdam Museum - The Netherlands.

Les institutions culturelles ont de plus en plus un rôle à jouer dans la lutte contre l'appropriation culturelle comme moyen de protection du patrimoine immatériel. Bien entendu, les musées sont directement concernés par la question, et non pas uniquement du fait des problématiques de restitutions internationales. En effet, la lutte anti-appropriationniste semble remettre en cause leur fonctionnement traditionnel et leurs activités lucratives, comme par exemple la

[1] Synthèse ICHMP, 2020, op.cit., p. 25.

vente d'*artefacts* associés au patrimoine immatériel autochtone dans les boutiques des musées. Surtout, elle entre *a priori* en contradiction directe avec le concept, aujourd'hui répandu, de « musée universel » (1). Toutefois, l'implication effective des institutions culturelles, dans leur sens le plus large[1], ne doit pas être sous-estimée dans la lutte contre l'expropriation culturelle. Ainsi, certaines prennent de plus en plus conscience de l'importance d'inclure et de collaborer avec les communautés sources à chaque étape de leurs processus décisionnels (2).

1. La théorie de l'appropriation culturelle ou la remise en cause du concept de « musée universel »

Avant de comprendre ce que signifie le concept de « musée universel », il semble judicieux de rappeler la définition du *musée* telle que donnée par l'ICOM :

> « Un musée est une institution permanente, à but non lucratif et au service de la société, qui se consacre à la recherche, la collecte, la conservation, l'interprétation et l'exposition du patrimoine matériel et immatériel. Ouvert au public, accessible et inclusif, il encourage la diversité et la durabilité. Les musées opèrent et communiquent de manière éthique et professionnelle, avec la participation de diverses communautés. Ils offrent à leurs publics des expériences variées d'éducation, de divertissement, de réflexion et de partage de connaissances ». - ICOM, Nouvelle définition du musée (approuvée par l'Assemblée générale extraordinaire de l'ICOM, Prague, 24 août 2022).

---

[1] MONNIER, Sophie, FOREY, Elsa, KULIG, Gaëlle, « Droit de la culture - À jour de la loi du 15 juillet 2008 relative aux archives », Master Pro, *Gualino, Lextenso Éditions*, p. 25 : Dont « l'administration étatique (avec ses services centraux et déconcentrés), l'administration décentralisée [telle que les Directions régionales des affaires culturelles, les collectivités territoriales et leurs compétences culturelles] et les institutions privées ».

Le musée universel, quant à lui, semble désigner le modèle d'un musée ouvert sur le monde ; un musée qui, dans un souci d'éducation et d'accès des populations à toutes les cultures, au patrimoine culturel de l'humanité, exposerait et comporterait au sein de ses collections des éléments culturels de plusieurs régions du monde, ethnies et civilisations, mais également de plusieurs périodes artistiques et culturelles. Cette conception de l'institution muséale, vieille de plusieurs siècles, semble révéler la fonction la plus noble du musée : faire état des cultures du monde dans toute leur diversité, à l'image *a priori* du Louvre Abu Dhabi qui est décrit par ses fondateurs comme l'archétype même du musée universel[1], rassemblant « dans un même lieu toutes les richesses du monde, afin de les mettre à disposition de tous »[2]. L'universalité du musée renverrait donc à une conception humaniste de la culture selon laquelle « le double rôle de préservation et d'éducation [des musées] assure à la fois la pérennité et la diffusion d'informations permettant aux générations d'aujourd'hui et de demain d'en connaître davantage sur d'autres cultures et d'apprécier ces objets pour leur valeur culturelle et artistique »[3].

Plusieurs musées occidentaux[4] avaient signé, en décembre 2002, une *Déclaration sur l'importance et la valeur des musées universels* selon laquelle « les pièces acquises autrefois doivent être considérées à la lumière de valeurs et de sensibilités différentes, lesquelles témoignent de ce passé révolu »[5]. Toutefois, selon Geoffrey Lewis,

---

[1] Voir Projet de loi autorisant l'approbation d'accords entre le Gouvernement de la République française et le Gouvernement des Émirats Arabes Unis relatifs au musée universel d'Abou Dabi, Rapport n° 451 (2006-2007) sur site officiel Sénat français. [En ligne]. URL : https://www.senat.fr/rap/l06-451/l06-451_mono.html (consulté le 16 août 2023).

[2] RadioFrance, *Podcast Épisode 1/5 : Le Musée universel, les complexités d'une utopie réelle généreuse*, 2 avril 2023. [En ligne]. URL : https://www.radiofrance.fr/franceculture/podcasts/l-art-est-la-matiere/le-musee-universel-les-complexites-d-une-utopie-reelle-genereuse-7404530 (consulté le 16 août 2023).

[3] WHITTAM, Julian, « Rapatriement musical, rapatriement culturel : les cas des Haïdas et des Ilnus au Canada », *Cahiers d'ethnomusicologie*, 2016, §1. [En ligne]. URL: http://journals.openedition.org/ethnomusicologie/2589 (consulté le 16 août 2023). [WHITTAM, 2016].

[4] Dont le musée du Louvre, le British Museum, le Metropolitan Museum, etc.

[5] LOBIER, BRÉMOND, 2022, op.cit.

professeur britannique sur les études muséales, cette déclaration visait en réalité à « garantir davantage d'immunité face aux demandes de restitution d'objets appartenant aux collections de ces musées »[1]. Surtout, dans son discours de Ouagadougou de novembre 2017, le président de la République Emmanuel Macron précisait déjà qu'« il n'y a pas de justification valable, durable et inconditionnelle » pour « qu'une large part du patrimoine culturel de plusieurs pays africains soit en France »[2] et selon ce raisonnement, il en vaudrait de même pour celui des communautés du monde entier et notamment, de leur patrimoine culturel immatériel.

Le concept du « musée universel » est donc controversé car considéré par beaucoup comme une utopie exclusivement occidentale, motivée « par la curiosité portée aux œuvres de civilisations lointaines et distantes » et témoignant de « la relation inéquitable entre forces colonisatrices et peuples colonisés »[3]. En effet, en réalité, de tels musées universels n'existeraient pas ailleurs qu'en Occident, les États du Sud anciennement colonisés ne possédant *a priori* pas d'éléments culturels d'envergure provenant des anciens pays colonisateurs au sein de leurs collections muséales. Ces critiques émanent de différentes « prises de conscience inclusives, dans la lignée notamment des luttes décoloniales »[4], telles que la théorie de l'appropriation culturelle – et avec celle-ci, la lutte anti-appropriationniste – qui remet donc directement en cause le modèle du « musée universel ».

Le concept du « musée universel » pose aujourd'hui problème eu égard au patrimoine matériel mais aussi au patrimoine immatériel des populations autochtones. Comme vu précédemment, les critiques liées à l'appropriation culturelle ont motivé les demandes de restitutions aux communautés sources de biens culturels de musées

---

[1] LEWIS, Geoffrey, « Le musée universel : un cas à part », Les Nouvelles de l'ICOM, vol. 57, n° 1 2004, p. 3 cité dans LOBIER, BRÉMOND, 2022, op.cit.
[2] LOBIER, BRÉMOND, 2022, op.cit.
[3] WHITTAM, 2016, op.cit.
[4] LESAUVAGE, Magali, *L'universalisme des musées fait débat*, Le Quotidien de l'art, Édition n° 1996, 23 juillet 2020. [En ligne].
URL : https://www.lequotidiendelart.com/articles/18163-l-universalisme-des-musées-fait-débat.html (consulté le 16 août 2023).

dépositaires de ces objets et de l'intangibilité qui leur est intrinsèque. Ceci a notamment remis en question la fonction sociale des musées et l'intégrité de leurs collections, qui en sont pourtant le noyau dur et sans lesquelles le musée n'aurait pas vocation à exister. Toutefois, ces évolutions de la pratique muséale contemporaine peuvent également être perçues sous un angle de vue plus positif.

En plus de remettre en cause le modèle du « musée universel », la lutte contre l'appropriation culturelle permet de questionner la muséographie occidentale, notre perception du musée et de reconsidérer, voire réinventer, son rôle dans nos sociétés européennes et sortir d'une conception trop figée de la protection du patrimoine. Après tout, actuellement, les musées s'adaptent progressivement à la patrimonialisation de l'intangibilité et aux différentes façons d'*exposer* le patrimoine culturel immatériel. Ainsi, depuis quelques années, le monde assiste à l'émergence de nombreux musées dits « communautaires » axés sur la valorisation et la protection du patrimoine culturel immatériel des communautés et peuples autochtones. En effet, pour apaiser les frustrations liées au « musée universel », une idée peut être celle d'inclure et de dialoguer davantage avec les communautés sources en faveur de la préservation de leurs expressions culturelles, pour permettre un véritable partage du pouvoir décisionnel[1] en matière muséale. Dans cette optique, les musées doivent modifier « leur rapport aux communautés (...) pour les faire passer du statut d'objet d'études à celui de partenaires » et trouver des compromis afin de « concilier leurs missions d'intérêt général de préservation du patrimoine avec la sauvegarde des expressions culturelles traditionnelles (...) [et] éviter que les erreurs commises par le passé ne se perpétuent »[2]. Ces réflexions peuvent être une première étape dans la lutte contre l'expropriation culturelle par les musées.

[1] Voir aussi le 6e principe du *Code de déontologie de l'ICOM pour les musées*, adopté par l'Assemblée générale de l'ICOM à Buenos Aires le 4 novembre 1986 et Par. 18 de la *Recommandation concernant la protection et la promotion des musées et des collections, de leur diversité et de leur rôle dans la société* adoptée par la Conférence générale de l'UNESCO, le 17 novembre 2015 cité dans MARTINET, 2019, op.cit., p. 336 et 392.

[2] MARTINET, 2019, op.cit., p. 435.

2. La nécessité d'une coopération entre institutions culturelles et communautés dans la préservation et la valorisation du patrimoine culturel immatériel

Dans le contexte actuel de recherche d'innovations culturelles et de nouvelles techniques de conservation patrimoniale, les collaborations entre institutions culturelles et communautés pourraient permettre de lutter efficacement contre toute forme abusive d'appropriation des expressions culturelles traditionnelles. Comme évoqué précédemment, la participation des communautés dans la sauvegarde du patrimoine immatériel à travers un processus démocratique, constitue le socle de la Convention UNESCO de 2003 et doit être prise en compte par les institutions culturelles. Cette *participatory approach* est d'autant plus importante que les institutions culturelles au sens large, comme par exemple les services d'archives, les bibliothèques, les librairies, les cinémas, les théâtres, etc., créent des liens entre le public, les communautés et les pouvoirs institutionnels et sont aujourd'hui « dépositaires d'éléments essentiels à la sauvegarde des expressions culturelles traditionnelles. Elles contrôlent leur conservation, leur interprétation et leur représentation. Leur action peut avoir un impact important sur la viabilité et la perception des expressions culturelles traditionnelles »[1]. En effet, les institutions culturelles détiennent un contrôle partiel sur la « représentation publique de l'identité culturelle des communautés sources »[2], qui doivent être en mesure de démontrer leur contemporanéité tout en protégeant leur patrimoine du phénomène d'expropriation culturelle. Surtout, cette inclusion peut être bénéfique pour chacune des parties concernées. À titre d'exemple, « les communautés sources peuvent (...) procéder à des restaurations sur les objets prêtés en ayant recours notamment à des savoirs traditionnels »[3]. Une vraie relation peut alors se tisser entre la communauté et l'institution culturelle en question.

---

1 *Ibid.*, p. 336.
2 *Ibid.*, p. 391.
3 *Ibid.*, p. 403.

Ces efforts de collaboration sont de vrais sujets de réflexion sur lesquels travaillent de nombreux organismes aujourd'hui. Il semblerait en effet qu'une prise de conscience du véritable rôle social et éducatif des institutions culturelles se répande dans le monde, celles-ci étant de plus en plus encouragées à procéder à une introspection et à associer les communautés à leurs expositions, projets de recherche[1], méthodes de conservation, etc., tout en préservant leur intégrité et l'efficacité de leurs missions. Les regroupements d'institutions culturelles, tels les réseaux et associations, pourraient ainsi impulser ces efforts par l'adoption de codes de déontologie, de chartes éthiques. Ceci permettrait de garantir un accord libre et éclairé de la part des communautés sur l'utilisation par les institutions culturelles de leurs expressions culturelles traditionnelles et ainsi, de lutter contre leur appropriation non consentie.

Plusieurs exemples fructueux de collaborations entre institutions culturelles et communautés sources existent déjà et peuvent être mentionnés, notamment dans le cadre du modèle du « musée biculturel » qui reviendrait à unifier, de manière harmonieuse et respectueuse des coutumes et traditions, deux cultures différentes. Ainsi, dans sa thèse, Lily Martinet donne l'exemple du célèbre musée néo-zélandais *Te Papa Tongarewa* qui y associe le patrimoine culturel māori et dans lequel « le principe du biculturalisme se traduit (...) dans la gouvernance du musée », celle-ci étant partagée « entre un directeur, *chief executive*, et un chef maori, *Kaihautu* »[2]. Le musée biculturel apparaît donc comme la forme la plus poussée d'une collaboration étroite entre institutions culturelles et communautés mais a l'inconvénient de ne pas pouvoir se réaliser partout, en fonction des contextes sociaux, géopolitiques ou encore démographiques des territoires. De plus, d'après Lily Martinet, « la rigidité du biculturalisme empêcherait la promotion d'une réelle interculturalité »[3] au sein des musées[4].

---

[1] Les musées étant également des centres scientifiques de documentation, de conservation, de recherche, etc.

[2] MARTINET, 2019, op.cit., p. 393.

[3] *Ibid.*, p. 394.

[4] Synthèse ICHMP, 2020, op.cit., p. 15 : Également, le concept du « musée liquide » prend de l'ampleur depuis quelques années. Celui-ci, tiré de la théorie de la *modernité liquide* de Zygmunt Bauman, reviendrait à considérer le patrimoine au

Les institutions culturelles peuvent également contribuer à la restitution d'éléments fondamentaux pour la sauvegarde de leur patrimoine culturel immatériel. Ainsi, aux États-Unis, la *Library of Congress* de Washington, qui possédait dans ses collections un grand nombre d'enregistrements audio de langues indigènes quasi disparues, a permis à des locuteurs, en transmettant ces enregistrements aux communautés indiennes, de recouvrer une partie de leur identité en se réappropriant des langues qu'ils avaient presque perdues[1]. Ce cas de réappropriation culturelle démontre l'importance des restitutions immatérielles par les institutions culturelles auprès des communautés sources[2].

Cependant, des contraintes juridiques peuvent venir en travers de cette étroite collaboration en ce que certaines institutions culturelles « ne peuvent pas accommoder les demandes des communautés, car les règles coutumières régissant l'accès aux expressions culturelles traditionnelles entrent en conflit avec le droit national »[3]. Plus encore, « lorsque l'avis des comités, ou des consultants, ne lie pas les institutions culturelles, la participation des communautés n'est qu'une façade. Sans une réelle inclusion des communautés sources, une interprétation fausse et passéiste de leurs expressions culturelles traditionnelles risque de perdurer »[4].

Il serait rudimentaire d'omettre les communautés et l'opinion publique en tant qu'acteurs déterminants de la lutte contre l'appropriation culturelle. En effet, les dénonciations d'appropriation abusive d'expressions culturelles traditionnelles proviennent majoritairement

---

sein du musée en fonction de ses évolutions perpétuelles, « qui ne cesse d'être remodelé par les communautés, les groupes et les individus en réponse à leur environnement (naturel/physique, social et culturel) » et impliquerait donc davantage les communautés au sein des pratiques muséales.

[1] Library of Congress, *Collection Ancestral Voices, About this Collection.* [En ligne].
URL : https://www.loc.gov/collections/ancestral-voices/about-this-collection/ (consulté le 16 août 2023).

[2] Les langues, si elles ne sont pas considérées elles-mêmes comme du patrimoine culturel immatériel, sont des vecteurs de transmission d'éléments du patrimoine culturel immatériel et d'expressions culturelles traditionnelles.

[3] MARTINET, 2019, op.cit., p. 430.

[4] *Ibid.*, p. 396.

de la sphère publique, des citoyens qui sont notamment à l'origine de la visibilité de la théorie de l'appropriation culturelle dans les médias, sur les réseaux sociaux, etc.

§ 2 : Le rôle sous-estimé des communautés et de l'opinion publique dans la lutte contre l'appropriation culturelle

Il est fondamental de rappeler que l'acteur principal de la valorisation du patrimoine culturel immatériel et de sa sauvegarde à travers la lutte contre l'appropriation culturelle abusive et non consentie demeure la communauté source. En effet, son rôle est encore trop souvent sous-estimé en la matière alors qu'elle constitue la pierre angulaire de la protection des expressions culturelles traditionnelles (A). De manière générale, l'opinion publique est aujourd'hui le fer de lance de la lutte contre l'appropriation culturelle, en ce que la notion s'est répandue grâce à un mouvement d'indignation générale et a été portée par les débats entre appropriationnistes et anti-appropriationnistes dans la sphère publique. Ce faisant, l'opinion publique influence les pouvoirs publics et les acteurs du droit à réagir au phénomène d'appropriation afin de sauvegarder le patrimoine culturel immatériel des communautés (B).

A. Les communautés, actrices principales de la lutte contre l'appropriation culturelle et de la sauvegarde du patrimoine culturel immatériel

« Le patrimoine n'est pas affaire que d'État et de propriétaire, mais aussi d'individus, de citoyens, de collectif et de communauté »[1].

- Marie-Sophie de Clippele.

---

[1] DE CLIPPELE, « Protéger le patrimoine culturel : À qui incombe la charge ? », 2020, op.cit., §1588.

Aujourd'hui encore, les communautés sont trop souvent considérées comme des sujets passifs en matière culturelle, alors qu'elles sont une véritable force de frappe en matière de protection du patrimoine car elles perpétuent et renouvellent au quotidien leurs expressions culturelles, les rendant ainsi pleinement vivantes. La plupart possèdent même un droit coutumier spécifique à la protection de leur patrimoine culturel immatériel face aux atteintes extérieures qui pourraient y être portées. Les communautés sont donc les véritables gardiennes des expressions culturelles immatérielles face au phénomène d'appropriation culturelle (1). En cela, elles s'attèlent depuis quelques années à un véritable effort de sensibilisation de la scène internationale aux enjeux liés à l'appropriation abusive et non consentie des expressions culturelles, notamment par un effort de communication sur les démarches respectueuses à adopter lorsque quiconque, à l'échelon étatique ou individuel, décide d'emprunter, de reproduire leurs expressions traditionnelles (2).

1. Les communautés, véritables gardiennes de leurs expressions culturelles immatérielles

En vertu du préambule de la Convention UNESCO de 2003, les communautés « jouent un rôle important dans la production, la sauvegarde, l'entretien et la recréation du patrimoine culturel immatériel, contribuant ainsi à l'enrichissement de la diversité culturelle et de la créativité humaine »[1]. Plus encore, elles sont les véritables gardiennes de leurs expressions culturelles traditionnelles, qu'elles protègent et recréent en permanence[2].

Pourtant, le terme de « communauté » n'est pas défini juridiquement. D'après Clea Hance, il semblerait que ce vide juridique témoigne d'une certaine réticence de la scène internationale « à donner force juridique à l'intérêt commun de la communauté à l'égard de son patrimoine culturel. Cette réticence est problématique

---

[1] Préambule Reconnaissant n° 2 Convention UNESCO de 2003.

[2] Article 2 Convention UNESCO de 2003. Voir aussi MARTINET, 2019, op.cit., p. 376 : « Les communautés sont les acteurs principaux de la sauvegarde du patrimoine culturel immatériel ».

car la reconnaissance juridique d'un intérêt commun (...) semble essentielle pour répondre à la réalité des besoins d'une protection juridique effective du patrimoine culturel immatériel »[1]. Avec la Convention UNESCO de 2003, « le commun n'est donc plus la conséquence de la consécration d'un bien en tant que patrimoine, mais bien la raison d'être de cette consécration ».

Toutefois, les États reconnaissent de plus en plus le rôle fondamental des communautés dans la sauvegarde de leur patrimoine immatériel. Ils entreprennent des actions concrètes pour donner un véritable espace culturel, politique, juridique et économique aux communautés afin de permettre les conditions de la sauvegarde de leurs expressions culturelles traditionnelles contre diverses formes abusives d'emprunts par les tiers. D'après Lily Martinet, « de nouveaux modèles de gouvernance favorables aux communautés sont progressivement apparus. Ces modèles collaboratifs et communautaires donnent une place aux communautés »[2]. Ils prennent progressivement forme au niveau local, avec l'installation de certains « comités de gestion des sites patrimoniaux »[3] impliquant des représentants des communautés locales. En matière de conservation du patrimoine, les méthodes et techniques traditionnelles des communautés sont de plus en plus prises en compte aux côtés des formes modernes de conservation.

En outre, certaines juridictions, nationales et supranationales, reconnaissent officiellement le rôle des minorités culturelles dans la protection de leur patrimoine, notamment sur le plan des droits d'auteur. Ainsi, dans les années 1990, la Haute Cour d'Australie a eu l'occasion de faire valoir les droits d'auteur d'artistes aborigènes dans des cas d'appropriation culturelle. Comme le rappelle Manon Baur dans son mémoire, en 1998, après la vente par des tiers de tissus comportant les motifs originaux d'un artiste aborigène, Monsieur Bulun Bulun, et ce, en violation de ses droits d'auteur, l'artiste, conjointement avec Monsieur Milpurruru, un représentant de la communauté Ganalbingu dont ils étaient tous deux issus, ont

---

[1] HANCE, 2021, op.cit. Abstract.

[2] MARTINET, 2019, op. cit., p. 376.

[3] UNESCO, *Patrimoine. Indice de développement d'un cadre multidimensionnel pour la durabilité du patrimoine,* op.cit., p. 139.

porté plainte devant les juges australiens. Ces derniers, faute de base légale disponible, se sont servis de la notion d'*equity*[1] du droit anglo-saxon pour faire valoir leurs droits tout en reconnaissant le lien spécial qui unissait les motifs de cet artiste à sa communauté[2]. Cette décision est tout à fait intéressante pour le propos de la présente étude. Bien que basée sur le droit de la propriété intellectuelle, elle est innovante car « la vision exclusivement individuelle de la titularité des droits se voit ainsi partiellement abandonnée au profit d'une approche orientée vers la collectivité. D'autre part, [elle entraîne] la reconnaissance par les juridictions australiennes des intérêts qu'ont les groupes autochtones à la protection de leur héritage culturel (...) ». En cela, le « manque de matériel pédagogique visant à informer [les populations autochtones de leurs droits] » et limitant ainsi leur « accès à la justice » tend doucement à se dissiper, même si des efforts restent à faire. En effet, dans certains États, beaucoup de communautés « ne connaissent pas ou comprennent mal les protections qu'accordent les différentes lois »[3] en faveur de leurs expressions culturelles traditionnelles[4]. Toutefois, « il ressort de la jurisprudence la plus récente des tribunaux que ceux-ci ont décidé de faire primer la liberté d'expression du grand public, au détriment de la protection demandée par les communautés

---

[1] Larousse, « Equity law ». [En ligne].
URL : https://www.larousse.fr/encyclopedie/divers/Equity_Law/179706#:~:text=Institution%20juridique%20du%20Royaume%2DUni,un%20droit%20de%20formation%20jurisprudentielle (consulté le 16 août 2023) : En droit anglo-saxon, l'*equity* « désigne l'ensemble des règles de droit se dégageant des décisions rendues par la juridiction du Chancelier (Cours de la Chancellerie). À l'instar de la *Common Law*, il s'agit d'un droit de formation jurisprudentielle ».

[2] Cour fédérale australienne, 3 septembre 1998, arrêt Bulun Bulun & Another v. R & T Textiles Ptd Ltd. cité dans mémoire BAUR, 2020, op.cit., p. 17 : Dans cette affaire, l'artiste avait agi « avec la permission de sa communauté et (...) était tenu, conformément aux droit et coutumes de cette dernière, d'en préserver les intérêts et l'intégrité culturelle (...) ». p. 17 : Haute Cour d'Australie, 1994, Affaire Milpurrurru & Others v. Indofurn Pty Ltd and Others sur la question de la création d'un tapis reproduisant les motifs traditionnels tribaux d'artistes aborigènes en violation de leurs droits d'auteur. Les auteurs de l'appropriation culturelle ont été condamnés à la restitution des tapis invendus et au paiement d'importants dommages et intérêts.

[3] UDY, 2015, op.cit., p. 865 : « Par exemple, une étude a révélé que plusieurs répondants autochtones ne savaient pas que la responsabilité de poursuivre un tiers pour contrefaçon appartient au titulaire du droit et non au gouvernement ».

[4] DE CLIPPELE, « Protéger le patrimoine culturel : À qui incombe la charge ? », 2020, op.cit., § 1575 sur le droit de recours en justice des communautés.

autochtones contre toute utilisation dépréciative de leurs expressions culturelles »[1].

Dans leur rôle de gardiennes de leur patrimoine immatériel, les communautés ont parfois leurs propres droit et coutumes régissant leurs expressions culturelles traditionnelles face aux appropriations des tiers, ainsi que leurs propres juridictions. À titre d'exemple, en 1993, les « dirigeants du Mouvement pour la souveraineté hawaïenne ont organisé un tribunal (...) afin de commémorer le centième anniversaire du coup d'État soutenu par les Américains contre la reine hawaïenne Lili'uokalani. Le tribunal a accusé les États-Unis d'une série d'actes de destruction de la culture et d'appropriation de la terre et de la souveraineté en utilisant la forme d'un procès criminel »[2].

Pour assurer ce rôle de gardien, chaque individu composant la communauté patrimoniale a la responsabilité et contribue à la charge collective de la protection du patrimoine culturel immatériel de celle-ci. D'ailleurs, la plupart des actions en justice introduites en matière d'appropriation culturelle le sont par des requérants au nom de leur communauté et de ses intérêts, et non pas en leur nom propre[3]. Cependant, il faut garder à l'esprit que la communauté est une personne juridique distincte de ses membres. Clea Hance rappelle ainsi : « à trop reconnaître de droits aux communautés, on met en danger les droits des individus qui les constituent. Si la protection de leurs intérêts individuels doit bien sûr être préservée, elle ne nous semble pas s'opposer pour autant à la possibilité de reconnaître des intérêts communs "indivisibles" de la communauté elle-même, indépendamment de ses membres ». (…) « En maintenant l'existence d'une dimension collective du droit de participation dans une situation ambiguë, le droit nie l'existence d'intérêts communs indivisibles des communautés à l'égard de leur patrimoine culturel, et les prive par conséquent de modalités d'actions juridiques

---

[1] BAUR, 2020, op.cit., p. 25.

[2] MERRY, Sally. E., *Law, Culture, and Cultural Appropriation*, 10 Yale J.L. & Human, 1998, p. 12. [En ligne]. URL : https://digitalcommons.law.yale.edu/yjlh/vol10/iss2/16 (consulté le 16 août 2023). [MERRY, 1998].

[3] BAUR, 2020, op.cit., p. 19 : Exemple du cas de Sealaska Heritage Institute c/ Neiman Marcus Grp.

efficaces. Au contraire, l'acceptation d'une dimension collective en sus de la dimension individuelle du droit de participation (…) semble renforcer la vocation des droits fondamentaux en l'ouvrant à la protection d'intérêts communs indivisibles susceptibles *in fine* de mieux protéger les individus appartenant au groupe »[1]. La communauté dans son ensemble est donc effectivement l'acteur principal de la protection du patrimoine culturel immatériel. Ses membres concourent à la préservation des expressions culturelles tout en veillant à prévenir les menaces d'appropriation culturelle. À cet égard, les communautés mènent en la matière de véritables actions de sensibilisation et d'éducation depuis quelques années.

2. L'effort de sensibilisation internationale des communautés contre l'appropriation culturelle

Les communautés sources contribuent de plus en plus à la sensibilisation et à la diffusion d'informations pédagogiques et éducatives autour des enjeux de l'appropriation culturelle et de la préservation de leur patrimoine culturel immatériel. Ces initiatives permettent tant d'attirer l'attention du grand public sur ces problématiques que de sensibiliser les jeunes générations au sein même de la communauté, afin de perpétuer les traditions et assurer la préservation et la revitalisation des expressions culturelles traditionnelles dans le temps. La lutte contre l'appropriation culturelle et la participation active des communautés sources à la sauvegarde de leur patrimoine culturel leur permet de mieux se connecter à leur passé et à leurs traditions, renforçant ainsi leur identité culturelle, ce qui influence de manière significative leurs actions et leur vision du monde. Qu'il s'agisse de colloques,

---

[1] HANCE, 2020, op.cit., §20 : « Si une dimension collective est accordée au droit de participation, la communauté en tant que telle peut agir directement pour défendre le patrimoine qu'elle détient. Tandis que si le droit de participation est limité à une dimension individuelle, la communauté ne peut agir directement, et dépend d'une action juridique de ses membres sur le fondement de leurs droits individuels ». Voir en ce sens : THOMPSON Richard H., 1997, « Ethnic minorities and the case for collective rights », *American anthropologist*, vol. 99, n° 4, p. 786-798. DOI : 10.1525/aa.1997.99.4.786.

conférences, ateliers, festivals, expositions, concerts et autres performances culturelles, mais également d'ouvrages écrits, de documentaires ou de travaux scientifiques, ces initiatives se développent auprès des étudiants et des jeunes générations. Plus encore, les communautés encouragent la mise en place de séminaires, participent à des interventions dans des universités pour partager leurs expériences.

Ces efforts de sensibilisation des communautés peuvent également prendre la forme de collaborations étroites entre celles-ci et les acteurs publics. En effet, « bien que les communautés occupent un rôle central » dans la préservation des expressions culturelles traditionnelles et la prévention des risques d'appropriation culturelle, « l'appui d'un État est toujours bénéfique »[1].

Les communautés cherchent également à établir des partenariats avec des associations, des fondations, des organisations non gouvernementales ou encore des institutions culturelles pour toucher un public plus large. Ainsi, « "The Berndt Museum of anthropology" possède (…) une des plus importantes collections de photographies et d'objets documentant les communautés aborigènes d'Australie-Occidentale. Ce musée a collaboré de façon approfondie avec ces communautés sources afin d'enrichir et de vérifier l'interprétation des photographies de ses collections. Le musée a par exemple mené un projet original de restitution des photographies aux communautés aborigènes »[2], entrant alors directement dans le champ des problématiques d'expropriation culturelle sus-évoquées. « L'avis des communautés a également orienté l'acquisition de nouveaux objets par le musée. Cette approche collaborative a permis de tisser un lien fort entre le musée et les communautés »[3].

Les réseaux sociaux constituent également une plateforme idoine pour porter leur voix et atteindre les consciences du monde entier. À cet égard, de nombreux comptes *Instagram*, tenus par des

---

[1] MARTINET, 2019, op.cit., p. 187.

[2] STANTON, John E., « Snapshots on the Dreaming: photographs of the past and present » dans PEERS, Laura L., BROWN, Alison K., *Museums and source communities,* Londres: Routledge, 2003, p.136 et p. 139 cité dans MARTINET, 2019, op.cit., p. 398.

[3] *Ibid.*

représentants de communautés sources, se présentent comme faisant partie de mouvements activistes et sensibilisent au quotidien les utilisateurs sur les dangers de l'appropriation culturelle pour la préservation du patrimoine immatériel et la diversité des expressions culturelles traditionnelles.

« Les communautés (...) doivent mettre en œuvre une stratégie globale »[1] en la matière puisque ces initiatives contribuent à influencer le droit de la protection du patrimoine culturel immatériel ainsi que l'appréhension juridique de la lutte contre l'appropriation culturelle à travers le monde. En effet, à titre d'exemple, les travaux de l'UNESCO, les comités de rédaction et groupes d'experts, notamment dans le cadre de la Convention de 2003, sont directement touchés par les actions des communautés dont ils font état dans leurs rapports et programmes culturels. Bien qu'ils ne mentionnent pas directement la notion d'appropriation culturelle, ils traitent de problématiques voisines en rapport avec la préservation des expressions culturelles traditionnelles. Les efforts de sensibilisation des communautés sur ces questions doivent donc se poursuivre car ils peuvent s'avérer particulièrement fructueux. Ces dernières années, les colloques sur la notion d'appropriation culturelle, notamment dans les facultés de droit et de sciences sociales, n'ont cessé de se multiplier et d'attirer du public[2].

Pourtant, si les communautés sources sont aujourd'hui de plus en plus actives dans la lutte contre l'appropriation culturelle *via* notamment la protection de leurs expressions culturelles traditionnelles, cela n'a parfois pas toujours été le cas. En effet, pendant longtemps, certaines communautés étaient réticentes à l'idée d'une

---

[1] MARTINET, 2019, op.cit., p. 187.

[2] Voir l'intervention de Jean-Louis Tornatore lors du séminaire PEPS (Propriété, Environnement, Patrimoine et Société) du 13 février 2024 à l'ENS Paris-Saclay, intitulée « Appropriation culturelle et écologie des savoirs : question décoloniale ». Son intervention décrivait notamment l'exemple québécois pour la défense et la protection de l'art autochtone face au « cannibalisme culturel » - terme repris d'André Dudemaine, spécialiste de la promotion et la valorisation des cultures autochtones au Canada – tout en présentant le risque de relativisme qui conduirait à considérer toutes les expressions culturelles traditionnelles comme équivalentes, sans distinction entre celles encore largement utilisées ou acceptées par la communauté et celles qui ne le sont plus.

protection juridique et légale de leur patrimoine culturel immatériel et également naturel, « la création d'une aire protégée, ou la patrimonialisation d'un site [entraînant] au pire, l'expulsion des communautés y vivant et, au mieux, une confiscation de sa gestion par les personnes publique (...) »[1]. À cet égard, comme l'évoque Lily Martinet dans sa thèse, « en 1985, dans un contexte de post-indépendance, le Vanuatu a par exemple interdit aux chercheurs étrangers de réaliser des études de terrain en sciences sociales sur son territoire »[2] afin de protéger les expressions culturelles des communautés mélanésiennes Ni-Vanuatu. « En 1994, quand le Vanuatu a rouvert son territoire aux chercheurs, il a soumis tout projet de recherche à la délivrance d'un permis par le Conseil National de la Culture de Vanuatu[3]. (…) Grâce à ce dispositif, le Vanuatu a réussi à rééquilibrer les relations entre les communautés et les chercheurs ».

Toutefois, si la notion d'appropriation culturelle a pris de l'ampleur ces dernières décennies et que la communauté internationale commence à prendre en compte ses enjeux, c'est aussi du fait des dénonciations provenant de l'opinion publique en matière de protection des expressions culturelles immatérielles. En effet, les citoyens et autres acteurs de l'opinion publique s'intéressent de plus en plus à ces problématiques, en signalant certains actes d'appropriation culturelle auprès des pouvoirs publics et en faisant de la préservation des identités culturelles et du patrimoine immatériel des communautés, une priorité mondiale.

---

[1] MARTINET, 2019, op.cit., p. 376.

[2] BOLTON, Lisa, « Introduction », Oceania, 1999, volume 1 n° 1, p.1 cité dans MARTINET, 2019, op.cit., p. 412.

[3] FAUGÈRE, Elsa, LOUAFI, Sélim, « Le nouveau climat des expéditions naturalistes au Sud : l'exemple de Santo 2006 au Vanuatu », *Revue Tiers Monde*, 2011, volume 3, n° 207, p. 83 cité dans MARTINET, 2019, op.cit., p. 412.

B. L'opinion publique, véritable force de proposition dans la lutte contre l'appropriation culturelle

L'appropriation culturelle est apparue dans le débat public par une prise de conscience de ses conséquences sur la protection des droits et du patrimoine culturel des communautés de la part des citoyens et des acteurs de la société civile (1). Des revendications de groupements activistes, tantôt favorables, tantôt opposés à la théorie de l'appropriation culturelle, ont alors émergé sur les plateformes en ligne, telles que les réseaux sociaux, dans la presse mais également dans l'espace public, à travers les manifestations de rue[1]. L'opinion publique est donc aujourd'hui une force de proposition, indispensable à la prise de décision politique et juridique en matière culturelle (2).

1. La prise de conscience progressive des citoyens sur les divers enjeux de l'appropriation culturelle

Aujourd'hui, les citoyens du monde entier s'approprient la notion d'appropriation culturelle et prennent conscience de ses enjeux, provoquant alors des passions diverses, notamment visibles sur les réseaux sociaux.

Cette prise de conscience par les citoyens est également à l'origine de la distinction entre *appropriation* et *appréciation culturelles*. Cette distinction s'est présentée comme une sorte de compromis trouvé entre les différentes opinions sur la question de l'appropriation culturelle et distingue entre ce qui relève de l'*appropriation* – d'un acte abusif, non consenti et immoral, niant les droits des communautés et menaçant directement la protection de leurs expressions culturelles traditionnelles – et ce qui relève de l'*appréciation*, une forme d'hommage, d'emprunt *approprié*, respectueux et effectué sans accroître les inégalités et rapports de domination dont souffrent déjà les communautés sources. En effet, l'appréciation des expressions culturelles traditionnelles serait

---

[1] Voir affaires SLĀV et Kanata.

ainsi non-répréhensible et relèverait d'une certaine « éthique de l'appropriation culturelle »[1]. Ainsi, « pour le penseur et écrivain anishnabe Niigan Sinclair, l'appropriation culturelle n'est pas un problème de liberté d'expression, mais un problème d'éthique : "[l]'appropriation est un vol basé sur le pouvoir et le privilège. L'appréciation est un engagement basé sur la responsabilité et l'éthique" »[2]. Autrement dit, tandis que l'appropriation culturelle résulte davantage d'un « opportunisme culturel », l'appréciation culturelle est le fruit d'une « collaboration artistique »[3] entre l'emprunteur et la communauté source.

Cette distinction entre appropriation et appréciation culturelles est aujourd'hui reprise par de nombreux travaux de recherche, publications diverses[4] et est prise en compte par les artistes et créateurs, notamment dans le secteur de la mode, où « les marques de haute couture cherchent de plus en plus aujourd'hui à inclure les minorités culturelles dans leurs processus de création ». Cependant, « il reste à savoir si leur engagement social et politique devrait être, ou non, érigé en obligation de principe, de sorte que toute création de haute couture qui implique des minorités culturelles dominées doit être incarnée par celles-ci »[5].

Cette différenciation entre appréciation et appropriation culturelles comporte toutefois des limites, la première étant que ni l'une, ni l'autre n'est reconnue par le droit. De plus, pour être établie, cette différenciation présuppose une analyse très subjective et au cas par cas des différents emprunts culturels. La ligne est particulièrement

---

[1] BARRY, Amadou S., *Éthique de l'appropriation culturelle,* 12 janvier 2019. [En ligne]. URL : https://www.lesoleil.com/2019/01/12/ethique-de-lappropriation-culturelle-bf671f1e0a8e119f27472cec9520461e/ cité dans BORELLA, 2020, op.cit., p. 93 : « Cette éthique de l'appropriation culturelle fait référence à "l'ensemble des démarches artistiques et intellectuelles entreprises pour mettre à la disposition des professionnels (...) les bonnes manières d'utiliser et d'adapter les éléments artistiques, œuvres et caractéristiques originaires d'une autre culture" ».

[2] CBC News, 2017 – traduit et cité dans BRUNETTE, 2020, op.cit.

[3] BORELLA, 2020, op.cit., p.17.

[4] BELL HOOKS, 1992, op.cit., p. 378.

[5] BORELLA, 2020, op.cit., p. 94 : « (...) au fondement d'une "appropriation culturelle éthique" ou d'une appréciation culturelle, se trouve le nécessaire travail de la connaissance de la minorité culturelle concernée et de sa culture ainsi que la responsabilité, à travers une création ou une collection, de témoigner d'une forme de reconnaissance à son égard ».

fine entre l'appropriation et l'appréciation culturelles. « Quand peut-on considérer que l'appréciation d'une culture dévie en appropriation culturelle ? »[1] Certains considèrent également que la notion d'appréciation culturelle ne serait qu'un « battage publicitaire »[2] peu pertinent. Ainsi, Madame Léonor Borella propose de « rapprocher l'idée d'"appropriation privatisante" à celle d'appropriation culturelle et faire coïncider l'"appropriation régénératrice" avec le concept d'"appréciation culturelle". (...) En effet, il y a appropriation culturelle et non plus collaboration artistique dès lors qu'un créateur de mode s'inspire d'éléments d'une autre culture sans qu'il n'y ait de retombées économiques pour [la communauté concernée] ou de formes de reconnaissance de son héritage culturel »[3].

Plus encore, Madame Sandra Niessen propose 4 critères pour distinguer appréciation et appropriation culturelles :
« 1° Une compréhension et un respect à l'égard des détenteurs d'expressions culturelles traditionnelles ; 2° Une transformation et une réinterprétation respectueuses des expressions culturelles traditionnelles ; 3° La mention des sources et la reconnaissance à l'égard des détenteurs d'expressions culturelles traditionnelles ; 4° La participation des détenteurs d'expressions culturelles traditionnelles moyennant des demandes d'autorisation et de collaboration ».

Des efforts dans la prise en compte de cette différenciation entre appropriation et appréciation culturelles peuvent donc être constatés : certains guides et ouvrages sont publiés pour inciter les entreprises à repenser leurs méthodes de production afin d'éviter l'appropriation abusive des expressions culturelles traditionnelles[4]. Un exemple est

---

[1] BORELLA, 2020, op.cit., p. 13.
[2] PHAM, Minh-Ha T., « Pour un discours inapproprié d'appropriation culturelle », dans Tumultes 2017/1 (n° 48), p. 124, *Éditions Kimé*, ISSN 1243-549X DOI 10.3917/tumu.048.0117.
[3] BORELLA, 2020, op.cit., p. 27/28 : « Par conséquent, l'emprunt, l'inspiration, l'appréciation ou la collaboration relèvent de l'appropriation à partir du moment où ils reflètent, renforcent ou amplifient des rapports de domination historiques ou privent certaines communautés d'opportunités de contrôler et de tirer profit de leur patrimoine culturel ».
[4] Voir IPinCH, 2015, op.cit.

celui de la marque de confection locale de chaussures *N'go*[1] qui commercialise des chaussures comportant des motifs traditionnels de certaines communautés du Vietnam des provinces de Nghệ An, de Hòa Bình et de Điện Biên, en collaboration directe avec des tisseuses vietnamiennes, pleinement impliquées dans les ventes et la fabrication des produits. Également, « N'go reverse 2 % de son chiffre d'affaires annuel pour financer la construction d'écoles dans les provinces marginalisées du pays en partenariat avec l'ONG Sao Bien. En 5 ans (...) la marque a pu financer la construction de 5 écoles et ainsi scolariser 300 élèves »[2].

Les dénonciations d'actes d'appropriation culturelle portées par la lutte anti-appropriationniste citoyenne sont souvent accusées d'alimenter la *cancel culture* (du verbe *annuler*) ou *culture de la censure*, et ainsi, de porter une atteinte grave à la liberté de création artistique et de manière plus générale, à la liberté d'expression. La *cancel culture* peut être définie comme la « pratique qui consiste à ostraciser une personne qui tient des propos ou fait des actes qui conduisent à l'indignation publique, notamment sur les réseaux sociaux »[3]. Selon Madame Isabelle Barbéris, la *cancel culture* est un « phénomène de langage qui enclave et désarme l'expression du jugement critique » et qui « ignore la contradiction à laquelle elle préfère la négation absolue »[4]. En effet, la *cancel culture* ne ferait pas de distinction entre les innocents et les coupables et surtout, semble condamner une personne en dehors de tout cadre légal et juridique. Elle réduit au silence et sanctionne les individus au nom de leurs simples opinions. Or, dans un État de droit, l'indépendance du pouvoir judiciaire est un élément clé, signifiant que l'opinion publique ne devrait pas être un juge à part entière[5]. En ce sens, elle

---

[1] Site internet de la marque : URL : https://ngo-shoes.com/fr/content/17-les-artisanes (consulté le 16 août 2023).

[2] GUILBERT, Bloomers, op.cit.

[3] 50A, *Cancel culture*. [En ligne]. URL : https://www.50a.fr/0/cancel-culture (consulté le 16 août 2023).

[4] BARBÉRIS, Isabelle, « Sur l'expression "cancel culture" » dans Cités 2021/2, §23. [En ligne].
URL : https://www-cairn-info.ezproxy.universite-paris-saclay.fr/revue-cites-2021-2-page-31.htm (consulté le 16 août 2023).

[5] SONSOLES MADRID GIL, « Woke culture and the history of America: From colonisation to depersonalisation », Church, Communication and Culture, 2022, p.

se rapproche de la pratique du *naming and shaming*[1] répandue sur les réseaux sociaux qui, bien que permettant de porter la voix des minorités culturelles pour la défense de leur patrimoine face au phénomène d'appropriation culturelle, connaît de nombreuses limites[2]. Il convient toutefois de relativiser la *cancel culture*, qui ne détient aucune force contraignante en pratique. La *cancel culture* est également indépendante du constat objectif que l'appropriation abusive d'une expression culturelle traditionnelle est un fait dommageable à plusieurs niveaux pour les droits des communautés sources. « S'agissant de questions de sociétés, faisant l'objet d'âpres débats, il paraît difficile pour le juriste de se positionner et ce, en dépit des éminentes questions de libertés induites par ces phénomènes. Il n'en demeure pas moins que [ces problématiques] conduisent à repenser la manière dont le droit peut contribuer à rationaliser un débat qui est, par définition, passionné »[3].

La priorité apparaît à l'heure actuelle être celle d'encourager le dialogue interculturel, la communication respectueuse et empathique avec l'Autre. En effet, se désunir et altérer notre humanité à travers ces débats ne semble pas être la solution idoine pour répondre aux diverses menaces que connaît la culture de nos jours et ne conduit, *in fine*, qu'à réduire la protection juridique du patrimoine culturel dans le monde. Selon Rodney William, une solution pourrait être celle de « ne pas répondre à une interdiction par une exclamation : "Bien sûr que si j'ai le droit !" mais plutôt par une interrogation "Pourquoi ne puis-je pas ?". Les réponses catégoriques, tout comme les certitudes, nous maintiennent à la même

---

18-42. [En ligne]. URL : https://doi.org/10.1080/23753234.2023.2174890 (consulté le 16 août 2023).

[1] Le Dictionnaire de Cambridge la définit comme « la pratique qui consiste à dire publiquement qu'une personne, une entreprise, etc. s'est mal comportée ou a agi de manière illégale ».
URL : https://dictionary.cambridge.org/fr/dictionnaire/anglais/naming-and-shaming (consulté le 16 août 2023).

[2] DUQUE, Richard B., RIVERA, Robert, LEBLANC, E.J., « The Active Shooter paradox: Why the rise of Cancel Culture, "Me Too", ANTIFA and Black Lives Matter… matters ». [En ligne]. URL : https://doi.org/10.1016/j.avb.2020.101544 (consulté le 16 août 2023).

[3] LOBIER, BRÉMOND, 2022, op.cit.

place. Les questions nous emmènent plus loin, parce qu'elles nous conduisent jusqu'à autrui »[1].

2. L'influence non négligeable des acteurs de la société civile sur le droit en matière de lutte contre l'appropriation culturelle

Les acteurs de la société civile, qu'il s'agisse d'associations, de fondations privées, d'organisations non gouvernementales, de syndicats et autres groupements œuvrant à la défense des droits des populations autochtones, mènent de nombreuses actions de lutte contre l'appropriation des expressions culturelles traditionnelles. Ces initiatives peuvent prendre la forme de colloques, de conférences, de documentaires, de podcasts, de manifestations et autres interventions publiques, qui contribuent à porter la voix de ces acteurs auprès des pouvoirs publics[2], ayant ainsi une réelle influence sur le droit. Par exemple, les lois prises *ad hoc* ayant permis les restitutions de biens culturels à l'international ces dernières années ont notamment été influencées par l'évolution de l'opinion publique sur le sujet de l'appropriation culturelle. L'influence des acteurs de la société civile auprès des pouvoirs publics et des décisions politiques en faveur de la protection du patrimoine culturel immatériel des communautés est donc indéniable et produit de vraies conséquences juridiques.

Les pouvoirs publics commencent à prendre en considération les enjeux et défis de cette problématique et peuvent ainsi en proposer une définition et en délimiter les contours. Toutefois, l'adoption d'un régime juridique[3] *sui generis* à la notion d'appropriation

---

[1] WILLIAM, 2020, op.cit., p. 109.

[2] En particulier, le pouvoir législatif, le pouvoir exécutif et le pouvoir judiciaire.

[3] KOUM DISSAKE, Vanessa, « Le mémoricide. Quel cadre juridique pour préserver le patrimoine culturel ? », Thèse : Droit., Université Paris 8, 2017, p. 11 : « Le régime juridique est l'ensemble des règles de droit applicables à une notion. Les éléments constitutifs de cette dernière - éléments caractéristiques qui forment, par leur association, le critère de la catégorie juridique - permettent la mise en œuvre d'un régime juridique. L'application d'un régime juridique suppose que soit

culturelle, semble être une idée souhaitée par une partie des acteurs de la société civile, mais rejetée par d'autres. En effet, la pertinence d'un tel régime juridique pour la protection du patrimoine culturel immatériel des communautés reste controversée.

Comme vu précédemment, le droit du patrimoine culturel, les droits culturels et humains, et parfois même le droit de la propriété intellectuelle, dans leur configuration actuelle, ne suffisent souvent pas à pallier les problèmes engendrés par les actes d'appropriation culturelle. Or, un grand nombre d'acteurs de la société civile proposent des solutions pour inspirer les pouvoirs publics, notamment les législateurs nationaux, à adopter un droit *sui generis* du patrimoine culturel immatériel, inspiré des mécanismes du droit de la propriété intellectuelle et qui prendrait en compte les enjeux de l'appropriation culturelle pour tenter d'y répondre au mieux. En effet, certains chercheurs sont d'accord « sur le fait que les lois de propriété intellectuelle actuelles devraient être complémentées par une législation *sui generis* qui répondrait aux besoins spécifiques des groupes autochtones et aux caractéristiques du patrimoine culturel qui diffèrent de la propriété intellectuelle traditionnelle »[1].

En outre, l'appropriation culturelle doit-elle être sanctionnée ? Si oui, de quelle manière ? Le droit pénal *via* un système de sanctions est-il nécessaire ou des excuses publiques suffisent-elles ? Un droit à indemnité pourrait également être invoqué par la communauté source victime d'un acte d'appropriation culturelle abusif car, en effet, le droit prend en compte la subjectivité liée au préjudice moral. Ainsi, le droit n'est pas sans lien avec l'éthique, la morale, ou encore les différentes sciences sociales, qui sont à considérer lorsqu'il est décidé de réfléchir à un potentiel régime juridique de l'appropriation des expressions culturelles traditionnelles, tel que proposé par les acteurs de la lutte anti-appropriationniste. Encore faut-il être capable d'identifier précisément les communautés bénéficiaires de ce régime juridique, ce qui, du fait d'une absence de définition en droit

préalablement procédé une opération de qualification juridique ». [KOUM DISSAKE, 2017].

[1] UDY, 2015, op.cit., p. 867 : « De surcroît, [l'État] a une obligation constitutionnelle de fiduciaire envers les peuples autochtones, de laquelle pourrait être tirée une obligation positive de protection de la culture autochtone ».

du terme « communauté », s'avère difficile. Selon Lily Martinet, « dans l'hypothèse où une expression culturelle traditionnelle est liée à un groupe ethnique, l'identification des bénéficiaires peut notamment entraîner l'application de critères raciaux et provoquer des phénomènes d'exclusion »[1].

Plutôt qu'un régime juridique *sui generis* associé à la notion d'appropriation culturelle, certains proposent l'idée d'une protection juridique des expressions culturelles traditionnelles afin de protéger indirectement le patrimoine culturel immatériel des communautés des appropriations abusives. Cependant, beaucoup craignent que cette protection, qui impliquerait une sortie du domaine public des expressions culturelles, conduise finalement à entraver d'autant plus la sauvegarde du patrimoine[2]. Quoi qu'il en soit, il faudrait d'abord parvenir à une définition claire et unanime des expressions culturelles traditionnelles[3]. En outre, « cette protection implique[rait] d'attribuer à des entités infra-étatiques des droits privatifs sur des pans entiers du patrimoine culturel qui étaient jusqu'alors libres de droits. Les effets d'un tel démembrement de la culture présentent le risque d'inhiber l'interculturalité et la créativité. Or, les expressions culturelles traditionnelles prospèrent lorsqu'elles évoluent librement dans un environnement dynamique et propice aux interactions culturelles. [Ainsi], une protection juridique des expressions culturelles traditionnelles découragerait ces échanges culturels, ce qui pourrait à terme causer leur pétrification »[4].

Pourtant, les actes d'appropriation culturelle abusifs et non consentis semblent *de facto* largement facilités par le fait que les expressions culturelles traditionnelles appartiennent souvent au domaine public. Ainsi, l'idée d'un domaine public payant[5] est régulièrement évoquée mais comporte de nombreuses limites, en particulier celle de monétiser les expressions culturelles immatérielles et dénaturer leur valeur symbolique et traditionnelle. Les acteurs de la société civile proposent alors d'autres solutions,

---

1 MARTINET, 2019, op.cit., p. 441.

2 *Ibid.*, p. 31.

3 *Ibid.*, p. 233.

4 *Ibid.*

5 Ce concept, parfois présenté comme un oxymore, a été introduit par Victor Hugo lors du Congrès de Vienne de 1815. Voir *Ibid.*, p. 90.

telles que l'instauration d'un modèle de licence commune[1] ou encore celle d'un label international, proche de celui du commerce équitable[2], à destination des expressions culturelles traditionnelles à protéger.

Pour accompagner un régime juridique *sui generis* de l'appropriation culturelle, il semblerait toutefois que l'intervention du droit pénal et de sa finalité répressive ne soit pas une idée souhaitable à l'heure actuelle. En effet, la réparation pleine et entière du préjudice moral, symbolique, patrimonial, économique des communautés résultant des actes d'appropriation culturelle par l'intervention du droit civil ne serait-elle pas suffisante[3] ? Surtout, une difficulté supplémentaire émerge : dans la plupart des cas d'appropriation culturelle, les emprunteurs n'ont aucunement conscience du caractère répréhensible de leur acte. Or, pour que l'appropriation

---

[1] OMPI, « Implementing a Traditional Knowledge Commons », *Natural Justice*, 2010, p. 14. cité dans OMPI, 2010, op.cit., p. 18 : Selon le Comité intergouvernemental de la propriété intellectuelle relative aux ressources génétiques, aux savoirs traditionnels et au folklore de l'OMPI, lors de sa dix-septième session à Genève en 2010, « un modèle de licence commune pour les savoirs traditionnels a été élaboré pour tenter de remédier aux problèmes rencontrés par les communautés autochtones et locales (…). En d'autres termes, la licence commune sur les savoirs traditionnels permettrait d'assurer un accès réglementé aux savoirs traditionnels - inspiré des valeurs bioculturelles des communautés autochtones et locales - et non un accès complètement libre. C'est la raison pour laquelle les communautés autochtones et locales doivent être en mesure d'interdire l'accès et de refuser l'appropriation de toute innovation fondée sur leurs savoirs traditionnels lorsque c'est nécessaire pour les protéger contre une utilisation illicite ».

[2] MARTINET, 2019, op.cit., p. 444 : « L'instauration d'un label unique international, propre aux expressions culturelles traditionnelles et conçu sur le modèle de celui du commerce équitable, pourrait notamment être envisagée comme une solution pour partager les coûts liés à sa création et à sa promotion ».

[3] KOUM DISSAKE, 2017, op.cit., p. 410/ 411 : « Le droit pénal classique, ayant une finalité répressive, ne peut en principe servir de fondement à la réparation des préjudices subis par ces victimes. En effet, la réparation des préjudices trouve son fondement dans la justice civile. La peine et la réparation sont deux notions à ne pas confondre ». L'auteur distingue trois formes de réparation : « la réparation symbolique (par laquelle les pouvoirs publics pourraient reconnaître officiellement l'acte d'appropriation culturelle illicite par un acte de reconnaissance, un discours, une prise de responsabilité, etc.), la réparation politique (notamment par l'octroi de droits et autres prérogatives par le biais d'une discrimination positive aux communautés lésées) et la réparation matérielle, tangible (en prévoyant une indemnisation numéraire, matérielle, etc. à destination des communautés sources) ».

culturelle soit une infraction, le comportement intentionnel, conscient de l'auteur doit être caractérisé, ce qui est loin d'être le cas en pratique[1]. À cet égard, le traitement juridique de la notion d'appropriation culturelle relèverait davantage d'une justice transitionnelle que d'une justice civile classique fondée sur la simple réparation du préjudice. Cette justice transitionnelle aurait pour objectif « l'instauration de la paix et de la réconciliation » suite aux injustices subies par les communautés dans le passé, notamment à l'ère coloniale, et marquerait ainsi, par une reconnaissance de la mémoire, « la naissance d'un droit pénal moderne affranchi de la peine vengeresse et de la loi du talion »[2].

Finalement, l'élaboration d'un régime juridique autour de la notion d'appropriation culturelle ne semble pas être, aujourd'hui du moins, la solution idoine à tous les maux précités. En effet, sa subjectivité et son absence de définition juridique rendent pour l'instant difficile l'instauration d'un tel régime. Qui plus est, la majorité des États refuse encore de reconnaître cette notion et ses effets sur la protection du patrimoine culturel immatériel des communautés. « Construire un cadre juridique capable de protéger l'intégrité [immatérielle des expressions culturelles traditionnelles], promouvoir leur valeur intellectuelle et rémunérer les propriétaires, créateurs et entrepreneurs, tels sont les défis auxquels le droit se trouve confronté »[3]. Or, « il est (...) peu probable qu'une telle initiative puisse réussir sans qu'une volonté politique réelle et des investissements substantiels la consolident »[4]. Surtout, tant que la notion d'appropriation culturelle ne fait pas partie de l'ordre juridique international, un régime juridique *sui generis* à cette notion serait malvenu pour la protection du patrimoine culturel immatériel des communautés. En effet, « la justice ne doit pas servir les intérêts d'une opinion publique, aussi louable soit-elle. La fonction de la justice doit rester la seule justice. Car autrement, on serait prêt à commettre l'injustice – pour peu qu'elle produise une bonne leçon »[5].

---

[1] KOUM DISSAKE, 2017, op.cit., p. 430.
[2] *Ibid.*, p. 410/411. Pour en savoir plus sur la justice transitionnelle : voir p. 479.
[3] PIATTI, QUIQUEREZ, 2016, op.cit., p. 12.
[4] MARTINET, 2019, op.cit., p. 444.
[5] KOUM DISSAKE, 2017, op.cit., p. 409.

Cependant, l'intervention du *soft law* / droit mou pourrait-elle, pour l'instant, servir à elle seule la lutte contre l'appropriation culturelle afin de sensibiliser le public aux enjeux des emprunts culturels abusifs sur les droits des communautés ? Comme vu précédemment, son manque d'efficacité face au phénomène en pratique lui est souvent reproché. À défaut de la création d'un régime juridique international propre à la notion d'appropriation culturelle et ses dégâts sur la protection du patrimoine culturel immatériel des communautés, serait-il possible de se servir, pour le moment, du droit du patrimoine culturel et des droits humains dans leur configuration actuelle ? En effet, il semblerait que le droit international, tel que conçu aujourd'hui pour protéger les expressions culturelles traditionnelles et le patrimoine culturel immatériel, puisse servir de régime juridique implicite à la lutte contre l'appropriation culturelle, car ayant de nombreux objectifs en commun, notamment eu égard à la protection des droits et des identités culturelles des communautés sources.

Quoi qu'il en soit, si les juristes décident de conférer un régime juridique à l'appropriation culturelle extractive, qu'il soit entièrement nouveau ou issu des bases juridiques existantes, celui-ci ne pourra s'édifier qu'en établissant de nombreux compromis et en trouvant un équilibre entre les intérêts divergents évoqués tout au long de la présente recherche. En effet, la loi, qu'elle soit nationale ou internationale, devra appréhender les opinions contraires telles que portées par les acteurs de la société civile, en prenant soin d'écouter chaque position, et pourra ainsi favoriser le terrain d'une réconciliation. Il est évident que « la culture se partage, se transmet, et c'est dans ce grand mélange que réside toute sa beauté. Il faut simplement veiller à comprendre l'origine des faits, attitudes, vêtements et rituels que l'on utilise. Le respect disparaît là où la culture censée être mise à l'honneur n'est pas justement honorée »[1] et là où les droits des communautés sources sont bafoués, violés, réduisant ces dernières à une position profondément précaire et accentuant les inégalités qui divisent notre monde. L'appropriation

[1] PUZENAT, Marie, *Appropriation culturelle : où est la limite entre partage et vol*, Maze, 29 mars 2018. [En ligne]. URL : https://maze.fr/2018/03/appropriation-culturelle-ou-est-la-limite-entre-partage-et-vol/ (consulté le 17 août 2023).

culturelle doit donc être distinguée de la collaboration artistique. « Force est (...) de constater qu'une bonne compréhension du contexte de l'emprunt et de ses conséquences (l'étendue des dommages qu'il inflige sur la culture en général) est essentielle pour éviter une appropriation qui relève de l'exploitation. (...) Car au fond, lorsque l'on parle d'appropriation culturelle, ce que l'on tente de mettre en lumière c'est la manière dont nos sociétés peuvent adopter une culture tout en rejetant sa source : les gens »[1]. Le droit a une grande responsabilité dans ce débat. Le plaidoyer pour des sociétés interculturelles, communiquant entre elles est une véritable nécessité, à condition toutefois que ces échanges se fassent sur un pied d'égalité. Tel était ici le point à démontrer.

[1] MARTIN-SOUADI, IRON, 2018, op.cit.

Conclusion Partie II

La lutte contre l'appropriation abusive des expressions culturelles traditionnelles des communautés apparaît à première vue comme une solution à la protection de leur patrimoine culturel immatériel. L'étude de la configuration actuelle du droit du patrimoine culturel, à travers celle de ses instruments juridiques et de ses acteurs à l'échelle internationale, a permis à la présente recherche de souligner la diversité des enjeux et les difficultés propres à la protection juridique du patrimoine culturel immatériel des communautés face au phénomène d'appropriation culturelle.

S'agissant des instruments juridiques, les conventions culturelles de l'UNESCO sont une aide fondamentale pour appréhender la sauvegarde du patrimoine culturel immatériel face aux diverses menaces d'appropriation abusive qui pèsent sur celui-ci et ce, quand bien même l'Organisation ne consacre en aucun cas la notion d'appropriation culturelle. La protection de la diversité culturelle et du développement durable à l'échelle internationale, telle que portée par l'UNESCO, semble constituer un *duo* efficace pour justifier cette lutte contre l'appropriation culturelle. Au-delà du droit du patrimoine culturel, la mobilisation des droits fondamentaux, culturels et des autres droits humains, apparaît nécessaire pour relier l'importance de la protection des expressions culturelles traditionnelles à la communauté source, ses droits et son, voire ses identités culturelles. Cependant, même pris ensemble, les droits de l'Homme et du patrimoine culturel possèdent de nombreuses lacunes, notamment dues aux difficultés pratiques de leur mise en œuvre et au fait que celle-ci soit largement conditionnée au bon vouloir des États. En cela, ils ne permettent que partiellement la lutte contre l'appropriation du patrimoine culturel immatériel des communautés par les tiers. Un équilibre entre le *hard law* et le *soft law* apparaît donc nécessaire pour pallier ces manquements.

Sur le plan des acteurs de la lutte contre l'appropriation culturelle, les États et les institutions culturelles ont un rôle fondamental dans la protection du patrimoine culturel immatériel des communautés par le droit. La coopération internationale peut être déterminante pour encourager la nécessité de protéger les expressions culturelles traditionnelles et les droits des communautés contre le phénomène d'appropriation culturelle au niveau national, voire local. Cependant, en tant que gardiennes de leurs expressions culturelles, les communautés doivent être impliquées dans la sauvegarde internationale du patrimoine culturel immatériel au même titre que les États, qui ont beaucoup à apprendre de leur histoire et leurs expériences[1]. Elles doivent également avoir l'occasion d'exercer leur droit à la modernisation et la contemporanéité ; en un mot, avoir l'opportunité de se *réapproprier* leur patrimoine. À ce titre, une aide significative en dehors de l'ordre juridique international dans son état actuel peut être apportée par l'opinion publique, véritable force de proposition face au phénomène d'appropriation culturelle, notamment dans la défense des droits des peuples autochtones et de leurs intérêts[2].

Si la configuration actuelle du droit du patrimoine culturel et des droits fondamentaux demeure lacunaire pour protéger intégralement les expressions culturelles traditionnelles des communautés face au risque de leur expropriation, elle apparaît cependant comme un socle solide pour instituer les bases d'un régime juridique de lutte contre l'appropriation culturelle. En effet, se servir des acquis du droit peut se révéler être une contribution déterminante pour la sauvegarde du patrimoine culturel immatériel face à son appropriation abusive par les tiers et peut également dégager un régime juridique implicite de lutte contre ce phénomène. Pour cela, la nécessité de protéger l'intangibilité du patrimoine doit continuer à se répandre dans le monde et ainsi, les droits culturels pourraient commencer par reconnaître cette immatérialité et ne pas parler uniquement de patrimoines culturels au pluriel. Des améliorations sont possibles. La lutte juridique contre l'appropriation culturelle comme un moyen de protection internationale du patrimoine culturel immatériel des communautés doit être appréhendée dans un

1 SPICKARD, 2018, op.cit., p. 73.

2 JACOBS, Bel, *What defines cultural appropriation?*, BBC, The Collection, 16 mai 2022. [En ligne]. URL : https://www.bbc.com/culture/article/20220513-what-defines-cultural-appropriation (consulté le 17 août 2023). cf. Règle des *3C* : « consent, credit and compensation » pour lutter contre l'appropriation culturelle.

cadre ouvert, inclusif et soucieux des intérêts des générations futures. La notion de respect semble devoir gouverner nos systèmes d'emprunts culturels et la protection juridique du patrimoine afin de parvenir à un pied d'égalité entre les communautés sources et le reste du monde.

Propos conclusifs

Il y aurait encore beaucoup à dire sur la notion d'appropriation culturelle vis-à-vis de la protection du patrimoine culturel immatériel des communautés. Toutefois, l'objectif du présent mémoire n'est pas d'étudier l'intégralité des dimensions de cette notion, déjà abondamment subjective, mais bien de chercher à développer l'esprit critique du droit sur cette question.

Au terme de cette analyse, il est aisé de comprendre que la notion d'appropriation culturelle est particulièrement complexe et soulève divers enjeux en lien avec la protection par le droit du patrimoine culturel immatériel des communautés à travers le monde. L'appropriation culturelle engendre de nombreuses contradictions : comment permettre les échanges culturels, le brassage interculturel, la célébration des expressions culturelles traditionnelles des communautés, sans pour autant accentuer les inégalités dont elles font l'objet dans un monde globalisé ? Lutter contre l'appropriation non consentie, abusive des éléments du patrimoine culturel immatériel des communautés sources et, en un mot, lutter contre l'expropriation culturelle, soulève des questions politiques, économiques et de justice sociale. Il ne s'agit évidemment pas d'interdire en bloc toute forme d'emprunt culturel. Il s'agit en revanche pour chaque être humain de s'interroger sur les façons d'emprunter et d'utiliser les expressions culturelles de la manière la plus respectueuse des droits d'autrui[1] et ce, quand bien même ces expressions seraient amenées à évoluer dans le temps, à voyager dans l'espace, à ne pas être figées par leurs communautés sources qui ont, elles aussi, un droit à la contemporanéité et à la modernisation. Un équilibre doit donc être trouvé.

Aujourd'hui, en droit international mais également à l'échelon national, de nombreux outils existent et émergent progressivement permettant d'encadrer l'appropriation abusive des expressions culturelles traditionnelles et protéger le patrimoine culturel

[1] LENNE-CORNUEZ, 2021, op.cit., §3 : « À la notion réversible d'appropriation culturelle, il faut substituer celles d'inégalité de conditions et de rapport de domination ».

immatériel des communautés. Il est possible d'espérer par exemple qu'à l'avenir, la Convention UNESCO de 2003 comportera davantage d'inscriptions transnationales, portées par les États et les communautés, afin de témoigner d'un héritage culturel partagé, d'une collaboration en faveur des liens qui unissent les diverses régions du monde à travers le patrimoine culturel immatériel et assurer sa protection contre les menaces d'appropriations non consenties. Cependant, la notion d'appropriation culturelle ne reste ni définie, ni encadrée, ni reconnue par le droit qui ne lui consacre aucun régime juridique et ce, alors même que la lutte contre l'appropriation culturelle possède des objectifs similaires à la protection des droits fondamentaux des communautés et à celle des expressions culturelles traditionnelles. Celles-ci, et plus largement, le patrimoine culturel immatériel des communautés détient une véritable place dans l'ordre juridique international ainsi qu'une reconnaissance en droit plus importante, recherchée par la communauté internationale mais également, par les acteurs de la société civile.

Finalement, les divers instruments et acteurs internationaux de la sauvegarde et de la valorisation du patrimoine culturel immatériel peuvent-ils aussi être applicables, à ce jour, à la lutte contre l'appropriation culturelle ? Autrement dit, n'existerait-il pas, dans une certaine mesure, un régime juridique implicite de la lutte contre l'appropriation abusive des expressions culturelles traditionnelles ou du moins, les principes et les bases normatives de cette lutte ne sont-ils pas déjà consacrés de manière générale en droit ? C'est effectivement ce qu'a tenté d'établir la présente recherche. Au lieu de créer un droit *sui generis* des expressions culturelles traditionnelles et un régime juridique *ad hoc* pour lutter contre l'appropriation culturelle, il apparaît envisageable d'employer les moyens juridiques internationaux du droit du patrimoine culturel et des droits humains. En effet, les premières étapes d'un mouvement normatif pour encadrer la notion d'appropriation culturelle ne sont-elles pas déjà sous nos yeux ?

La présente étude a tenté de démontrer que si la nécessité d'une lutte contre l'appropriation culturelle n'est pas explicitement consacrée en droit, les instruments et initiatives conduites par les acteurs du droit du patrimoine culturel et des droits fondamentaux à l'échelle internationale semblent pouvoir constituer, dans une certaine mesure et avec leurs lacunes respectives, l'idée d'un régime implicite de lutte contre l'appropriation non consentie et abusive des éléments du patrimoine culturel immatériel des communautés. Ces dernières font aujourd'hui face à une véritable urgence patrimoniale, dans un monde globalisé et menacé par des formes diverses de dégradation ou de disparition du patrimoine par le fait de l'homme (expropriations, vols, pillages, spoliations, conflits armés, etc.) ou même, de la nature (réchauffement climatique, crises environnementales, déplacement de populations, etc.).

La notion d'appropriation culturelle est une opportunité pour les juristes de réfléchir à de nouvelles pratiques culturelles et à « la condition d'une circulation [des expressions culturelles traditionnelles] qui ne soit pas aveugle à la domination, aux rapports de pouvoir, à la hiérarchie, à l'exploitation »[1]. En effet, le droit a un rôle à jouer dans ces problématiques voire même, une responsabilité. Il s'agit en ce sens de tenter d'allumer « la flamme de l'imagination juridique »[2]. Pourtant, comme dans tous les domaines, la législation et la règlementation juridique ne parviennent souvent pas à combler tous les pans d'un problème. Ainsi, même avec l'aide du droit, de nombreux actes abusifs d'expropriation du patrimoine culturel immatériel des communautés continueront à se produire tant qu'il n'y aura pas eu une prise de conscience des enjeux et conséquences du phénomène d'appropriation culturelle à l'échelle internationale. Les efforts de sensibilisation sur ces problématiques doivent donc se poursuivre en ce que le droit, s'il est d'une grande aide, ne peut tout résoudre[3]. « Il est donc suggéré que le droit laisse [une place pour un] tel désaccord sur la culture et les politiques d'identité à la sphère non juridique (...) [et] que le rôle de la loi soit limité, laissant la place au rôle des considérations éthiques »[4]. La prise en compte

---

[1] RTS, 2022, op.cit.
[2] CNFU, 2022, op.cit., p. 15.
[3] SIEMS, Mathias, *The law and ethics of "cultural appropriation"*, International journal of law in context., 15 (4), 2019, p. 16. [En ligne].
URL : https://dro.dur.ac.uk/30309/1/30309.pdf?DDC72+DDD19+DDC108+dvwl25 (consulté le 17 août 2023). [SIEMS, 2019].
[4] *Ibid.*, p. 19.

des règles traditionnelles et droits coutumiers des communautés apparaît également être une solution essentielle pour protéger leur patrimoine immatériel contre le phénomène d'appropriation culturelle. « En résumé, le concept d'appropriation culturelle permet de comprendre les transformations sociales en tenant compte de l'agence, des logiques culturelles concurrentes et de la complexité des champs sociaux au sein desquels les changements ont lieu. (...) Changer la façon dont la culture est conçue permet de réimaginer la relation entre le droit et la culture »[1]. En cela, la lutte contre l'appropriation abusive et non autorisée des éléments du patrimoine culturel immatériel des communautés apparaît comme un premier pas vers leur protection.

---

[1] MERRY, 1998, op.cit., p. 602.

Bibliographie

(par ordre alphabétique des noms d'auteurs)

*** OUVRAGES ***

AJARI, Norman, MAESO, Marylin, *Où commence le racisme ? Désaccords et arguments*, Philo Éditions, 2023, 176 p. ISBN : 2900818516, 9782900818510.

APPADURAI, Arjun, *Après le colonialisme : Les conséquences culturelles de la globalisation [Modernity At Large: Cultural Dimensions of Globalization]*, Payot, 2005, 326 p. ISBN : 978-2-228-90000-3.

APPIAH, Kwame Anthony, « Identity, authenticity, survival: multicultural societies and social reproduction », dans TAYLOR, Charles, GUTMANN, Amy (eds.), *Multiculturalism: examining the politics of recognition*, Princeton, New Jersey : Princeton University Press, 1994, pp. 149-164. ISBN : 9780691037790.

APPIAH, Kwame Anthony, *The Ethics of Identity*, Princeton, New Jersey : Princeton University Press, 2005. ISBN : 9780691130286.

APPIAH, Kwame Anthony, *The Politics of Culture, the Politics of Identity*, Toronto, Canada : ICC Royal Ontario Museum, 2008. ISBN : 9780888544643.

BARTHES, Roland, *Mythologies*, Points, 2014, 288 p. ISBN : 2757841750, 978-2757841754.

BELL HOOKS, *Eating the other: Desire and resistance*, Éditions Boston: South End Press, 1992.

BLAKE, Janet, « On Defining the Cultural Heritage », *International and Comparative Law Quarterly*, vol. 49, n° 1, 2000.

BLAKE, Janet, *Élaboration d'un nouvel instrument normatif pour la sauvegarde du patrimoine culturel immatériel. Éléments de réflexion,* UNESCO, CLT.2001/WS/8 REV., 2001, édition révisée de 2002. [En ligne]. URL : https://unesdoc.unesco.org/ark:/48223/pf0000123744_fre (consulté le 14 août 2023).

BLAKE, Janet, *Exploring Cultural Rights and Cultural Diversity: An introduction with Selected Legal Materials*, Institute of Art and Law, 2014, 250 p.

BLAKE, Janet, *International Cultural Heritage Law*, OUP Oxford (coll. Cultural Heritage law and policy), 2015, 384 p.

BLAKE, Janet, LIXINSKI, Lucas, *The UNESCO 2003 Intangible Heritage Convention: A Commentary*, Oxford University Press, 2020, 560 p.

BORTOLOTTO, Chiara, « Globalizing Intangible Cultural Heritage? Between international arenas and local appropriations » in Sophia Labadi & Colin Long (Eds.), *Heritage and Globalisation.* London and New York, Routledge, 2010, p. 97-114.

BORTOLOTTO, Chiara, « "Participation" des "communautés" dans la sauvegarde du patrimoine culturel immatériel. Vers un nouveau paradigme patrimonial ? » dans Ahmed Skounti & Ouidad Tebbaa (eds.), *De l'immatérialité du patrimoine culturel*, Marrakech, Université Cadi Ayyad Marrakech, 2011, p. 39-43.

BORTOLOTTO, Chiara (dir.), *Le patrimoine culturel immatériel : Enjeux d'une nouvelle catégorie*, Maison des Sciences de l'Homme, collection Cahiers d'ethnologie de la France, Paris, 2011.

BORTOLOTTO, Chiara, « Nouveaux acteurs du patrimoine, nouvelles postures anthropologiques », *Civilisations*, 61-1 | 2012, p. 139-146.

BORTOLOTTO, Chiara (dir.), *Between imagined communities and communities of practice: participation, territory and the making of heritage*, Göttingen Studies on Cultural Property. Göttingen, *Universitätsverlag Göttingen*, 2015.

BORTOLOTTO, Chiara, « Placing ICH, owning a tradition, affirming sovereignty: the role of spatiality in the practice of the ICH Convention », in P. Davis et M. Stefano, *The Routledge Companion to Intangible Cultural Heritage*. Londres & New York, 2016, Routledge : p. 46-58.

BOUCHER, François, « La politique de la propriété culturelle et le patrimoine des peuples autochtones », *Les Cahiers de la Société québécoise de recherche en musique*, *11*(1-2), 2010, p. 125-136.

BOUCHER, Manuel, *Les théories de l'intégration entre universalisme et différencialisme : des débats sociologiques et politiques en France analyse de textes contemporains*, Paris Montréal Québec : L'Harmattan, 2000. 1 volume (337 p.). ISBN : 2-7384-8876-5

BOURDIEU, Pierre, *La distinction. Critique sociale du jugement*, Les Éditions de Minuit, 1979, 672 p.

CÉSAIRE, Aimé, *Discours sur le colonialisme*, Éditions Présence africaine, Quatrième édition, Paris, 1955. [En ligne]. URL : https://www.larevuedesressources.org/IMG/pdf/CESAIRE.pdf (consulté le 18 août 2023).

CHARPENTIER, Isabelle (dir.), *Comment sont reçues les œuvres,* Paris, Éd. Creaphis, 2006, 285 p.

CORNU, Marie, FROMAGEAU, Jérôme (dir.), *Genèse du droit de l'environnement,* Paris, L'Harmattan, 2001 (coll. Droit du patrimoine culturel et naturel). Vol. 1 : *Fondements et enjeux internationaux*, 232 p. Vol. 2 : *Droit des espaces naturels et des pollutions*, 284 p.

CORNU, Marie, MALLET-POUJOL, Nathalie, *Droit, œuvres d'art et musées : protection et valorisation des collections*, Paris, CNRS Éditions, 2006.

CORNU, Marie, FROMAGEAU, Jérôme, HOTTIN, Christian, *Droit et patrimoine culturel immatériel*, Paris, L'Harmattan, 2013 (coll. Droit du patrimoine culturel et naturel), 217 p.

DE CLIPPELE, Marie-Sophie, *Protéger le patrimoine culturel : À qui incombe la charge ?*, Collection générale. Presses de l'Université Saint-Louis Collection : Collection générale | 157, Bruxelles, 2020. EAN électronique : 9782802802556
DOI : 10.4000/books.pusl.26644

DE L'ESTOILE, Benoît, *Le goût des Autres. De l'exposition coloniale aux Arts premiers*, Flammarion, 2007, 454 p. EAN : 9782082104982.

DE L'ESTOILE, Benoît, « L'oubli de l'héritage colonial », *Le Débat 2007/5* (n° 147), pp. 91 à 99.

DE MEYER, Mathias, « Arjun Appadurai, *Après le colonialisme. Les conséquences culturelles de la globalisation* », *Lectures* [En ligne], Revues, 31 août 2015. [En ligne].
URL : http://journals.openedition.org/lectures/18709 ;
DOI : https://doi.org/10.4000/lectures.18709 (consulté le 18 août 2023).

DEPREZ, Camille, *La télévision indienne. Un modèle d'appropriation culturelle*, De Boeck Supérieur, « Médias-Recherches », 2006, ISBN : 9782804150433.
DOI : 10.3917/dbu.depre.2006.01.

DONDERS, Yvonne, « Cultural heritage and human rights », *Amsterdam Law School Legal Studies Research Paper* No. 2020-37, Amsterdam Center for International Law No. 2020-15, 2020. [En ligne].
URL : https://victoriaworldheritage.org/wp-content/uploads/2023/02/Heritage-and-Human-Rights.pdf
(consulté le 14 août 2023).

DOUBOVETZKY, Christophe, *L'essentiel du droit de la culture*, Éditeur : Gualino, Collection : Les Carrés Rouge, 1re édition, Parution : 13/10/2020. EAN : 9782297071451

FANON, Frantz, *Peau noire, masques blancs*, Points, Collection Essais, 9 avril 2015, 240 p.

FORTIS, Elisabeth, « Provenance et trafic illicite des biens culturels », *Grief*, 2021/2 (N° 8/2), p. 63-71. DOI : 10.3917/grief.212.0063. URL : https://www.cairn.info/revue-grief-2021-2-page-63.htm (consulté le 17 août 2023).

FOUREST, Caroline, *Génération offensée : de la police de la culture à la police de la pensée*, Paris : Bernard Grasset, DL 2020. Format : 1 vol (156 p.). ISBN : 978-2-246-82018-5

FRIER, Pierre-Laurent, « Le statut juridique des collections d'études », *Musées et collections publiques de France*, n° 241, 2004, p. 12-17.

GUILLOT, Philippe, *Droit du patrimoine culturel et naturel*, Paris, Ellipses, 2006, 159 p.

HALL, Stuart, *Critical Dialogues in Cultural Studies,* Routledge, 1996, 544 p. ISBN : 9780415088046.

HALL, Stuart, *Identités et cultures. Politiques des Cultural Studies*, édition établie par Maxime Cervulle, trad. de Christophe Jaquet, Paris, Éditions Amsterdam, 2017. ISBN : 9782354801564.

HÉRITIER, Annie, *Genèse de la notion juridique de patrimoine culturel : 1750-1816*, Paris, L'Harmattan, 2003 (coll. Droit du patrimoine culturel et naturel), 304 p.

HOTTIN, Christian, *Patrimoine culturel immatériel et recherche ethnologique, Le patrimoine culturel. Premières expériences en France,* Paris et Arles, Maison des cultures du monde et Actes Sud, 2011, 365 p. 129-159. (Collection internationale de l'imaginaire, ns, numéro 25).

JANKE, Terri pour l'OMPI, « Minding culture : case studies on intellectual property and traditional cultural expressions », *OMPI*, Study n°1, Genève, 2003.

KISS, Alexandre-Charles, « La notion de patrimoine commun de l'humanité (Volume 175) », in : *Collected Courses of the Hague Academy of International Law,* 1982 [En ligne]. http://dx.doi.org/10.1163/1875-8096_pplrdc_A9789024728169_02 (consulté le 18 août 2023).

MERRY, Sally. E., *Law, Culture, and Cultural Appropriation*, 10 Yale J.L. & Human, 1998. [En ligne]. URL : https://digitalcommons.law.yale.edu/yjlh/vol10/iss2/16 (consulté le 16 août 2023).

MESKELL, Lynn, *Global Heritage: A Reader (Wiley Blackwell Readers in Anthropology)*, Wiley-Blackwell, 1re édition, 2015, 288 p.

MESKELL, Lynn, *A Future in Ruins : UNESCO, World Heritage, and the Dream of Peace*, Oxford University Press : New York ; Illustrated edition, 2018, 396 p.

MEYER-BISCH, Patrice, « La valorisation de la diversité et des droits culturels », *Hermès, La Revue*, 2008/2 (n° 51), p. 59-64. DOI : 10.4267/2042/24175. URL : https://www.cairn.info/revue-hermes-la-revue-2008-2-page-59.htm (consulté le 17 août 2023).

MONNIER, Sophie, FOREY, Elsa, KULIG, Gaëlle, *Droit de la culture - À jour de la loi du 15 juillet 2008 relative aux archives*, Master Pro, Gualino, Lextenso Éditions, 2009, 298 p. ISBN 978-2-297-00387-2

NIKOLIĆ DERIĆ, Tamara, NEYRINCK, Jorijn, SEGHERS, Eveline, TSAKIRIDIS, Evdokia, *Les musées et le patrimoine culturel immatériel. Vers un tiers lieu dans le secteur du patrimoine. (Synthèse)*, Intangible Cultural Heritage and Museums Project (IMP), Édition Werkplaats immaterieel erfgoed Sint-Jakobsstraat 36, Bruges, 2020.

PELLAS, Jean-Raphaël, *Droit de la culture*, Issy-les-Moulineaux, Librairie générale de Droit et de Jurisprudence ; Lextenso éditions, 2015 (coll. Systèmes. Pratique), 173 p.

PHILLIPS Anne, « La politique identitaire : faut-il tourner la page ? », *Cahiers du Genre*, 2002/2 (n° 33), p. 43-61.
DOI : 10.3917/cdge.033.0043.
URL : https://www.cairn.info/revue-cahiers-du-genre-2002-2-page-43.htm (consulté le 17 août 2023).

PIATTI, Marie-Christine, QUIQUEREZ, Alexandre, *L'accès aux biens culturels. Quel(s) défi(s) pour le droit ?*, L'Harmattan, Collection Droit du patrimoine culturel et naturel, 2016.

RASSE, Paul (dir.), *La diversité culturelle*, Les Essentiels d'Hermès, CNRS Éditions, 2013. Publication sur OpenEdition Books : 29 octobre 2019.
https://books.openedition.org/editionscnrs/19347 (consulté le 18 août 2023).

RINGELHEIM, Julie, *Diversité culturelle et droits de l'homme - La protection des minorités par la Convention européenne des droits de l'Homme - L'émergence de la problématique des minorités dans le droit de la Convention EDH*, Collection du Centre des droits de l'homme de l'Université catholique de Louvain, Bruylant Bruxelles, 2006.

ROMAINVILLE, Céline, *Le droit à la culture, une réalité juridique : le régime juridique du droit de participer à la vie culturelle en droit constitutionnel et en droit international*, Bruxelles, Bruylant, 2014 (coll. Bibliothèque de la Faculté de droit et de criminologie de l'Université catholique de Louvain, n° 53), 896 p.

SCAFIDI, Susan, *Who owns culture?: Appropriation and authenticity in American law*, Rutgers University Press, Rutgers Series: The Public Life of the Arts, 2005, 208 p. [En ligne]. URL : https://www.jstor.org/stable/j.ctt5hj7k9 (consulté le 17 août 2023).

SINGH, Kishore, « L'UNESCO et les droits culturels » dans *Pour ou contre les droits culturels ?* Recueil d'articles pour commémorer le 50e anniversaire de la Déclaration universelle des droits de l'Homme, UNESCO, 1998. [En ligne]. URL : https://unesdoc.unesco.org/ark:/48223/pf0000114843_fre (consulté le 15 août 2023).

UNESCO, *Diversité culturelle : patrimoine commun, identités plurielles*, 2002. [En ligne]. URL : https://unesdoc.unesco.org/ark:/48223/pf0000127161_fre (consulté le 15 août 2023).

VERGÈS, Françoise, *Programme de désordre absolu. Décoloniser le musée*, La Fabrique Éditions, 3 mars 2023. 256 pages. ISBN : 9782358722490.

WHITTAM, Julian, « Rapatriement musical, rapatriement culturel : les cas des Haïdas et des Ilnus au Canada », *Cahiers d'ethnomusicologie*, 29 | 2016, p. 93-104.

WIEVIORKA, Michel, *Une société fragmentée ? Le multiculturalisme en débat*, La Découverte, « Poche/Essais », 1997, p. 289 à 320, ISBN : 9782707127310. DOI : 10.3917/dec.wievi.1997.01. URL : https://www-cairn-info.ezproxy.universite-paris-saclay.fr/une-societe-fragmentee--9782707127310.htm

WILLIAM, Rodney, *L'appropriation culturelle*, Éditions Anacaona, 2020.

WU, Jinwen, *La coopération entre les personnes publiques en droit public français en matière culturelle*, Aix-en-Provence, Presses universitaires d'Aix-Marseille, 2009, 34 p.

YOUNG, James. O., *Cultural appropriation and the Arts*, Éditions Wiley-Blackwell, 2002.

*** THÈSES ET MÉMOIRES ***

BAUR, Manon, « La protection des expressions culturelles traditionnelles face au phénomène d'appropriation culturelle dans l'univers de la mode : enjeux, critiques et solutions ». Mémoire : Droit. Université de Genève, 2020. [En ligne]. URL : https://archive-ouverte.unige.ch/unige:149734 (consulté le 17 août 2023).

BORELLA, Léonor, « La question de l'appropriation culturelle dans le milieu de la haute couture, comment cette question est prise en charge et ce qu'elle implique pour les professionnels de la mode : le cas de la Maison Christian Dior ». Mémoire Master 2 : Sciences de l'information et de la communication. CELSA Sorbonne Université, 2020. [En ligne]. URL : https://dumas.ccsd.cnrs.fr/dumas-03259471 (consulté le 14 août 2023).

GERMAIN, Andréanne, « L'appropriation culturelle dans les arts », Mémoire. *Trois Rivières*, Université du Québec Trois-Rivières, 2021. [En ligne].
URL : https://depot-e.uqtr.ca/id/eprint/9866/1/eprint9866.pdf (consulté le 17 août 2023).

HANCE, Clea, « La participation des détenteurs à la sauvegarde de leur patrimoine culturel : émergence d'un standard juridique », Thèse : Droit. ISP, CHCSC, Université Paris-Saclay, 2022.

KOUM DISSAKE, Vanessa, « Le mémoricide. Quel cadre juridique pour préserver le patrimoine culturel ? », Thèse : Droit., Université Paris 8, 2017.

LOEMBET, Éric, « Les enjeux managériaux des entreprises et des organisations culturelles en contexte de diversité culturelle : le cas du Cameroun ». Thèse : Gestion et management. Université Paris-Saclay ; Université de Douala, 2020.

MARTINET, Lily, « Les expressions culturelles traditionnelles en droit international », Bibliothèque de l'Institut de recherche juridique de la Sorbonne-Andre Tunc 105 (Paris : IRJS, 2019).

TYTELMAN, Alexis, « Appropriation culturelle et essentialisme », Mémoire. Philosophie contemporaine. Philmaster. ENS-EHESS, 2018.

UDY, Vanessa, « L'appropriation du patrimoine culturel autochtone : examen des avantages et inconvénients du régime de propriété intellectuelle au Canada », *27 CPI 849*, 2015, p. 849-868. [En ligne]. URL : https://cpi.openum.ca/files/sites/66/CPI-27-2mai-2015-309-328.pdf (consulté le 17 août 2023).

WANG, Li, « La Convention pour la sauvegarde du patrimoine culturel immatériel et son application en droits français et chinois », Thèse : Droit, Université Paris XI, 2010, S.I : s.n., 2010.

*** RAPPORTS ***

BORTOLOTTO, Chiara, « Les inventaires du patrimoine culturel immatériel. L'enjeu de la "participation" », rapport de recherche pour le ministère de la Culture, 2008.

ICOMOS, Actes Colloque Nara de 1992 - Document de Nara sur l'authenticité (1994). [En ligne].
Disponible sur : https://www.icomos.org/fr/179-articles-en-francais/ressources/charters-and-standards/186-document-de-nara-sur-lauthenticite (consulté le 17 août 2023).

Intellectual Property Issues in Cultural Heritage Project (IPinCH), « Think Before You Appropriate. Things to know and questions to ask in order to avoid misappropriating Indigenous cultural heritage ». Simon Fraser University : Vancouver, 2015.
URL : https://www.sfu.ca/ipinch/sites/default/files/resources/teaching_resources/think_before_you_appropriate_jan_2016.pdf

SAVOY, Bénédicte, SARR, Felwine, « Rapport sur la restitution du patrimoine culturel africain. Vers une nouvelle éthique relationnelle », 2018. [En ligne].
URL : https://medias.vie-publique.fr/data_storage_s3/rapport/pdf/194000291.pdf (consulté le 14 août 2023).

SOURISSEAU, Réjane, OFFROY, Cécile, Rapport d'étude « Démocratisation, démocratie et droits culturels. Repères, fondements théoriques et historiques, enjeux contemporains », Réalisation Opale pour la Fondation Carasso, 2019. [En ligne].
URL : https://www.fondationcarasso.org/wp-content/uploads/2019/09/Démocratisation-Démocratie-et-Droits-Culturels-2.pdf (consulté le 14 août 2023).

TORGGLER, Barbara, SEDIAKINA-RIVIÈRE, Ekaterina, BLAKE, Janet, « Évaluation du travail normatif de l'UNESCO dans le domaine de la culture : première partie - Convention de 2003 pour la sauvegarde du patrimoine culturel immatériel », rapport final, 2013, IOS/EVS/PI/129 REV. [En ligne].
URL : http://unesdoc.unesco.org/images/0022/002230/223095f.pdf (consulté le 15 août 2023).

UNESCO, « Patrimoine. Indice de développement d'un cadre multidimensionnel pour la durabilité du patrimoine », p. 132-140. [En ligne].
URL : https://fr.unesco.org/creativity/sites/creativity/files/digital-library/cdis/Dimension%20Patrimoine.pdf (consulté le 16 août 2023).

*** COLLOQUES ***

BORTOLOTTO, Chiara, « Le patrimoine culturel immatériel : nouvelles approches de sauvegarde. International conference, "Safeguarding and Promoting Traditional Festivals in Contemporary Vietnam: The Case of Giong Festival" », Vietnam Institute of Culture and Arts Studies, Hanoi, 19-20 avril 2010.

BORTOLOTTO, Chiara, « L'inventaire du patrimoine culturel immatériel en France : une démarche d'acculturation ou de domestication ? », Conference « Local Vocabularies of Heritage. Variabilities, Negotiations, Transformations », University of Évora – Portugal, 8-10 février 2012.

BORTOLOTTO, Chiara, « L'autodétermination patrimoniale. Un colonialisme inversé ? », Journée d'étude « La fabrique de "communautés patrimoniales" », LESC, Université Paris Ouest Nanterre, 15 mai 2014.

CEIPI, Colloque « Propriété intellectuelle et pop culture Saison 3 », Organisé par le CEIPI, Laboratoire de recherche du Centre d'études Internationales de la Propriété Intellectuelle, Université de Strasbourg dans le cadre de la Journée mondiale de la propriété intellectuelle 2021, 26 avril 2021. Actes du colloque : BASIRE, Yann, « Propriété intellectuelle et pop culture - Le retour », LexisNexis, Collection du CEIPI, avril 2023, 242 p.

Commission nationale française pour l'UNESCO, « Colloque : "Nommer / Normer. Approches pluridisciplinaires du patrimoine culturel immatériel", 25-26 novembre 2021 à l'INHA-INP, un événement patronné par la Commission nationale française pour l'UNESCO », 30 novembre 2021. [En ligne].
URL : https://unesco.delegfrance.org/Colloque-Nommer-Normer-Approches-pluridisciplinaires-du-patrimoine-culturel-4525 (consulté le 17 août 2023).

Commission nationale française pour l'UNESCO, « Les nouveaux enjeux patrimoniaux en contextes de crises - Les dynamiques du droit dans l'évolution de la protection internationale du patrimoine culturel », 2022. Actes du colloque organisé à l'occasion des 20 ans de la ratification par la France de la Convention de l'UNESCO de 1970 et du premier anniversaire de la ratification du Deuxième Protocole à la Convention de La Haye de 1954, 19-20 novembre 2018, Maison de l'UNESCO, Paris.

CORNU, Marie, BENHAMOU, Françoise (dir.), « Le patrimoine culturel au risque de l'immatériel : enjeux juridiques, culturels, économiques » : actes du colloque organisé par l'Institut national du patrimoine, Paris, 3-4 avril 2008, Paris, L'Harmattan, 2010 (coll. Droit du patrimoine culturel et naturel), 147 p.

CORNU, Marie, « À qui appartient le patrimoine culturel immatériel ? », 2020, p. 253 dans CSERGO, Julia (dir.) ; HOTTIN, Christian (dir.) ; et SCHMIT, Pierre (dir.). *Le patrimoine culturel immatériel au seuil des sciences sociales : Actes du colloque de Cerisy-la-Salle, septembre 2012.* Nouvelle édition [en ligne]. Paris : Éditions de la Maison des sciences de l'homme, 2020. URL : <http://books.openedition.org/editionsmsh/15990>.
ISBN : 9782735126712 (consulté le 14 août 2023).

CORNU, Marie (ISP), GUERPIN, Martin (RASM-CHCSC, Université Paris-Saclay-Évry), « Le patrimoine de qui ? Appropriations culturelles, propriété et identités collectives. Approches comparées » dans le cadre du Séminaire nomade « Origines, traces et provenance », Université d'Évry, 28 mars 2023. [Programme en ligne]. URL : https://ens-paris-saclay.fr/agenda/seminaire-nomade-origines-traces-et-provenance-avec-marie-cornu (consulté le 18 août 2023).

EHESS, « Cultures en rivalités ? Patrimoines immatériels, transferts et "appropriation culturelle" », Centre de recherches sur les arts et le langage - CRAL, octobre 2019. [En ligne].
URL : https://www.ehess.fr/fr/journées-détude/cultures-en-rivalités (consulté le 17 août 2023).

INP, ISP, « Journée d'études. Patrimoine, culture & commun(s) », 30 mars 2022. [En ligne].
URL : https://inet.cnfpt.fr/sites/default/files/2022-03/JE_ECTP2.pdf (consulté le 17 août 2023).

INSTITUT D'ÉTUDES SLAVES, « La culture et l'Europe - du rêve européen aux réalités » publié sous la direction d'Antoine Marès. Institut d'études slaves. 2005. Fondation Singer-Polignac présidée par M. Edouard Bonnefous Chancelier honoraire de l'Institut de France.

LOBIER, Vanessa, BRÉMOND, Zérah, « Les droits culturels à l'épreuve de la société : entre culture de l'annulation et culture de la restitution », Le droit des libertés en question(s) - Colloque n°3 de la Revue des droits et libertés fondamentaux, Montpellier 2021, RDLF 2022 chron. n° 27. [En ligne].
URL : https://revuedlf.com/droit-fondamentaux/les-droits-culturels-a-lepreuve-de-la-societe-entre-culture-de-lannulation-et-culture-de-la-restitution/ (consulté le 14 août 2023).

SAVOY, Bénédicte. « Objets du désir, désir d'objets : Leçon inaugurale prononcée le 30 mars 2017 » In : *Objets du désir, désir d'objets : Leçon inaugurale prononcée le jeudi 30 mars 2017* [en ligne]. Paris : Collège de France, 2017 (généré le 18 août 2023). Disponible sur Internet : <http://books.openedition.org/cdf/5024>.
ISBN : 9782722604698.
DOI : https://doi.org/10.4000/books.cdf.5024.

SCHERRER, Jean-Baptiste, « L'appropriation culturelle et la liberté de création à l'aune du droit », Colloque Observatoire de l'imaginaire contemporain, 7 juin 2019. [En ligne].
URL : https://oic.uqam.ca/mediatheque/communication/lappropriation-culturelle-et-la-liberte-de-creation-a-laune-du-droit (consulté le 17 août 2023).

*** DICTIONNAIRES ET ENCYCLOPÉDIES JURIDIQUES ***

ALLAND, Denis, RIALS, Stéphane, « Dictionnaire de la culture juridique », Paris : Puf, 2003.

CORNU, Marie, FROMAGEAU, Jérôme, WALLAERT, Catherine, « Dictionnaire comparé du droit du patrimoine culturel », Paris, CNRS Éditions, 2012, 1023 p.

CORNU, Marie, ORSI, Fabienne, ROCHFELD, Judith (eds.), « Dictionnaire des biens communs », Puf, 2017.

*** ARTICLES DE DOCTRINE ***

ANDRIANOPOULOU, Panayiota, « Appropriation et identification du patrimoine culturel immatériel en Grèce à travers les expressions traditionnelles », in Julia Csergo, Christian Hottin, Pierre Schmit (dir.), *Le patrimoine culturel immatériel au seuil des sciences sociales,* Éditions de la Maison des sciences de l'homme, 2020, p. 236-245.

ANYANGWE, Eliza, « There is no such thing as "harmless" cultural appropriation, and we must call it out if we hope to fight systemic oppression », *The Independent,* 2018.

APPIAH, Kwame Anthony, « Review: Are we ethnic? The theory and practice of American pluralism. Reviewed work: *Beyond Ethnicity: Consent and Descent in American Culture* by Werner Sollors », *Black American Literature Forum*, Vol. 20 (No.1/2), 1986. p. 209–224. DOI : 10.2307/2904561.

BANTING, Keith, KYMLICKA, Will (eds), « Multiculturalism and the Welfare State Recognition and Redistribution in Contemporary Democracies », Oxford: Oxford University Press, 2006.

BARBÉRIS, Isabelle, « Sur l'expression "cancel culture" » dans *Cités* 2021/2, §23. [En ligne].
URL : https://www-cairn-info.ezproxy.universite-paris-saclay.fr/revue-cites-2021-2-page-31.htm (consulté le 16 août 2023).

BARRY, Brian, « Culture and Equality: An Egalitarian Critique of Multiculturalism », Cambridge: Harvard University Press, 2001.

BEHRENT Michael C, « "*Cancel culture*", autoriser à interdire ? », *Sciences Humaines*, 2021/10 (N° 340), p. 8-8.
DOI : 10.3917/sh.340.0008. URL :
https://www.cairn.info/magazine-sciences-humaines-2021-10-page-8.htm (consulté le 18 août 2023).

BONDAZ Julien, « L'art primitif réapproprié ? Les collectionneurs d'art africain en Afrique de l'Ouest », *Cahiers d'anthropologie sociale*, 2015/2 (N° 12), p. 24-48. DOI : 10.3917/cas.012.0024.
URL : https://www.cairn.info/revue-cahiers-d-anthropologie-sociale-2015-2-page-24.htm (consulté le 18 août 2023).

BRUNETTE, Édith, « L'évitement comme politique de gestion des débats au Conseil des arts du Canada : le cas de l'appropriation culturelle et du racisme systémique », *Éthique publique* [En ligne], vol. 22, n° 1 | 2020.

URL : http://journals.openedition.org.ezproxy.universite-paris-saclay.fr/ethiquepublique/5208 (consulté le 15 avril 2023).

BUI-XUAN, Olivia, « La destinée universaliste des droits culturels : les articles 22 et 27 de la Déclaration universelle des Droits de l'Homme », *Cahiers de la recherche sur les droits fondamentaux*, 7 | 2009, p. 133-142.

COMINELLI, Francesca, « Le patrimoine culturel immatériel est-il un bien commun ? Le cas de la pierre sèche en France », *Revue de l'organisation responsable*, 2012/2 (Vol. 7), p. 83-92. DOI : 10.3917/ror.072.0083. URL : https://www.cairn.info/revue-de-l-organisation-responsable-2012-2-page-83.htm (consulté le 18 août 2023).

CORNU, Marie, « Choses sacrées, choses publiques : la propriété culturelle en débat », *Cahiers de la recherche sur les droits fondamentaux*, 20 | 2022, p. 47-55.

COUTTS-SMITH, Kenneth, « Some General Observations on the Problem of Cultural Colonialism », dans Susan Hiller, *The Myth of Primitivism*, Routledge, 2006, p. 25-38. ISBN : 1134980396, 9781134980390.

DERÈZE, Gérard, « De la culture populaire au patrimoine immatériel », *Hermès, La Revue*, 2005/2 (n° 42), p. 47-53.
DOI : 10.4267/2042/8981.
URL : https://www.cairn.info/revue-hermes-la-revue-2005-2-page-47.htm (consulté le 18 août 2023).

DURAND Emmanuel, « Introduction », dans *L'attaque des clones. La diversité culturelle à l'ère de l'hyperchoix,* Paris, Presses de Sciences Po, « Nouveaux Débats », 2016, p. 7-18.
URL : https://www-cairn-info.ezproxy.universite-paris-saclay.fr/l-attaque-des-clones--9782724619805-page-7.htm

EBOUAH, Landry, « Le concept d'appropriation est-il une atteinte au droit d'auteur ? », *Village Justice*, 9 avril 2021. [En ligne].
URL : https://www.village-justice.com/articles/concept-appropriation-est-une-atteinte-droit-auteur,38757.html (consulté le 17 août 2023).

FAES, Hubert, « Droits de l'homme et droits culturels », *Transversalités*, 2008/4 (N° 108), p. 85-99. DOI : 10.3917/trans.108.0085.
URL : https://www.cairn.info/revue-transversalites-2008-4-page-85.htm (consulté le 18 août 2023).

FELTIN-PALAS, Michel, « Par amour de la diversité culturelle », *Cahiers internationaux de sociolinguistique 2022/2 (n° 21)*, p. 39-43.

GAUDREAULT-DESBIENS, Jean-François, « La liberté d'expression entre l'art et le droit », 1996. Nathalie Heinich, *Droit et société*, année 1998, 38 / pp. 157-162.

GENSOLLEN, Michel, « Défense de la diversité culturelle : variété ou dialogue ? », *Réseaux 2012/5 (n° 175)*, p. 175-203.

GUÈVREMONT, Véronique, « L'UNESCO et la diversité culturelle », *Revue Québécoise de Droit International, 34 (Special December)*, 2021, p. 165-182.

HALL, Stuart, « Race, Culture, and Communications : Looking Backward and Forward at Cultural Studies ». *Rethinking Marxism*, *5*(1), 1992, p. 10–18. https://doi.org/10.1080/08935699208657998.

HALL, Stuart, OSBORNE, Peter, SEGAL, Lynne, « Stuart Hall: Culture and Power », *Radical Philosophy* 086, novembre/décembre 1997, pp. 24–41.

HAMEL, Jacques, « Les théories sociologiques comme expression de l'appropriation culturelle, un point de vue critique », *Committing Sociology. Canadian Review of Sociology. Wiley Online Library.* 6 mai 2021. [En ligne]. URL : https://doi-org.ezproxy.universite-paris-saclay.fr/10.1111/cars.12340 (consulté le 18 août 2023).

HANCE, Clea, « Les enjeux de la reconnaissance juridique d'un intérêt commun indivisible des communautés en matière de patrimoine culturel », *In Situ. Au regard des sciences sociales*, 2 | 18 mars 2021, [En ligne] URL : http://journals.openedition.org/insituarss/959 (consulté le 14 août 2023).

HEINICH, Nathalie, GAUDREAULT-DESBIENS, Jean-François, *La liberté d'expression entre l'art et le droit*, 1996. In : *Droit et société*, n° 38, 1998. Vérité historique, vérité judiciaire. pp. 157-162.

HEYD, Thomas, « Rock art aesthetics and cultural appropriation », *The Journal of Aesthetics and Art Criticism,* 2003, 61(1), p. 37–46.

JACQUIER, Claude, « Qu'est-ce qu'une communauté ? En quoi cette notion peut-elle être utile aujourd'hui ? », *Vie sociale*, 2011/2 (N° 2), p. 33-48. DOI : 10.3917/vsoc.112.0033.
URL : https://www.cairn.info/revue-vie-sociale-2011-2-page-33.htm (consulté le 18 août 2023).

JULLIER, Laurent, « De l'appropriation des objets culturels à l'époque d'internet », *Revue française des sciences de l'information et de la communication* [En ligne], 17 | 2019, mis en ligne le 01 septembre 2019. URL : http://journals.openedition.org/rfsic/6185 ; DOI : https://doi.org/10.4000/rfsic.6185 (consulté le 17 août 2023).

KOCEVAR, Savannah, « Hybridation culturelle et problématiques identitaires dans *Yukonstyle* de Sarah Berthiaume : cultures oubliées,

cultures menacées, cultures rejetées, cultures incorporées », *Études canadiennes / Canadian Studies*, 87 | 2019, p. 125-144.
LENARD, Patti Tamara, BALINT, Peter (2020). « What is (the wrong of) cultural appropriation? », *Ethnicities*, 2020, *20*(2), p. 331–352. [En ligne]. URL : https://doi.org/10.1177/1468796819866498 (consulté le 17 août 2023).
LENNE-CORNUEZ, Johanna, « Abus de biens culturels », *Esprit*, 2021, p. 10-14. DOI : 10.3917/espri.2106.0010.
URL : https://www-cairn-info.ezproxy.universite-paris-saclay.fr/revue-esprit-2021-6-page-10.htm
LIVET, Pierre, « Patrimoine culturel immatériel et processus sociaux », *Nouvelle revue d'esthétique*, 2018/1 (n° 21), p. 61-72. DOI : 10.3917/nre.021.0061.
URL : https://www.cairn.info/revue-nouvelle-revue-d-esthetique-2018-1-page-61.htm (consulté le 18 août 2023).
MAKOUNDOU, Glynnis, « Marques de mode : comment éviter l'appropriation culturelle ? », 24 octobre 2022. [En ligne].
URL : https://makoundou-avocat.fr/marques-de-mode-comment-eviter-l-appropriation-culturelle (consulté le 17 août 2023).
MARKS, Thomas, « Rethinking restitution. » Éditeur : London : *Apollo Magazine Ltd*, Apollo (London 1925), 2019, vol. 189 (671), p. 17-17.
MARTINET, Lily, « L'irruption de la notion de communauté en droit international de la culture », *In Situ* [En ligne], 44 | 2021, mis en ligne le 29 avril 2021, consulté le 12 août 2023.
URL : http://journals.openedition.org/insitu/30738 ;
DOI : https://doi.org/10.4000/insitu.30738
MATTHES, Erich Hatala. « Cultural Appropriation and Oppression ». *Philosophical Studies* 176, no 4 (avril 2019), p. 1003-1013.
MÈMETEAU, Richard, « Touche pas à ma musique ! Controverses sur l'appropriation des cultures minoritaires », *Revue du Crieur*, 2016/2 (N° 4), p. 48-57. DOI : 10.3917/crieu.004.0048.
URL : https://www.cairn.info/revue-du-crieur-2016-2-page-48.htm (consulté le 14 août 2023).
MERRY, Sally. « Law, culture, and cultural appropriation ». *Yale Journal of Law & the Humanities* 10, no 2 (1998).
OLUFUNMILAYO, Arewa, « Love, Hate, and Culture wars », Kappa Phi Forum ; *Baton Rouge* Vol. 97, Iss. 1, Printemps 2017, p. 26-29.
OUSTINOFF, Michaël, « Les points clés de la Convention sur la diversité des expressions culturelles », *Hermès, La Revue*, 2008/2 (n° 51), p. 71-74. DOI : 10.4267/2042/24177.

URL : https://www.cairn.info/revue-hermes-la-revue-2008-2-page-71.htm (consulté le 18 août 2023).

PETROPAVLOVSKY, Marie-Noëlle, « L'appropriation culturelle et identitaire, une entrave aux processus de guérison autochtones », *Drogues, santé et société*, vol 20, no 1, juin 2022. DOI : https://doi.org/10.7202/1090702ar (consulté le 17 août 2023).

PHAM, Minh-Ha T., « Pour un discours inapproprié d'appropriation culturelle », dans *Tumultes 2017/1* (n° 48), *Éditions Kimé*, ISSN 1243-549X DOI 10.3917/tumu.048.0117.

POINSOT, Marie, VERGÈS, Françoise, « "La pensée décoloniale est peu développée dans le monde politique français et académique" », *Hommes & Migrations*, 2019/4 (n° 1327), p. 170-176. DOI : 10.4000/hommesmigrations.10398. URL : https://www.cairn.info/revue-hommes-et-migrations-2019-4-page-170.htm (consulté le 18 août 2023).

ROTH, Armand D., « La notion de patrimoine commun de l'humanité en droit international », In : *La prohibition de l'appropriation et les régimes d'accès aux espaces extra-terrestres* [en ligne]. Genève : Graduate Institute Publications, 1992. URL : <http://books.openedition.org/iheid/4432>. ISBN : 9782940549382. DOI : https://doi.org/10.4000/books.iheid.4432.

SAKAI, Leticia. « La diversité culturelle est-elle à l'abri de la protection internationale des droits de l'homme ? Une analyse de la jurisprudence des cours des droits de l'homme ». In : *Revue Québécoise de droit international*, volume 26-2, 2013. pp. 101-127.

SONSOLES MADRID GIL, « Woke culture and the history of America: From colonisation to depersonalisation », *Church, Communication and Culture*, 2022, p. 18-42. [En ligne]. URL : https://doi.org/10.1080/23753234.2023.2174890 (consulté le 16 août 2023).

SPICKARD, James V, « Sommes-nous en train de piller les marbres d'Elgin ? Les défis de la contestation de l'hégémonie intellectuelle occidentale », dans « Le bon, le juste et le beau. Pour en finir avec la critique », *Revue du MAUSS*, 2018/1 (n° 51), Éditions La Découverte, 434 p. [En ligne]. DOI : 10.3917/rdm.051.0059. URL : https://www.cairn.info/revue-du-mauss-2018-1-page-59.htm (consulté le 18 août 2023).

ST-HILAIRE, Maxime, BELLAVANCE, Chantal, « La critique d'appropriation culturelle : nouvel iconoclasme ». *Inter* (No.132), 2019, p. 8–15.

UNESCO, « Les droits culturels en tant que droits de l'homme », UNESCO SHC.69/XIX.3/F, 1970. [En ligne]. URL : https://unesdoc.unesco.org/in/documentViewer.xhtml?v=2.1.196&id=p::usmarcdef_0000133420&file=/in/rest/annotationSVC/DownloadWatermarkedAttachment/attach_import_76a8c726-4da1-4ede-b95c-3386d8904941%3F_%3D133420freo.pdf&locale=fr&multi=true&ark=/ark:/48223/pf0000133420/PDF/133420freo.pdf#% 5B%7B%22num%22%3A344%2C%22gen%22%3A0%7D%2C%7B%22name%22%3A%22XYZ%22%7D%2C-322%2C779%2C0%5D (consulté le 16 août 2023).

UNESCO, « Retour et restitution de biens culturels », *Museum International* (revue trimestrielle de l'UNESCO), Vol XXXI, n° 1, 1979. [En ligne]. URL : https://unesdoc.unesco.org/ark:/48223/pf0000127315_fre (consulté le 14 août 2023).

VARIN, Clémence, GUÈVREMONT, Véronique, « La Convention sur la diversité des expressions culturelles quinze ans après : une mise en œuvre effective d'un instrument juridique faiblement contraignant. » *Revue québécoise de droit international / Quebec Journal of International Law / Revista quebequense de derecho internacional,* volume 32, numéro 2, 2019, p. 1–27. https://doi.org/10.7202/1075168ar (consulté le 17 août 2023).

VERGÈS, Françoise, MARIMOUTOU, Carpanin, « Pour un musée du temps présent », *Africultures*, 2007/1 (n° 70), p. 180-185. DOI : 10.3917/afcul.070.0180. URL : https://www.cairn.info/revue-africultures-2007-1-page-180.htm (consulté le 18 août 2023).

VERGÈS, Françoise, « La terre brûle, et partout les peuples se soulèvent », *Tumultes*, 2020/1 (n° 54), p. 169-186. DOI : 10.3917/tumu.054.0169. URL : https://www.cairn.info/revue-tumultes-2020-1-page-169.htm (consulté le 18 août 2023).

YOUNG, James O. « Profound offense and cultural appropriation ». *The Journal of Aesthetics and Art Criticism* 63, no 2 (2005), p. 135-46.

ZIFF, Bruce, RAO, Pratima V., « Introduction to Cultural Appropriation: A Framework for Analysis », in *Borrowed Power: essays on cultural appropriation* 1, 1, 1997.

*** ARTICLES DE VULGARISATION ***

BBC News Afrique, « Appropriation culturelle : Comment la définir et pourquoi s'en préoccuper ? », 4 juin 2022. [En ligne]. URL : https://www.bbc.com/afrique/monde-61544080 (consulté le 12 août 2023).

CASTELAIN, Jean-Christophe, « Emmanuel Macron veut organiser la restitution d'œuvres d'art à l'Afrique », *Le Journal des Arts*, 29 novembre 2017. [En ligne]. URL : https://www.lejournaldesarts.fr/patrimoine/emmanuel-macron-veut-organiser-la-restitution-doeuvres-dart-lafrique-134639 (consulté le 18 août 2023).

CHOUINARD, Maryse, *Appropriation culturelle et propriété intellectuelle : combat ou dialogue ?*, CBA/ABC National, 22 mai 2019. [En ligne]. URL : https://nationalmagazine.ca/fr-ca/articles/law/hot-topics-in-law/2019/appropriation-culturelle-et-propriete-intellectuel (consulté le 14 août 2023).

EUNOMIA, « Appropriation culturelle, une notion à interroger ». [En ligne]. URL : https://eunomia.media/2019/06/12/appropriation-culturelle/ (consulté le 18 août 2023).

DUQUE, Richard B., RIVERA, Robert, LEBLANC, E.J., « The Active Shooter paradox: Why the rise of Cancel Culture, "Me Too", ANTIFA and Black Lives Matter… matters ». [En ligne]. URL : https://doi.org/10.1016/j.avb.2020.101544 (consulté le 16 août 2023).

GORDIEN, Ary, « Appropriation culturelle : peut-on "voler" une culture ? », *The Conversation,* 14 juin 2020. [En ligne]. URL : https://theconversation.com/appropriation-culturelle-peut-on-voler-une-culture-136885 (consulté le 14 août 2023).

GRANDE YEVES, Patricia, « Qu'est-ce que l'appropriation culturelle ? », *NosPensées*, 13 février 2023. [En ligne]. URL : https://nospensees.fr/quest-ce-que-lappropriation-culturelle/ (consulté le 12 août 2023).

GUILBERT, Margot, « Qu'est-ce que l'appropriation culturelle dans la mode », *Bloomers*. [En ligne]. URL : https://www.bloomers.eco/definition-appropriation-culturelle-dans-la-mode/ (consulté le 14 août 2023).

JASZI, Peter, « La protection des expressions culturelles traditionnelles : questions posées aux législateurs », *OMPI Magazine*, août 2017. [En ligne].

URL : https://www.wipo.int/wipo_magazine/fr/2017/04/article_0002.html (consulté le 17 août 2023).

JOURNET, Nicolas, « Le mot qui fâche. Appropriation culturelle », *Sciences Humaines*, 2022/6 (N° 348). DOI : 10.3917/sh.348.0066. URL : https://www.cairn.info/magazine-sciences-humaines-2022-6-page-66.htm (consulté le 18 août 2023).

KOUADIO, D'johé, « L'appropriation culturelle : légale ? », *Délit français,* 30 octobre 2018. [En ligne]. URL : https://www.delitfrancais.com/2018/10/30/lappropriation-culturelle-legale/(consulté le 14 août 2023).

LE MONDE, Éric Fassin : « L'appropriation culturelle, c'est lorsqu'un emprunt entre les cultures s'inscrit dans un contexte de domination », *Le Monde*, 24 août 2018. [En ligne]. URL : https://www.lemonde.fr/immigration-et-diversite/article/2018/08/24/eric-fassin-l-appropriation-culturelle-c-est-lorsqu-un-emprunt-entre-les-cultures-s-inscrit-dans-un-contexte-de-domination_5345972_1654200.html (consulté le 14 août 2023).

LUQUET-GAD, Ingrid, « L'art face à l'appropriation culturelle », *Zérodeux* (83). [En ligne]. URL : https://www.zerodeux.fr/essais/lart-face-a-lappropriation-culturelle/ (consulté le 18 août 2023).

MARTIN-SOUADI, Souad, IRON, Irène, « C'est notre culture qu'ils aiment, pas nous », L'Aaatelier, 11 juillet 2018. [En ligne]. URL : http://laaatelier.org/solidarite/2018/07/11/appropriationculturelle (consulté le 14 août 2023).

MIHELAKIS, Eftihia, *Parler pour autrui : Que dit l'appropriation culturelle ?*, Spirale. [En ligne]. URL : http://www.spiralemagazine.com/dossier-magazine/parler-pour-autrui-que-dit-lappropriation-culturelle (consulté le 14 août 2023).

MUSTAFA, Dalia, « Companies must work with minority communities to stop cultural appropriation », *The Diamondback*, DBK News, 15 septembre 2022. [En ligne]. URL : https://dbknews.com/2022/09/15/companies-must-stop-cultural-appropriation/ (consulté le 18 août 2023).

OLUFUNMILAYO, Arewa, « Appropriation culturelle : quand emprunter devient exploiter », *Le Point*, 13 juillet 2016. [En ligne]. URL : https://www.lepoint.fr/culture/appropriation-culturelle-quand-emprunter-devient-exploiter-13-07-2016-2054258_3.php#11 (consulté le 17 août 2023).

PK DOUGLAS, *Appropriation ou appréciation culturelles ? Telle est la question,* Paul.e, 17 mai 2022. [En ligne].
URL : https://www.paulemagazine.com/societe/appropriation-ou-appreciation-culturelles-telle-est-la-question/ (consulté le 14 août 2023).

PUZENAT, Marie, « Appropriation culturelle : où est la limite entre partage et vol », *Maze*, 29 mars 2018. [En ligne]. URL : https://maze.fr/2018/03/appropriation-culturelle-ou-est-la-limite-entre-partage-et-vol/ (consulté le 17 août 2023).

ROCHAMBEAU, Auguste, « Repenser l'appropriation culturelle », *Délit français*, 14 septembre 2017. [En ligne].
URL : https://www.delitfrancais.com/2017/09/14/repenser-lappropriation-culturelle/ (consulté le 14 août 2023).

RTS, *Podcast - C'est quoi exactement l'appropriation culturelle ?*, 3 septembre 2022. [En ligne].
URL : https://www.rts.ch/info/monde/13341510-podcast-cest-quoi-exactement-lappropriation-culturelle.html (consulté le 14 août 2023).

RUBY, Christian, « Appropriation, quand tu nous tiens ! », *Slate*, 4 décembre 2014. [En ligne].
URL : https://www.slate.fr/story/95413/appropriation (consulté le 17 août 2023).

SATTO, Victoire, « Qu'est-ce que l'appropriation culturelle dans la mode et pourquoi boycotter les marques qui la pratiquent ? », *The Good Goods*, 10 février 2021. [En ligne].
URL : https://www.thegoodgoods.fr/media/journal/pret-a-porter/lappropriation-culturelle-dans-la-mode/ (consulté le 14 août 2023).

SIEMS, Mathias, *The law and ethics of "cultural appropriation"*, International journal of law in context, 15 (4), 2019. [En ligne].
URL : https://dro.dur.ac.uk/30309/1/30309.pdf?DDC72+DDD19+DDC108+dvwl25 (consulté le 17 août 2023).

TUROK, Marta, *À qui profite l'« ethnique » ?*, Le Courrier de l'UNESCO, 2021. [En ligne].
URL : https://fr.unesco.org/courier/2021-1/qui-profite-ethnique (consulté le 15 août 2023).

VASQUEZ, Sócrates, COJTÍ, Avexnim, *Cultural appropriation : another form of extractivism of Indigenous Communities*, Cultural Survival, 7 décembre 2020. [En ligne].

URL : https://www.culturalsurvival.org/news/cultural-appropriation-another-form-extractivism-indigenous-communities (consulté le 14 août 2023).

VÉZINA, Brigitte, « La propriété intellectuelle au service de la lutte contre l'appropriation culturelle dans le secteur de la mode », *OMPI Magazine*, août 2019. [En ligne]. URL : https://www.wipo.int/wipo_magazine/fr/2019/04/article_0002.html (consulté le 15 août 2023).

VÉZINA, Brigitte, « Cultural appropriation keeps happening because clear laws simply don't exist », *Centre for International Governance Innovation*, 24 décembre 2019. [En ligne]. URL : https://www.cigionline.org/articles/cultural-appropriation-keeps-happening-because-clear-laws-simply-dont-exist/ (consulté le 12 août 2023).

Table des matières

Structures éditoriales du groupe L'Harmattan

L'Harmattan Italie
Via degli Artisti, 15
10124 Torino
harmattan.italia@gmail.com

L'Harmattan Hongrie
Kossuth l. u. 14-16.
1053 Budapest
harmattan@harmattan.hu

L'Harmattan Sénégal
10 VDN en face Mermoz
BP 45034 Dakar-Fann
senharmattan@gmail.com

L'Harmattan Cameroun
TSINGA/FECAFOOT
BP 11486 Yaoundé
inkoukam@gmail.com

L'Harmattan Burkina Faso
Achille Somé – tengnule@hotmail.fr

L'Harmattan Guinée
Almamya, rue KA 028 OKB Agency
BP 3470 Conakry
harmattanguinee@yahoo.fr

L'Harmattan RDC
185, avenue Nyangwe
Commune de Lingwala – Kinshasa
matangilamusadila@yahoo.fr

L'Harmattan Congo
219, avenue Nelson Mandela
BP 2874 Brazzaville
harmattan.congo@yahoo.fr

L'Harmattan Mali
ACI 2000 - Immeuble Mgr Jean Marie Cisse
Bureau 10
BP 145 Bamako-Mali
mali@harmattan.fr

L'Harmattan Togo
Djidjole – Lomé
Maison Amela
face EPP BATOME
ddamela@aol.com

L'Harmattan Côte d'Ivoire
Résidence Karl – Cité des Arts
Abidjan-Cocody
03 BP 1588 Abidjan
espace_harmattan.ci@hotmail.fr

Nos librairies en France

Librairie internationale
16, rue des Écoles
75005 Paris
librairie.internationale@harmattan.fr
01 40 46 79 11
www.librairieharmattan.com

Librairie des savoirs
21, rue des Écoles
75005 Paris
librairie.sh@harmattan.fr
01 46 34 13 71
www.librairieharmattansh.com

Librairie Le Lucernaire
53, rue Notre-Dame-des-Champs
75006 Paris
librairie@lucernaire.fr
01 42 22 67 13

www.ingramcontent.com/pod-product-compliance
Lightning Source LLC
LaVergne TN
LVHW011040061026
849535LV00006B/2096